Notre-Dame de Paris
cathédrale médiévale
a medieval cathedral

Claude Gauvard / Joël Laiter

E/P/A

Notre-Dame est bien vieille : on la verra peut-être
Enterrer cependant Paris qu'elle a vu naître ;
Mais, dans quelque mille ans, le Temps fera broncher
Comme un loup fait un bœuf, cette carcasse lourde,
Tordra ses nerfs de fer, et puis d'une dent sourde
Rongera lentement ses vieux os de rocher !

Bien des hommes, de tous les pays de la terre
Viendront, pour contempler cette ruine austère,
Rêveurs, et relisant le livre de Victor :
– Alors ils croiront voir la vieille basilique,
Toute ainsi qu'elle était, puissante et magnifique,
Se lever devant eux comme l'ombre d'un mort !

Notre Dame is truly old; Perhaps she may
Bury that Paris where she saw the light of day;
But in a thousand years Time will fell this heavy hulk
As a wolf does an ox,
Will twist her iron sinews and with blunted teeth
Slowly gnaw her old bones of rock!

From all countries of the earth men
Will come to survey this austere ruin
Dreamers all. And re-reading Victor's book:
– They will think they see the old basilica
As she was then, powerful and magnificent,
Rising before them like the shadow of a corpse!

Gérard de Nerval,
« Notre-Dame de Paris », *Les Odelettes,* 1835

Avant-propos

Ce livre n'est pas un ouvrage d'histoire de l'art. Il n'envisage pas la construction de Notre-Dame de Paris dans la complexité de son architecture ou de ses sculptures, il ne décrit pas dans le détail ses avancées technologiques pourtant novatrices, il ne s'attarde pas non plus sur les audaces de sa restauration au XIXe siècle pour la vanter ou en déceler les éventuelles erreurs. Il ne les ignore pas, mais ce livre veut être l'histoire de Notre-Dame de Paris au Moyen Âge. Comment retrouver dans cette cathédrale ouverte maintenant sur le monde, le bâtiment médiéval sensible au cœur de ses évêques, de ses chanoines, des rois dont le palais était proche, et enfin des Parisiens qui ont vécu à l'ombre de ses tours et de sa flèche ? Bâtiment vivant, Notre-Dame ne porte pas en ses murs le poids d'un passé figé. La Renaissance l'a oubliée, les tentations baroques l'ont transformée, la rage révolutionnaire l'a mutilée, le souffle romantique l'a idéalisée, et le Moyen Âge fuit sous ces strates successives… Il a donc fallu commencer par lever le voile, partir du présent pour remonter au passé et tenter de retrouver le projet initial, celui qui, en 1163, a poussé l'évêque Maurice de Sully à édifier un nouveau bâtiment selon de nouveaux principes.

Pour saisir la cathédrale médiévale dans toute sa complexité, il ne suffisait pas de se limiter au bâtiment tel qu'il a été conçu à la fin du XIIe siècle. Dans les trois siècles qui ont suivi, jusqu'à la fin du XVe siècle, la place de la cathédrale dans la ville a nécessairement évolué.

Au travers de cette histoire, et jusqu'à nos jours, la cathédrale a cependant conservé une remarquable unité. Elle tient à sa beauté dont les photographies de Joël Laiter font vibrer l'éclat, une beauté que les architectes et les sculpteurs presque tous anonymes de l'époque médiévale ont mise au service de l'œuvre divine et que Viollet-le-Duc s'est attaché à magnifier. Elle tient aussi à un esprit des lieux où le sens de l'idéal peut côtoyer dans la pierre l'humour le plus débridé, et on ne saurait mieux faire sentir que la vie de ces hommes et de ces femmes du Moyen Âge s'est déroulée entre le rire de l'instant et la soif de l'éternité.

Foreword

This book is not a work of art history. It does not look at the construction of Notre Dame de Paris in terms of the complexity of its architecture or its sculptures; it does not go into detail about its leaps in technology, however innovative, nor does it dwell on the audacity of its 19th-century restoration, either to praise it or to point out possible errors.

Although these topics are not overlooked, this book is primarily concerned with telling the story of Notre Dame de Paris as it was in the Middle Ages. But how can we rediscover in today's cathedral, now visited by millions of people from across the world, the medieval building frequented by the bishops and canons, the kings in their nearby palace and the Parisians who lived in the shadow of its towers and its spire? Notre Dame is a living building, one that has been affected by the twists and turns of history. It was neglected during the Renaissance, transformed during the baroque era, mutilated by revolutionary rage, idealized by the Romantics – and so gradually its medieval past disappeared under these successive layers of history. Let us begin by raising the veil, by leaving the present and returning to the past in an attempt to rediscover the initial project that in 1163 led Bishop Maurice de Sully to construct a new building in a new style.

To grasp the full complexity of the medieval cathedral, it is not enough simply to focus on the building as it was conceived at the end of the 12th century. During the course of the years that followed, up until the end of the 15th century, the cathedral's place in the city evolved quite naturally.

Nevertheless, throughout its history and even now in our own times, the cathedral has retained a remarkable unity and harmony. It still retains its radiant beauty, as Joël Laiter's photographs reveal, a beauty that the largely anonymous architects and sculptors of the Middle Ages dedicated to the service of God's work and that the 19th-century architect and restorer Viollet-le-Duc sought to glorify. It also retains a spirit of place in which the meaning and significance of the ideal is expressed in stone, alongside the most ribald humour, a reminder of the men and women of the Middle Ages, whose lives were caught between the laughter of the moment and the craving for eternity.

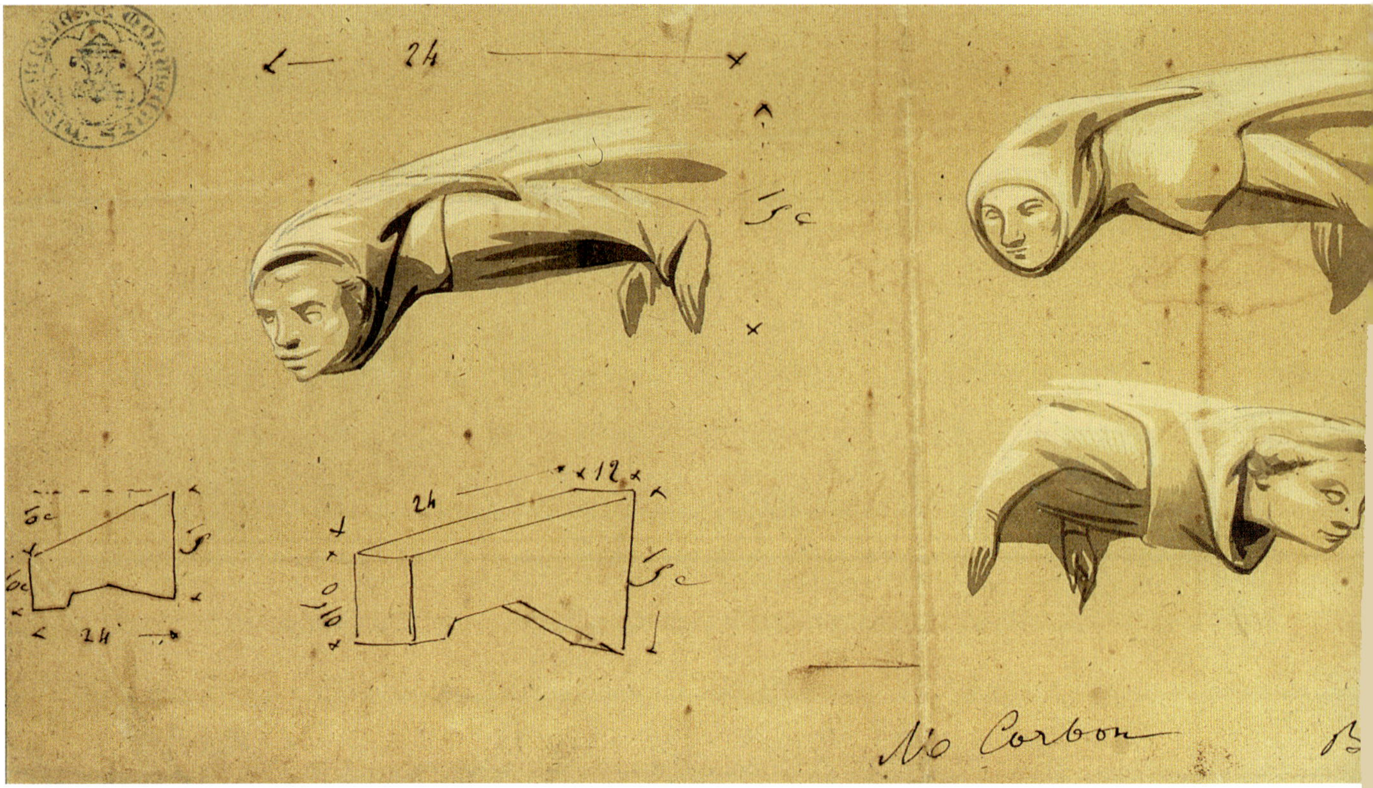

Sommaire

Contents

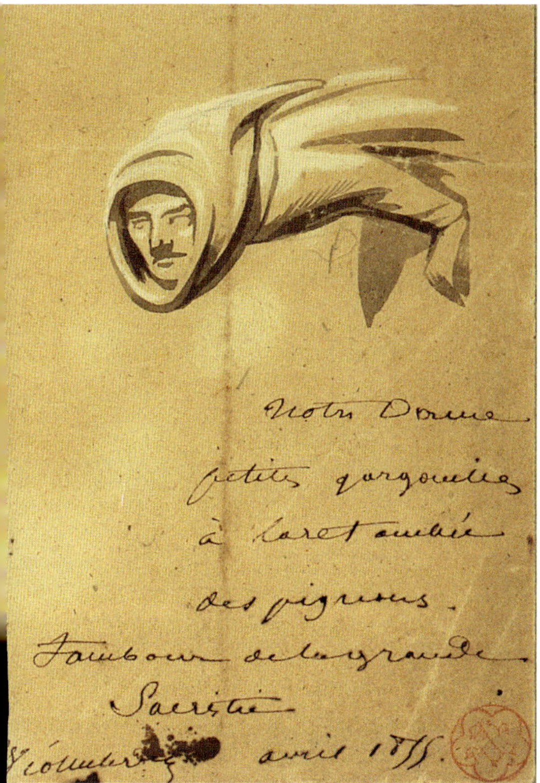

À la base de la flèche, les douze apôtres et les quatre évangélistes (saint Luc sous la forme du taureau ailé), réalisés vers 1860 par Geoffroy-Dechaume en cuivre repoussé, veillent sur la cathédrale (page 1).

Notre-Dame vue de la rive gauche de la Seine (pages 2-3).

La nef donne une impression de recueillement car la lumière du jour y est parcimonieuse (pages 4-5).

Scène de la Tentation, vitrail du XIIIe siècle ornant la chapelle Saint-Guillaume (pages 6-7).

Jeune et vieux se répondent à la façade sud de la nef pour montrer que la cathédrale crée l'unanimité entre les chrétiens que lie la *caritas*, cet amour qui, selon les hommes du Moyen Âge, doit entretenir la charité et la quête du salut (page 8).

Animal grotesque au portail Saint-Étienne (page 10).

Petites gargouilles, dessin de Viollet-le-Duc (page 14-15).

Grouped around the base of the spire, the twelve Apostles and the four Evangelists (with St Luke depicted as a winged bull) watch over the cathedral. The beaten-copper statues were created by Geoffroy-Dechaume in 1860 (page 1).

Notre Dame as seen from the left bank of the Seine (pages 2–3).

The dimly lit nave creates a contemplative atmosphere (pages 4–5).

The temptation of Adam, from a 13th-century window in the chapel of St Guillaume (pages 6–7).

The two stone heads of a young and old man seem to respond to each other around the corner of the south façade of the nave, showing that the cathedral creates a bond between Christians bound by *caritas*, the love that, according to the men of the Middle Ages, should sustain charity and the quest for salvation (page 8).

A grotesque animal on the St Étienne portal (page 10).

Small gargoyles drawn by Viollet-le-Duc (page 14-15).

En quête de la cathédrale médiévale

In search of the medieval cathedral

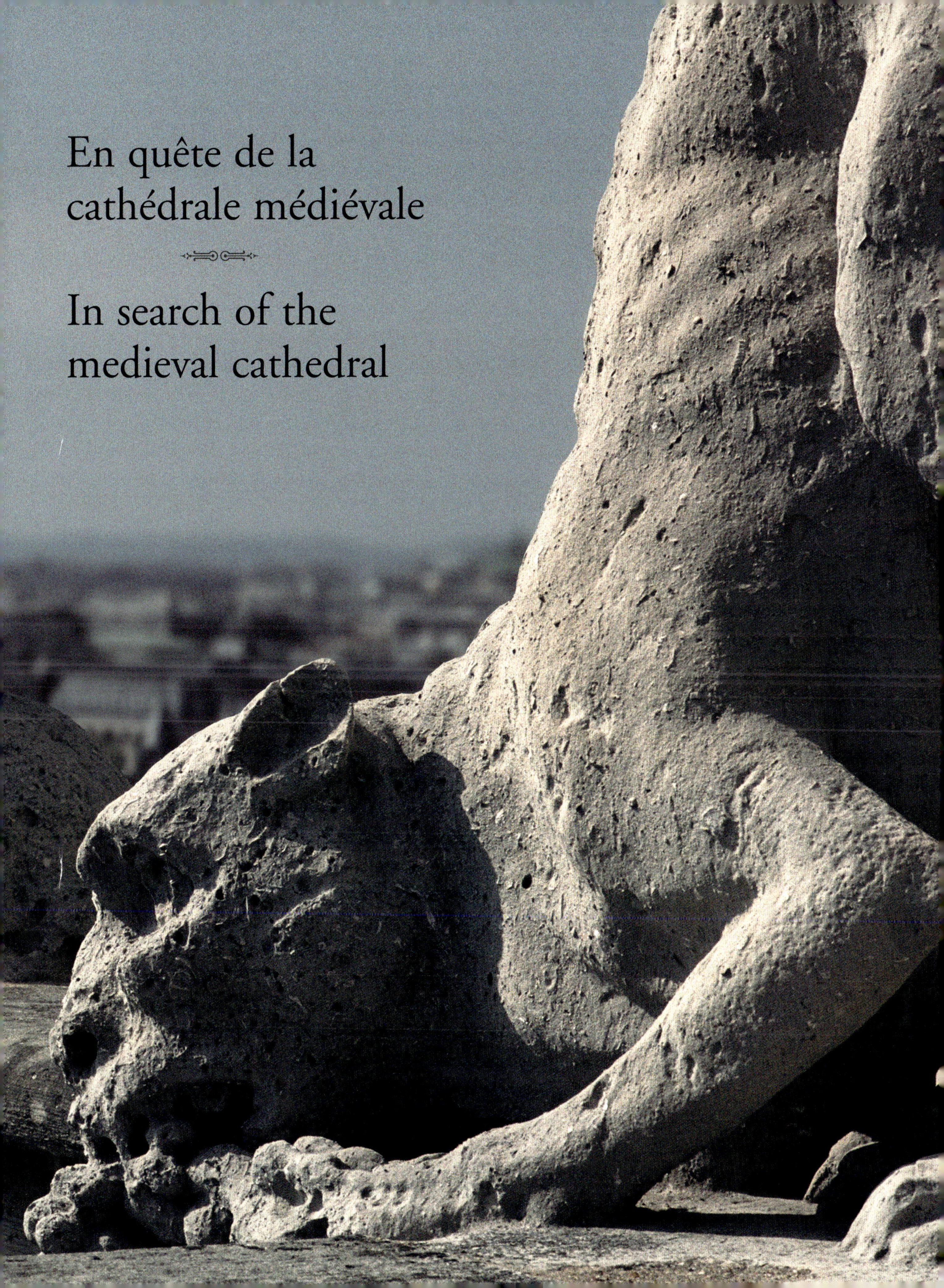

Fièrement campée, tel un vaisseau, entre les deux rives de la Seine qui enserrent l'île de la Cité, Notre-Dame de Paris offre le visage d'une cathédrale gothique particulièrement équilibrée, qu'il s'agisse de son chevet aux arcs-boutants descendant en cascade, de sa nef surmontée d'une flèche élégante plantée à la croisée de son transept, ou de ses deux tours carrées qui encadrent sa façade sculptée. Son parvis, bien dégagé, est soigneusement délimité, au nord par les bâtiments de l'Hôtel-Dieu, à l'ouest par l'actuelle Préfecture de police, à l'est et au sud, par les quais du petit bras de la Seine. Du haut des tours, la vue se prolonge en façade vers le Palais de justice d'où émerge la flèche de la Sainte-Chapelle construite dans l'ancien palais des rois. Les jardins qui entourent la cathédrale à l'est et au sud l'allègent encore et l'offrent majestueusement aux passants. D'elle, tout semble rayonner et, symboliquement, parce qu'elle se veut aussi cathédrale de la France, à ses pieds naissent les références aux distances prises depuis Paris pour l'ensemble du pays.

Pourtant, la cathédrale que nous avons sous les yeux, encore restaurée à la fin du XXe siècle grâce aux bienfaits du laser, est lourde d'un passé qui l'a transformée : elle ne reproduit pas exactement la cathédrale gothique médiévale, celle dont l'évêque de Paris, Maurice de Sully, a ordonné le chantier en 1163. Le bâtiment médiéval a bien entendu subi les avatars du temps, mais il a aussi été l'objet de nombreux remaniements. Sans compter que, à peine terminée en 1225, la construction a été reprise pour être améliorée. Pour retrouver le Moyen Âge à Notre-Dame de Paris, il faut donc commencer par lever le voile d'une vie des formes qui inscrit le monument dans l'épaisseur de l'Histoire.

Aujourd'hui, le respect du bâtiment

Les transformations les plus récentes sont relativement minimes et elles ont seulement touché l'intérieur de la cathédrale. L'heure est au respect du bâtiment, tout en l'adaptant aux exigences liturgiques issues du concile Vatican II. La croix dorée, dite croix de gloire, réalisée par Marc Couturier en 1993, est l'apport le plus symbolique. Du fond du chœur, elle domine la *Pietà* baroque tout en veillant sur la nef gothique. Le maître-autel actuel, de facture totalement dépouillée, prend désormais place à la croisée du transept et focalise la vue. Installé en 1989, en bronze sobrement sculpté, il est l'œuvre de Paul Touret. Les statues évoquent la silhouette des quatre évangélistes et de quatre prophètes, selon une thématique chère aux médiévaux. Sa présence unit clairement le chœur à la nef en un ensemble ouvert.

DOUBLE PAGE PRÉCÉDENTE : Bestiaire fantastique créé par Viollet-le-Duc au XIXe siècle, qui orne, sur la façade de la cathédrale, la balustrade de la galerie des Chimères.

DOUBLE PAGE SUIVANTE : Cette photographie prise vers 1857 par les frères Bisson représente le flanc sud de la cathédrale, pendant les travaux de restauration. La sacristie, en style néogothique, est achevée, mais la flèche, restituée par Viollet-le-Duc en 1859-1860 n'est pas encore reconstruite.

Cette perspective est totalement étrangère à ce qui pouvait exister au Moyen Âge. En effet, l'autel où officiait l'évêque était alors situé à l'extrémité orientale de l'église, au fond du chœur, et celui-ci était totalement séparé de la nef par un jubé prolongé de chaque côté par une clôture assez haute. Cette clôture a été réalisée à la fin du XIIIe et au début du XIVe siècle pour protéger le chœur du bruit que faisaient fidèles et officiants dans les chapelles latérales. Elle subsiste pour la plus grande partie et elle donne une bonne idée de l'ensemble qui isolait le chœur. Les fidèles ne pouvaient donc saisir le mystère de la messe qu'en contemplant les sculptures qui l'ornaient. Elles leur enseignaient la vie du Christ, sa Passion, sa Résurrection et ses apparitions. Malgré une restauration assez radicale au XIXe siècle, elles témoignent de la qualité atteinte par la sculpture médiévale au moment de leur réalisation.

En haut du pignon occidental de la nef, un ange, dont la statue date du XIIIe siècle, sonne de la trompette, celle du Jugement dernier, sous le regard des chimères. Le drapé austère de sa robe contraste avec leurs courbes, évocatrices d'un monde inquiétant.

À l'intérieur du chœur, l'autel était encore protégé par une autre clôture de pierre, sans doute surmontée d'une grille. Pour officier, l'évêque était indépendant des membres du chapitre, les chanoines, qui prenaient place sur les côtés, dans les stalles du chœur. L'autel était donc érigé dans un sanctuaire et le sacré, dans son mystère, se cachait à la vue des profanes, des fidèles laïcs et même d'une partie des clercs.

De nos jours, une autre transformation importante a porté sur les vitraux des baies des tribunes et des fenêtres hautes de la cathédrale. Leur réalisation est due à Jacques Le Chevallier, en 1965. Les vitraux médiévaux de ces ouvertures avaient été déposés au XVIIIe siècle pour laisser passer une lumière jugée trop parcimonieuse pour le goût d'une époque portée aux éclats de cérémonies fastueuses. En effet, l'existence d'un mur collatéral double que viennent encore épaissir des chapelles sur les bas-côtés de la nef réduit l'éclairage naturel du lieu. Le choix contemporain s'est porté sur une restauration non figurative, qui insiste sur les effets de couleurs aux tonalités bleue et rouge, et rappelle l'accord traditionnel des vitraux médiévaux.

Enfin, les grandes orgues de la cathédrale sont loin de ce qu'a pu être la première réalisation médiévale en la matière au XIVe siècle. Leur buffet actuel, qui a remplacé le buffet gothique primitif, a été sculpté au XVIIIe siècle et elles ont été soigneusement entretenues depuis. Reconstruites entre 1863 et 1868 par Aristide Cavaillé-Coll, leurs commandes ont été numérisées en 1992 et elles sont devenues l'un des plus célèbres instruments d'Europe.

page 26 ▶

Proudly positioned like a ship between the two banks of the Seine on either side of the Île de la Cité, Notre Dame is a particularly well-balanced Gothic cathedral, with its chevet (eastern extension) where flying buttresses descend in a cascade, its nave topped by an elegant spire at the transept crossing, and the two square towers that frame its sculpted façade. Its open forecourt is bordered by the buildings of the Hôtel-Dieu to the north, the Préfecture de Police to the west, and by the quays of the Seine to the east and south where it flow around the Île de la Cité. From the top of the towers, the view extends towards the Palais de Justice where the spire of the Sainte-Chapelle emerges from the former royal palace. The gardens around the western and southern sides of the cathedral allow passers-by to step back and marvel at this majestic building. Everything seems to radiate from it and as the country's premier cathedral its square is the symbolic point from which all road distances in France are measured.

However, the cathedral that we see today, restored again at the end of the 20th century thanks to laser cleaning, has undergone many changes: it does not look exactly as did the medieval Gothic cathedral that the Bishop of Paris, Maurice de Sully, began building in 1163. Naturally the medieval building suffered the ravages of time but it also underwent much modification; even when it was barely finished in 1225, work began afresh to improve it. To rediscover the Middle Ages of Notre Dame de Paris, we must begin by looking at the changes that have fixed the cathedral in history.

Modern times: a respect for the building

The most recent changes have been relatively minor and involve only the cathedral's interior. Respect for the building has been maintained while it has been adapted to the liturgical requirements of the Second Vatican Council. The most symbolic contribution is the gilded bronze cross known as the cross of glory, created by Marc Couturier in 1993. From the back of the choir it dominates the baroque Pietà and watches over the Gothic nave. The present plain high altar is the focal point at the crossing of the transept. Made in 1989 of austerely sculpted bronze, it is the work of Paul Touret. Following a popular theme of the medieval period, it depicts the four Evangelists and four prophets and links the choir and the nave in an open ensemble.

This arrangement is completely different to what might have existed in the Middle Ages. At that time, the altar where the bishop officiated was sited at the eastern end of the church at the back of the choir, itself totally separated

Pages 16–17: Part of the fantastic bestiary created by Viollet-le-Duc in the 19th century to decorate the balustrade of the Galerie des Chimères (chimeras) or Grand Gallery on the west front of the cathedral.

Page 19: Atop the western gable of the nave a 13th-century statue of an angel sounds the trumpet of the Last Judgement, watched by chimeras. The angel's austere drapery contrasts with the curves of these fantastic beasts that evoke a disquieting world.

Preceding double page: This photograph, taken around 1857 by the Bisson brothers, shows the cathedral's south side during the restoration work. The neo-Gothic sacristy has been finished but the spire, restored by Viollet-le-Duc in 1859–60, has not yet been replaced.

Following double page: Among the Apostles around the base of the spire St Thomas, patron saint of architects, yardstick in his hand, has the features of Viollet-le-Duc.

from the nave by a rood screen. This was extended on each side by high screens in the late 13th/early 14th century, in order to shield the choir from the sounds of the faithful and the officiating clergy in the side-chapels. Much of it remains and still gives a good idea of the way the choir was segregated. The congregation could grasp the mystery of the Mass by contemplating the sculptures adorning the rood screen, which taught them about the life of Christ, his Passion, Resurrection and appearances. Despite fairly radical restoration in the 19th century, they testify to the standard achieved by medieval sculpture of the period.

Geoffroy-Dechaume's statue of the Virgin, photographed in the restoration workshop by Mestral, *c.*1854.

Inside the choir, the altar was further protected by another stone screen, probably surmounted by a grille. While officiating, the bishop was independent of the members of the chapter, the canons, who took their places in the choir-stalls at the sides. The altar was therefore enclosed in a sanctuary and the mystery of the rite was hidden from the sight of the congregation and even some of the clergy.

In more recent times, the glasswork in the openings of the tribune and the high windows of the nave has also undergone some major changes. The medieval glass in these openings was removed in the 18th century as it did not admit enough light for the sumptuous ceremonies of the period. In fact, the natural light in that area was reduced by a double side-wall that increased the depth of the chapels on the side-aisles of the nave. Created by Jacques Le Chevallier in 1965, the modern choice is an abstract treatment where blues and reds harmonize with the colours of the 13th-century glass.

Finally, the great organs of the cathedral are very different to how they would have been in the 14th century. The primitive Gothic organ-case was replaced in the 18th century by the present one, which has been carefully maintained ever since. Rebuilt between 1863 and 1868 by Aristide Cavaillé-Coll, it was computerized in 1992 and is one of Europe's most famous organs.

There remain no truly authentic examples of medieval bells, which were so important in calling the faithful to prayer and marking the liturgical life. The north tower has four bells and the south tower a bourdon bell. All were electrified in 1964. The four bells in the north tower, the Benjamines, were presented by Napoleon III in 1856 for the baptism of his son, the Prince Imperial.

page 30 ▶

Tête de roi conservée au musée national du Moyen Âge, faisant partie des vingt et une têtes des rois d'Israël et de Juda retrouvées en 1977, qui ornaient la galerie des Rois au Moyen Âge.

Des cloches médiévales, si importantes pour appeler à la prière et scander la vie liturgique, il ne reste plus d'exemplaire réellement authentique. On compte aujourd'hui dans la tour nord quatre cloches et, dans la tour sud, un bourdon. Le tout est électrifié depuis 1964. Les quatre cloches, les Benjamines, ont été offertes par Napoléon III en 1856, lors du baptême du prince impérial. La tour nord, qui était au Moyen Âge le véritable clocher de la cathédrale, était aussi pourvue, à la fin du XIIIe siècle, de quatre cloches, la Pugnèse, le Chambellan, le Guillaume, du nom de l'évêque Guillaume d'Auvergne qui l'avait offerte, et la Pasquier. Mais elles ont subi les usures normales du temps et elles ont dû être refondues. Elles se sont parfois multipliées jusqu'à être seize en 1686, chacune correspondant à une note différente. Au Moyen Âge, il y avait aussi deux bourdons dans la tour sud. L'un des deux, Marie, qui datait du début du XVe siècle, a disparu à la Révolution ; l'autre, Jacqueline, du nom de la femme du grand maître d'hôtel du roi Charles VI, Jean de Montaigu, qui l'avait offert en 1400 à la naissance de sa fille, a été refondu sous le règne de Louis XIV et a pris le nom d'Emmanuel, nom qu'il conserve de nos jours. D'un poids de treize tonnes, doté d'un son grave et pur en fa dièse, il ne sonne que rarement, lors des grandes fêtes religieuses et des événements nationaux.

Le souci de conserver au plus près l'aspect de la cathédrale tel qu'il a été légué par les siècles précédents, conduit nos contemporains à la préserver de toute initiative majeure. Les principales découvertes archéologiques faites depuis les restaurations du XIXe siècle sont conservées au musée national du Moyen Âge ou au Louvre. Il en est ainsi de la statue d'Adam qui, avec celle d'Ève aujourd'hui disparue, encadraient depuis le milieu du XIIIe siècle le Christ bénissant et se trouvaient dans une niche de la porte intérieure du transept sud. Adam et Ève, reconstitués par Viollet-le-Duc, ornent aujourd'hui le premier étage de la façade de la cathédrale alors qu'ils n'y figuraient pas au Moyen Âge. Quant aux vingt et une têtes de certains des rois de la Bible qui ornaient la galerie de la façade, soigneusement conservées par une main anonyme après la destruction de nombreuses statues à la Révolution, elles ont été miraculeusement retrouvées en 1977 en creusant le sous-sol de la Banque française du commerce extérieur, rue de la Chaussée d'Antin ; elles sont actuellement exposées au musée national du Moyen Âge. Ces différents

PAGE 23 : *Statue de la Vierge* de Geoffroy-Dechaume, photographiée sur le chantier de restauration par Mestral vers 1854.

DOUBLE PAGE PRÉCÉDENTE : Parmi les apôtres qui ornent le bas de la flèche, saint Thomas, patron des architectes, la règle à la main, prend les traits de Viollet-le-Duc.

DOUBLE PAGE SUIVANTE : L'emplacement de ce Christ du Jugement dernier, sur le flanc du mur extérieur nord du chevet, illustre bien les bouleversements subis par la cathédrale. Il s'agit peut-être d'une sculpture datant du début du XIVe siècle, qui ornait la clôture du chœur et qui a été installée là au XVIIe siècle, quand fut réalisé le *Vœu de Louis XIII*.

éléments sont de rares et précieux restes qui témoignent de l'art médiéval. En conservant des traces de polychromie, ils suggèrent même que les statues de la façade étaient peintes.

Quant à la statue de la Vierge à l'enfant, dite « Notre-Dame de Paris », placée près du chœur au pied du pilier sud du transept, il ne s'agit pas de la sculpture d'origine qui a été détruite pendant la Révolution française, mais d'une œuvre médiévale anonyme du XIVe siècle ; elle provient de l'ancienne église Saint-Aignan située dans la rue des Ursins toute proche, et elle est devenue l'un des symboles les plus forts de la cathédrale.

VIOLLET-LE-DUC, MAÎTRE D'ŒUVRE DE LA CATHÉDRALE

En fait, la cathédrale actuelle est largement l'œuvre de Viollet-le-Duc qui, en la restaurant après les terribles destructions de la Révolution et le désintérêt dans lequel elle était tombée aux deux siècles précédents, l'a sauvée et recréée. En 1793, les révolutionnaires n'ont-ils pas ordonné de décapiter les têtes des rois d'Israël et de Juda en imaginant qu'ils représentaient la succession des monarques honnis, de Childebert à Philippe Auguste ? Les statues de la façade sont effectivement déboulonnées, décapitées ou défigurées. Sous l'égide de Robespierre, la cathédrale devient un temple de la Raison, et il est même question de détruire le monument pour récupérer les pierres. Mais, à peine la Révolution terminée, les sensibilités commencent à changer. Le temps du romantisme est venu, et avec lui la redécouverte du Moyen Âge. En ce début du XIXe siècle, le mot « Moyen Âge » a déjà une longue histoire. Il apparaît vers 1550 sous la plume de l'Italien Vasari, historien d'art, au moment où celui de « Renaissance » s'impose pour désigner le retour à la beauté antique, grecque et romaine. Ce qui a eu lieu avant, pendant mille ans, est rejeté et défini comme une période intermédiaire et obscure. Ce même Vasari ne désigne-t-il pas comme « gothique » l'art des cathédrales, attribuant sa paternité aux Goths, le peuple le plus barbare à ses yeux puisqu'il a détruit Rome en 410 ? La barbarie colle au Moyen Âge, et pour longtemps…

Le renversement des valeurs vient des romantiques au début du XIXe siècle. Le gothique désigne désormais l'accomplissement de l'art et son imitation, le style troubadour, gagne toute l'Europe. Dès 1802, Chateaubriand magnifie l'âme du Moyen Âge dans le *Génie du Christianisme* et chante les églises gothiques comme une « forêt bâtie » où l'orgue et le bronze font naître « les bruits du vent et du tonnerre ». Le 2 décembre 1804, aux côtés de Joséphine, Napoléon choisit de se faire sacrer empereur dans la cathédrale dont les tentures cachent mal le délabrement. Le mouvement prend une ampleur politique.

page 32 ▶

Detail of a rose window, from *The restoration project for Notre Dame de Paris* by Lassus and Viollet-le-Duc, 1853.

At the end of the 13th century the north tower, the cathedral's true bell tower during the Middle Ages, had four bells: the Pugnèse, the Chambellan, the Guillaume (after Guillaume d'Auvergne, the bishop who had given it) and the Pasquier. However, they suffered the usual ravages of time and were melted down and recast. Numbers gradually increased until 1686, when there were 16 bells, each with a different note. In the Middle Ages, the south tower had two bourdons, one of which (Marie, dating from the early 15th century) was melted down during the French Revolution. The other, Jacqueline, named for the wife of King Charles VI's great chamberlain, Jean de Montaigu, who donated it in 1400 on the birth of his daughter, was recast in the reign of Louis XIV and renamed Emmanuel, a name it still bears. Weighing 13 tonnes, with a deep, pure F-sharp tone, it is tolled only for great religious feasts and events of national importance.

Today, major initiatives are avoided, care being taken to retain as far as possible the appearance of the cathedral as it has come down through the centuries. The principal archaeological discoveries made during 19th-century restorations are kept in the Museum of the Middle Ages (Musée de Cluny) or at the Louvre. The Musée de Cluny also holds the statue of Adam, which from the middle of the 13th century had flanked the figure of Christ blessing, together with one of Eve (now lost), in a niche above the south transept door. Today Adam and Eve, as restored by Viollet-le-Duc, stand on the first tier of the cathedral's façade, although they did not do so in the Middle Ages. The 21 heads of biblical kings that decorated the gallery of the façade were carefully preserved by an anonymous hand following the destruction of many statues during the French Revolution. Miraculously rediscovered in 1977 during excavations in the cellar of the Banque Française du Commerce Extérieur, rue de la Chaussée d'Antin, they are now displayed in the Musée de Cluny. These various carved heads are rare and precious examples of medieval art. Traces of pigment suggest that the statues on the façade were originally painted.

The statue of the Virgin and Child, called 'Notre Dame de Paris', that stands close to the choir against the south-east pillar of the transept is not the original sculpture, which was destroyed during the Revolution, but an anonymous 14th-century work. It came from the ancient chapel of Saint Aignan in the nearby rue des Ursins and has become one of the chief symbols of the cathedral.

PAGE 26: Head of a king, now in the Musée de Cluny. It is one of the 21 heads of kings of Israel and Judah discovered in 1977, which adorned the Gallery of Kings in the Middle Ages.

PRECEDING DOUBLE PAGE: The position of this Christ of the Last Judgement, on the exterior northern wall of the *chevet*, is a good example of the upheavals the cathedral went through. It may date from the beginning of the 14th century and was probably placed in the choir enclosure, being moved outside when *The Vow of Louis XIII* was installed in the 17th century.

VIOLLET-LE-DUC, THE CATHEDRAL'S MASTER-BUILDER

The modern cathedral is largely the work of Viollet-le-Duc who, by restoring it after the terrible destruction of the Revolution and the neglect into which it had fallen during the two preceding centuries, both saved it and recreated it. In 1793 the revolutionaries had ordered the heads of the kings of Israel and Judah to be struck off, as representations of a succession of infamous monarchs, from Childebert to Philip Augustus. The statues of the façade were knocked off, decapitated or disfigured. During the French Revolution, at Robespierre's instigation, the cathedral was transformed into a Temple of Reason and there was even some discussion about demolishing it in order to re-use the stone, but the Revolution had barely ended when public opinion began to alter. The Romantic Age had arrived and with it the rediscovery of the Middle Ages.

These images of the Virtues – Prudence, *top* and Humility, *bottom* – come from the west rose window, pierced around 1220 to throw light onto the nave for the congregation. Armed with a lance and shield, the 12 Virtues in the outer circle stand ready to do battle with the corresponding 12 Vices that menace Christians. These windows were considerably restored by Viollet-le-Duc.

At the beginning of the 19th century, the term 'Middle Ages' already had a long history. It emerged around 1550 in the writings of the Italian painter and art historian Vasari, when the term 'Renaissance' also came into use to designate a return to Greek or Roman antique beauty. The art of the preceding thousand years was rejected and branded as coming from what was merely an obscure intermediate period. It was also Vasari who called the art of the cathedrals 'Gothic', attributing it to the Goths, who were to him simply the barbarians who destroyed Rome in 410. The Middle Ages were considered barbaric for a very long time.

The reversal in values was sparked off by the Romantic movement at the beginning of the 19th century. Gothic was now seen as art of the most accomplished kind and its imitator, the troubadour style or Gothic Revival, swept through Europe. In 1802 the French writer Chateaubriand glorified the spirit of the Middle Ages in his *Génie du Christianisme* (*The Genius of Christianity*), which became a major inspiration for the Romantic movement. He praised Gothic churches as 'built forests' where organ and bronze emitted 'the noise of wind and thunder'. On 2 December 1804, with Josephine at his side, Napoleon chose to be crowned emperor in the cathedral, its dilapidated state barely concealed by wall hangings. The Romantic movement extended into politics also.

page 36 ▶

Mur du transept nord orné de gâbles fleuronnés, d'arcatures aveugles, de végétation et de gargouilles qui tiennent du vampire et se détachent en surplomb à l'extrémité des chéneaux. Elles sont l'œuvre de Viollet-le-Duc, mais les gargouilles existaient sur les édifices parisiens dès le XIIIe siècle.

En 1829, le gouvernement de la Restauration cherche à reconstituer les documents de l'histoire médiévale et pour ce faire fonde l'École nationale des chartes. Mérimée, écrivain romantique, devenu inspecteur des Monuments historiques en 1834 sur un poste nouvellement créé par Guizot et Thiers, est chargé de recenser les bâtiments médiévaux en ruine sur tout le territoire. L'opinion prend fait et cause pour le sujet. Le musée des Monuments français, créé à la Révolution, a contribué à la sensibiliser à l'art gothique. L'enjeu devient aussi national : on pense que cet art est l'expression de « l'âme française » et lorsque Victor Hugo publie son roman *Notre-Dame de Paris* en 1831, c'est un énorme succès. La figure difforme de Quasimodo hante les tours de la cathédrale dans un Paris médiéval où auraient fleuri les cours des Miracles. Bien des descriptions du roman sont historiquement fausses car, si les mendiants existent en grand nombre au Moyen Âge, ils sont loin d'être exclus de la vie sociale ! Et le prévôt de Paris, qui poursuit Esméralda de sa passion et de sa vindicte, donne plutôt l'image d'un policier musclé et efficace du XIXe siècle que d'un officier médiéval habitué à négocier les peines ! Enfin, en 1835 et 1836, Notre-Dame se met au service d'un christianisme militant qui prend sous ses voûtes la voix puissante de Lacordaire prêchant pour le carême. L'art gothique a bien cessé d'être considéré comme un art barbare.

Notre-Dame de Paris est à la mode. En 1843, l'administration des cultes ouvre un concours pour sauver la cathédrale : Eugène Viollet-le-Duc et Jean-Baptiste Lassus l'emportent. Ces deux architectes sont encore jeunes – Viollet-le-Duc n'a que trente ans et Lassus trente-six –, mais ils ont déjà fait leurs preuves. Viollet-le-Duc, qui s'est formé à l'architecture au cours de nombreux voyages en France et en Italie, a été chargé par Mérimée de restaurer l'église de la Madeleine de Vézelay, qui tombait en ruine. Il dirige aussi la restauration de la citadelle de Carcassonne et de sa cathédrale, Saint-Nazaire. En 1840, Lassus l'appelle avec lui à la Sainte-Chapelle.

Leur projet commun pour Notre-Dame séduit, car les deux architectes prétendent moins innover que consolider. C'est en tout cas l'opinion de Lassus. Mais en 1857, Lassus meurt et Viollet-le-Duc reste seul. Ce sera donc une restauration, au sens de construction qu'il donne à ce mot : « Restaurer un édifice, écrit-il, ce n'est pas l'entretenir, le réparer ou le refaire, c'est le rétablir dans un état

PAGE 30: Détail d'une rosace, extraite du *Projet de restauration de Notre-Dame de Paris* par Lassus et Viollet-le-Duc, 1843.

PAGE 31: Ces représentations des vertus, en haut la Prudence, en bas l'Humilité, appartiennent à la rose occidentale, réalisée vers 1220, qui éclairait la nef des fidèles. Armées d'une lance et d'un bouclier, les douze Vertus, situées dans le cercle extérieur, répondent, en guerrières, aux douze Vices qui menacent le chrétien. Ces vitraux ont été largement restaurés par Viollet-le-Duc.

DOUBLE PAGE SUIVANTE : Gargouille, détail.

complet qui peut n'avoir jamais existé à un moment donné. » Il multiplie les recherches dans les documents anciens, s'inspire des statues des cathédrales restées intactes comme celles d'Amiens, de Chartres ou de Reims, scrute les ruines. Sa connaissance artistique et archéologique des monuments surpasse celle de tous les architectes de son temps et on reste confondu devant l'ampleur de la tâche accomplie. D'autant que Notre-Dame ne constitue pas son seul chantier, mais qu'il fait face sur tous les fronts à la fois, à Toulouse, Saint-Denis, Amiens, Pierrefonds, et qu'il entreprend aussi des constructions neuves, par exemple à Lausanne. Son monumental *Dictionnaire raisonné de l'architecture française du XIe au XVIe siècle*, publié de1854 à 1868, ainsi que son *Dictionnaire du mobilier* témoignent de sa compétence et de son enthousiasme. Il y démontre que dans l'architecture gothique, les différents éléments se déclinent pour se mettre au service de la structure du monument, et en particulier de la voûte. « Tout est fonction de structure, la tribune, le passage du triforium, le pinacle et le gâble. Il n'existe pas de forme architecturale, dans l'art gothique, qui soit fondée sur la libre fantaisie. » Viollet-le-Duc apprécie le rationalisme du gothique en même temps que son essence nationale. Car il pense, comme Victor Hugo, que l'art des cathédrales qui s'est épanoui du XIIe au XIVe siècle, témoigne de la profondeur et de l'authenticité de l'âme française.

Scène de la *Tapisserie de l'Apocalypse* réalisée pour le duc Louis Ier d'Anjou vers 1380 : ici, le dragon, la bête et le faux prophète vomissent des démons semblables à des grenouilles qui opèreront des prodiges (Jean, XVI, 13-16). Le texte de l'Apocalypse, récit de la fin des temps, a été largement lu et illustré pendant tout le Moyen Âge.

Pour restaurer Notre-Dame dans son état supposé de 1330, l'architecte dispose de nombreux dessins antérieurs et de descriptions du monument, par exemple celle du sonneur de cloches Antoine Gilbert, qui avait rédigé une *Description historique de la basilique métropolitaine de Paris* en 1821, celle du chanoine de la cathédrale, Guillot de Montjoye, qui avait écrit en 1763 sa *Description historique des curiosités de l'église de Paris*, et celles des grands historiens de Paris sous l'Ancien Régime, comme Henri Sauval ou l'abbé Lebeuf.

Les initiatives de Viollet-le-Duc se multiplient. Il reconstitue la flèche de la cathédrale, qui a fini par s'écrouler en 1792 faute d'entretien, et s'inspire de celle de la Sainte-Chapelle qui vient d'être reconstruite en 1853. La flèche de Notre-Dame s'élance à une hauteur de quatre-vingt-seize mètres tandis que quatre groupes de quatre statues figurant les douze apôtres et les quatre évangélistes soulignent sa base, ce qui innove totalement par rapport à la flèche médiévale. Les statues de la galerie des Rois et les statues-colonnes des portails de la façade – au total soixante et onze statues – sont soigneusement taillées d'après un modèle en plâtre.

page 38 ▶

Et dans l'obscur taillis des êtres et des choses
Je regardais rôder, noir, riant, l'œil en feu,
Satan, ce braconnier de la forêt de Dieu.

And in the dark tangle of beings and things
I saw Satan lurking, that black, sniggering,
fiery-eyed poacher in God's forest.

VICTOR HUGO,
La Légende des Siècles, 1883

In 1829 the Restoration government sought to document medieval history and the École Nationale des Chartes was founded to train archivists. In 1834 the Romantic writer Prosper Mérimée became Inspector of Historic Monuments. This was a new position created by François Guizot and Adolphe Thiers, statesmen and historians both; it involved making an inventory of all ruined medieval buildings throughout the country. Public support for the move was strong, since awareness of Gothic art had been stimulated by the Museum of French Monuments, which was created during the Revolution. It became a source of national pride, seen as the expression of the 'French soul', and when Victor Hugo published his novel *Notre Dame de Paris* (*The Hunchback of Notre Dame*) in 1831 it was a huge success, with its story of the deformed figure of Quasimodo who haunts the towers of the cathedral in a medieval Paris where the Court of Miracles flourishes. Much of the novel's background is historically inaccurate: although there were plenty of beggars in the Middle Ages, they were far from being excluded from society and the Archdeacon of Notre Dame, who pursues the heroine Esmeralda with passion and vindictiveness, is more like a 19th-century version of a tough, dogged policeman than a medieval cleric accustomed to doing penance. Finally, in 1835–36 Notre Dame was enlisted in the service of militant Christianity as the powerful voice of the Dominican priest Hénri Lacordaire echoed through the cathedral, preaching a series of Lenten sermons. Gothic art had been well and truly rehabilitated.

In 1843, with Notre Dame de Paris back in fashion, the religious administration launched a contest to save the cathedral; it was won by Eugène Viollet-le-Duc and Jean-Baptiste Lassus. Both architects were still young – Viollet-le-Duc was only 30 and Lassus 36 – but they had already demonstrated their talents. Viollet-le-Duc had studied architecture throughout France and Italy and Mérimée had already commissioned him to restore the ruined church of Sainte-Marie-Madeleine in Vézelay. He also directed the restoration of the citadel of Carcassonne and its cathedral, Saint-Nazaire, and in 1840 Lassus had brought him in to work on the Sainte-Chapelle.

As each claimed to consolidate rather than innovate, their working jointly on Notre Dame seemed an attractive proposition. At least Lassus aimed to consolidate, but he died in 1857 and Viollet-le-Duc was left in sole charge of the work, at which point it became more a project of restoration. As he explained: 'Restoring a building does not mean maintaining, repairing or reworking it; it means bringing it back to a completed state that might never have existed at any given moment.' He flung himself into research in ancient documents, drew inspiration from statues in cathedrals that were still intact, such as those of Amiens, Chartres or Rheims, and studied the ruins of others.

PAGE 32: The wall of the north transept is encrusted with fleuroned gables, blind arches, foliage and vampire-like gargoyles overhanging the ends of the gutters. Although these are the work of Viollet-le-Duc, gargoyles are known to have featured on Parisian buildings since the 13th century.

PAGE 33: A scene from the Apocalypse Tapestry created for Duke Louis I of Anjou *c.*1380. It depicts the dragon, the beast and the false prophet vomiting frog-like demons, the spirits of devils, as described in the last book of the Bible (John 16, XIII–XVI). The Apocalypse or Book of Revelation foretold the end of the world and was widely read and illustrated throughout the Middle Ages.

PRECEDING DOUBLE PAGE: Detail of a gargoyle.

He knew more about the art and archaeology of monuments than any other architect of his time and the extent of the task he accomplished is staggering, all the more so since Notre Dame was not his only project; he undertook various other projects simultaneously – Toulouse, Saint-Denis, Amiens, Pierrefonds – and also embarked on new buildings, including a church in Lausanne. His monumental *Dictionnaire raisonné de l'architecture française du xie au xvie siècle* (*Dictionary of French Architecture from the 11th to the 16th Century*), published between 1854 and 1868, along with his *Dictionary of Furniture*, reveal his expertise and his enthusiasm. In them he demonstrates that in Gothic architecture the various elements of a building are affected by and designed in response to its structure, especially the vault. 'Everything serves the structure, the tribune, the triforium passage, the pinnacle and the gable. In Gothic architecture no architectural form derives from pure fantasy.' Viollet-le-Duc appreciated Gothic's rationalism as well as its nationalism. Like Victor Hugo, he believed that the flowering of the art of the cathedrals that took place between the 12th and 14th centuries was a tribute to the depth and commitment of the French spirit.

Viollet-le-Duc's plan for the restoration of the spire and the western frontage (page 39).

To restore Notre Dame to the way it is presumed to have been in 1330, the architect made use of many earlier drawings and descriptions of the cathedral: for example, that of the bell-ringer Antoine Gilbert, who published a 'Historic Description of Paris's metropolitan basilica' in 1821, or the cathedral's canon, Guillot de Montjoye, who wrote in 1763 his 'Historic Description of the curiosities of the Church of Paris', as well as accounts by the great historians of Paris during the *ancien régime*, such as Henri Sauval or the Abbé Lebeuf.

Viollet-le-Duc took on more and more initiatives. He reconstructed the cathedral's spire, which had collapsed in 1792 for lack of maintenance, taking inspiration from that of the Sainte-Chapelle, rebuilt in 1853. The spire of Notre Dame soared to a height of 96 m (315 ft), surrounded at its base by four groups of four statues featuring the twelve Apostles and the four Evangelists – quite different from the medieval spire. The statues of the Gallery of Kings and the pillar-statues on the portals of the façade – a total of 71 statues – were carefully carved following a plaster model. Around the edges of the roof a whole bestiary of decorative chimera and gargoyles was installed.

page 42 ▶

Partout, un bestiaire fait de gargouilles qui servent de dégorgeoir pour les eaux de pluie, ou de chimères qui n'ont d'autre fonction que décorative, dont la fameuse et pensive stryge, peuple les bords des toitures et relie les deux tours en une galerie fantastique. Enfin les vitraux sont restaurés : la rose sud, qui avait beaucoup souffert de l'incendie du palais épiscopal en 1831, est entièrement démontée et remontée avec des meneaux plus forts ; celle de la façade occidentale est aussi sévèrement restaurée. La rose nord est la moins remaniée. Les tours sont consolidées, mais Viollet-le-Duc renonce à les surmonter de flèches comme il l'avait prévu dans ses dessins. Toutes les pierres abîmées sont remplacées, ce qui donne une grande homogénéité à l'ensemble. À l'extérieur, sur les ruines du palais épiscopal démoli en 1837, sont construits la nouvelle sacristie et le presbytère. Le tout est en style néo-gothique et, à l'intérieur, la salle capitulaire est entièrement peinte de couleurs vives, à la mode médiévale. Le restant du terrain est dévolu à l'aménagement d'un jardin et d'un square.

Le *Journal des travaux* que tient Viollet-le-Duc témoigne des difficultés rencontrées. Le chantier dure de 1847 à 1864. L'architecte multiplie les ateliers de tailleurs de pierre, de sculpteurs, d'orfèvres, de verriers, de menuisiers. Il est aidé d'une quinzaine de sculpteurs, pour la plupart élèves de David d'Angers, en particulier Adolphe Geoffroy-Dechaume qui exécute les grandes statues en cuivre repoussé de la toiture, et de maîtres-verriers comme Louis Steinheil, Alfred Gérente, Antoine Lusson et Didron l'aîné. Le maître veille jusque sur les moindres détails. Ainsi, certaines pièces du trésor médiéval, qui a été détruit pendant la Révolution, sont soigneusement reconstituées d'après ses dessins. Il renouvelle l'orfèvrerie liturgique en créant ciboires, calices et ostensoirs, ainsi que le mobilier composé de lutrins, candélabres, reliures d'évangéliaire, croix de procession et garnitures d'autel.

La dédicace du monument rénové a lieu le 31 mai 1864. Les crédits qui avaient été accordés en 1845, soit 1 973 882,67 francs pour la restauration et 664 491,83 francs pour la construction de la sacristie sont depuis longtemps épuisés ! Dès 1850, il avait fallu prévoir une rallonge. Les travaux avaient été alors interrompus pendant huit ans et avaient repris en 1859, avec une dotation de trois millions supplémentaires.

On peut reprocher à Viollet-le-Duc quelques excès, mais ce serait mauvaise grâce car son intervention a conféré au monument une grande unité. Même son effort pour modifier l'élévation intérieure en reconstituant le troisième niveau tel qu'il avait été érigé à la fin du XIIe siècle ne manque pas d'intérêt. Il veut réincorporer une petite rose au-dessus des tribunes et réduire la hauteur de la fenêtre supérieure, recréant ainsi quatre niveaux, comme cela avait été maintenu dans la première travée de la nef. Cette réalisation est

Double page suivante : Le *Vœu de Louis XIII* réalisé par Robert de Cotte entre 1708 et 1714, modifie considérablement le chœur de la cathédrale médiévale et introduit le mouvement propre au style baroque. La *Pietà*, sculptée par Nicolas Coustou en 1723, est entourée, à droite, par *Louis XIII* de Nicolas Coustou, et, à gauche, *Louis XIV* d'Antoine Coysevox.

finalement limitée au transept et elle est abandonnée ailleurs, de peur de priver l'édifice de lumière. Surtout l'imagination débordante de Viollet-le-Duc conduit l'œil de pinacles en gargouilles, de la pierre au métal, et donne à l'ensemble un esprit tout médiéval que caractérisent l'humour et le goût du florilège. À Notre-Dame, grâce à lui, les pierres parlent.

Projet de restauration de la flèche (page 37) et de la façade occidentale par Viollet-le-Duc.

Le vœu de Louis XIII

Mais Viollet-le-Duc ne reconstitue pas le chœur médiéval : il se contente de dégager les placages de marbre qui avaient été installés au XVIIIe siècle pour recouvrir les piliers gothiques. C'est à ce moment, en effet, que se situent les plus importantes transformations qui ont affecté la cathédrale médiévale. Certains travaux ont pour but de consolider la voûte et la façade. D'autres sont plus radicaux : les vitraux des fenêtres hautes disparaissent pour des vitres blanches bordées de fleurs de lis sur fond bleu ; les gargouilles sont déposées et remplacées par des descentes en plomb ; la nef et le chœur sont badigeonnés ; les dalles du sol sont unifiées en bleu foncé et blanc faisant disparaître les anciennes pierres tombales. Sur la façade occidentale, en 1771, Germain Soufflot entaille le portail central pour que puisse passer le dais des processions, si bien que le trumeau et une bonne partie du tympan du Jugement dernier disparaissent.

À l'intérieur du chœur, à l'emplacement de l'ancien sanctuaire médiéval, s'élève encore aujourd'hui le *Vœu de Louis XIII*, dont la réalisation date du début du XVIIIe siècle. Près d'un siècle plus tôt, après avoir mis solennellement la France sous la protection de la Vierge à l'occasion de la naissance de son fils longtemps attendu, le futur Louis XIV, le roi Louis XIII annonce, le 10 février 1638, la reconstruction de l'autel de Notre-Dame. Il promet aussi de l'orner d'une « image de la Vierge qui tienne entre ses bras celle de son précieux fils descendu de la Croix », c'est-à-dire une pietà. Mais l'argent manque et le projet s'enlise. Anne d'Autriche commence par faire modifier le jubé, puis Louis XIV, en 1699, décide de réaliser le vœu de son père. Les réticences sont nombreuses quand il s'agit de toucher à la cathédrale Notre-Dame mais, comme il a été dit, le goût n'est plus guère au Moyen Âge… Un chanoine, Antoine de La Porte, offre la somme nécessaire et les travaux commencent, signant la fin du chœur gothique. Ils sont réalisés sous la direction de l'architecte Robert de Cotte, entre 1708 et 1714. La statue de *Louis XIV*, représenté en priant par Antoine Coysevox,

page 45 ▶

Concealing spouts through which rainwater drained off, they included the famous, pensive Stryge ('bird of the night'), linking the two towers in a gallery of fantastic creatures. Finally the windows were restored: the south rose window, much damaged in the 1831 fire in the bishop's palace, was completely dismantled and reinstated with stronger mullions; the west window was also heavily restored. The north rose window underwent the least change. The towers were strengthened but Viollet-le-Duc resisted the temptation to top them with spires as he had originally pictured them in his designs. All the damaged stonework was replaced, ensuring that the building retained great harmony overall. Outside, on the ruins of the bishop's palace that had been demolished in 1837, a new sacristy and presbytery were built, both in neo-Gothic style. Inside, the chapterhouse was painted all over in bright colours in the medieval style. What remained of the surrounding open space outside was turned into a garden and a square.

The Works Journal kept by Viollet-le-Duc details the difficulties he encountered. The work continued between 1847 and 1864 with an ever-growing number of stone-masons, sculptors, jewellers, glassworkers and carpenters. The architect was assisted by more than a dozen sculptors, most of them trained by David d'Angers, in particular Adolphe Geoffroy-Dechaume, who created the large beaten-copper statues on the rooftop, and master-glassmakers such as Louis Steinheil, Alfred Gérente, Antoine Lusson and Didron senior. Viollet-le-Duc monitored the smallest details. Some pieces from the medieval treasury that had been destroyed during the Revolution were meticulously reconstructed following his designs. He reconstructed the liturgical vessels, making ciboriums, chalices and monstrances; he recreated the furnishings, such as lecterns, candelabra, Gospel bindings, processional crosses and altar-furnishings.

The renovated cathedral was dedicated on 31 May 1864. The funds that had been allocated for the work in 1845 – 1,973,882.67 francs for the restoration and 664,491.83 francs for building the sacristy – had long since been exhausted. When in 1850 it was realized that extra funding was required, work was interrupted for eight years, resuming in 1859 with an additional endowment of three million francs.

Viollet-le-Duc could be accused of certain excesses with regard to the restoration, but that would be ungracious since his intervention brought a sense of unity and harmony to Notre Dame. Even his attempt to modify the interior elevation by restoring the third tier as it had been built at the end of the 12th century has validity. He wanted to reincorporate small windows above the tribunes and to reduce the height of the upper windows, recreating four tiers as in the original plan of the nave. This work was ultimately restricted to the

PRECEDING DOUBLE PAGE: *The Vow of Louis XIII*, created by Robert de Cotte from 1708–14, greatly modified the choir of the medieval cathedral and introduced the baroque style. Nicolas Coustou's 1723 Pietà is flanked, *right*, by Coustou's Louis XIII and, *left*, by Louis XIV by Antoine Coysevox.

FOLLOWING PAGE: An early 18th-century *Descent from the Cross* carved on the back of one of the 52 upper choir-stalls. In the Middle Ages the canons sat in Gothic stalls around the tombs of former bishops.

transept, being abandoned elsewhere for fear of reducing the amount of light entering the building. Thanks to Viollet-le-Duc's rich imagination, today our eyes travel seamlessly from the gargoyle-topped pinnacles, across stone and metal, in the same spirit of humour and wonderment as the eyes of the men and women of the Middle Ages. The stones of Notre Dame still speak to us through Viollet-le-Duc's inspired work.

Louis XIII's vow

Viollet-le-Duc did not, however, reconstruct the medieval choir: he contented himself with removing the marble plaques installed during the 18th century to cover the Gothic pillars. It was during the 18th century that the most significant alterations to the medieval cathedral were made. Some work was undertaken to strengthen the vault and the façade but other changes were more radical: the glass in the high windows was removed and replaced with white glass bordered with *fleurs de lis* on a blue background; the gargoyles were taken down and replaced by lead down-pipes; the nave and the choir were painted; the floor was paved with tiles in deep blue and white that hid the ancient tombstones. In 1771 Germain Soufflot enlarged the central portal on the west side in order to admit the processional dais, to the extent that the pier and a fair amount of the Last Judgement tympanum were lost.

Ingres' painting *The Vow of Louis XIII* still hangs inside the choir on the site of the ancient medieval sanctuary. It dates from the beginning of the 18th century. Nearly a century earlier, having solemnly placed France under the protection of the Virgin Mary to mark the birth of his long-awaited son – the future Louis XIV– on 10 February 1638, King Louis XIII announced the reconstruction of Notre Dame's altar. He also promised to adorn it with an 'image of the Virgin holding in her arms the figure of her precious son taken down from the Cross', i.e., a Pietà. But money was lacking and the project dragged on until his widow, Anne of Austria, made a start by modifying the rood screen; and finally in 1699 Louis XIV decided to fulfil his father's vow. Nowadays we would be very reluctant to interfere in any way with Notre Dame but, as has already been explained, 18th-century taste did not favour the Middle Ages. A canon, Antoine de La Porte, offered the necessary funds and in 1708 the work that spelled the end of the Gothic choir began under the direction of architect Robert de Cotte, and was completed in 1714. The statue of *Louis XIV praying*, by Antoine Coysevox, and that of *Louis XIII offering the Virgin his crown and sceptre*, by Nicolas Coustou, flank the new high altar, accessed by three steps.

page 49 ▶

Descente de croix ornant le dossier de l'une des cinquante-deux stalles hautes du chapitre, réalisées au début du XVIIIe siècle. Au Moyen Âge, les chanoines disposaient de stalles gothiques qui entouraient les tombeaux des évêques.

DOUBLE PAGE SUIVANTE : Les anges ornant le bas du buffet des grandes orgues témoignent des transformations voulues au XVIIIe siècle.

PAGE 48 : Les orgues ont été refaites par Cavaillé-Coll en 1863-1868 et un orgue de chœur leur a été adjoint. Cet ensemble succède à celui du XVIIIe siècle, dont on a conservé le buffet. Restaurées depuis 1992, elles sont les plus importantes de France et trois organistes se partagent leur tribune.

et celle de *Louis XIII offrant à la Vierge sa couronne et son sceptre*, par Nicolas Coustou, encadrent le nouveau maître-autel auquel on accède par trois marches. Une *Pietà* aux allures baroques, elle aussi sculptée par Coustou, vient l'orner en 1723. Six anges de bronze, adossés aux piliers, portent les instruments de la Passion. Ils sont l'œuvre d'Antoine Vassé. Enfin, sous le chœur, on creuse un caveau aux armes du roi pour accueillir les corps des archevêques de Paris. Les stalles du chœur sont aussi entièrement refaites au XVIIIe siècle, en bois sculpté, tandis que d'immenses grilles en fer forgé, œuvre du ferronnier François Cafieri, tiennent lieu de jubé. Le résultat tranche par son aspect théâtral sur ce qui existait au Moyen Âge, même si les thèmes retenus pour orner les stalles restent traditionnels car ils empruntent à la vie de la Vierge, aux miracles de Jésus, à la Passion, mais aussi à des figures allégoriques qui renvoient aux vertus, telles la Prudence ou la Modestie.

Médiévale, Notre-Dame de Paris l'est restée, dans l'esprit autant que dans la pierre. Mais, à la différence de ce que représentait la cathédrale au Moyen Âge, les travaux, à l'extérieur comme à l'intérieur, en ont fait un monument national. Sa restauration s'est accompagnée d'une réfection d'ensemble de l'île de la Cité qui a retrouvé, sous le Second Empire, sa fonction administrative médiévale, au temps où l'île regroupait à la fois le palais du roi et l'Hôtel-Dieu. Au XIXe siècle, l'endroit est réputé mal famé, les ruelles tortueuses. Le baron Haussmann le purifie en dégageant la cathédrale et en rasant une grande partie des maisons et des édifices. Le parvis, qui était minuscule, devient une place de deux cents mètres sur cent cinquante, destinée aux démonstrations d'armes de la caserne proche, construite en 1865, à l'emplacement de l'actuelle Préfecture de police. Les bâtiments administratifs se multiplient. Le tribunal de commerce est érigé dès 1860, tandis que le Palais de justice, à l'emplacement de l'ancien palais médiéval, est considérablement agrandi aux dépens de la place Dauphine. L'hôpital de l'Hôtel-Dieu actuel est construit en 1869, au nord de la place, face à celui qui avait été érigé au Moyen Âge en bordure de Seine et qui avait disparu dans un incendie en 1772. Enfin deux voies parallèles, le boulevard du Palais et la rue de la Cité sont ouvertes dans le prolongement des ponts, reliant la place du Châtelet à la place Saint-Michel.

À l'intérieur, la trouée baroque qui ouvre la cathédrale aux regards et que viennent compléter les exigences de la liturgie contemporaine, les restaurations entreprises par Viollet-Le-Duc au XIXe siècle, celles qui l'ont légèrement modifiée au XXe siècle, en font un monument parlant au cœur de tous. Là ont eu lieu les *Te Deum* de la victoire ou les messes à la mémoire des grands hommes de la France. Les millions de visiteurs qui y viennent chaque année sont le signe que la cathédrale a su aussi s'adapter à l'histoire et devenir un lieu réputé pour l'ensemble du monde.

PRECEDING DOUBLE PAGE: The angels decorating the base of the great organ-case are testimony to the changes demanded by 18th-century taste.

In 1723 it was adorned by a baroque Pietà, also sculpted by Coustou. Six bronze angels, the work of Antoine Vassé, carry the instruments of the Passion. Finally a crypt bearing the king's arms was excavated to hold the bodies of the archbishops of Paris.
The choir-stalls were also totally remodelled in carved wood in the 18th century while enormous wrought-iron grilles by the ironworker François Cafieri replaced the rood screen. The 18th-century interventions cut a theatrical swathe through the medieval work, even though the choir-stalls are decorated with traditional themes ranging from the life of the Virgin, the miracles of Jesus and the Passion to allegorical figures of the Virtues, such as Prudence or Modesty.
Notre Dame de Paris remains medieval, in spirit as well as in stone. However, the work, both external and internal, that has been carried out on it since the Middle Ages has transformed the building from a place of worship into a national monument.
Its restoration was accompanied by renovation of the Île de la Cité, which during the Second Empire rediscovered the administrative function it had had in the Middle Ages, when the island was home to both the king's palace and the Hôtel-Dieu. By the 19th century, the island's winding alleyways had acquired a bad reputation until Baron Haussmann cleaned the area up by demolishing many of its houses and buildings. What had once been a small square in front of the cathedral became a 200 x 150 m (656 x 492 ft) piazza, used for drilling by the military from the neighbouring barracks built in 1865 on the site of the modern Préfecture de Police. Administrative buildings proliferated: the Tribunal de commerce (Commercial Court) was built in the 1860s while the Palais de Justice, on the site of the former medieval palace, was considerably enlarged at the expense of Place Dauphine. The present-day Hôtel-Dieu (hospital) was built in 1869 on the north side of the square, opposite the site of a medieval hospital that burned down in 1772. Finally, as an extension of the bridges, two parallel highways, boulevard du Palais and rue de la Cité, were created, linking place du Châtelet to place Saint-Michel.
Inside the cathedral, flamboyant baroque work complements the requirements of the modern liturgy, the 19th-century restorations of Viollet-Le-Duc, and the minor modifications carried out in the 20th century have made Notre Dame a building that speaks to everyone. Great ceremonies have taken place here, from victorious Te Deums to memorial Masses for the men and women honoured by France. The millions who visit each year are proof of how Notre Dame has lived through and adapted to the events of history to become a monument that is now known and celebrated throughout the world.

The organs were rebuilt by Cavaillé-Coll between 1863 and 1868 and were augmented by a choir organ. Only the organ case has been retained from the 18th century ensemble. It is France's most important organ group, with three organists sharing musical duties.

Naissance d'une cathédrale

The birth of a cathedral

Lorsque l'évêque Maurice de Sully décide de construire une nouvelle cathédrale et de détruire l'ancienne où il officie, il y a longtemps que l'île de la Cité est le cœur religieux de Paris. La configuration des bâtiments d'origine est cependant mal connue, faute de textes précis et de fouilles systématiques. En 1711, une première trouvaille est due au hasard : en creusant dans le chœur de la cathédrale actuelle un caveau destiné à la sépulture d'un archevêque, on exhume deux anciens murs, l'un gallo-romain et l'autre appartenant au chevet d'une église mérovingienne. On retrouve aussi des pierres sculptées de l'époque gallo-romaine, réemployées, qui appartenaient au monument des marchands de l'eau, les Nautes, dont le principal pilier est conservé au musée du Moyen Âge. En 1847, d'autres recherches menées par Viollet-le-Duc sous le sol du parvis, à l'ouest de la cathédrale, permettent de repérer les murs arasés d'une basilique imposante, dont la taille et la richesse de décoration ont été en particulier précisées par les fouilles liées à la construction du parking Notre-Dame en 1962. Ces différentes découvertes ont donné lieu à des interprétations diverses qui ont aussi évolué au cours du temps. Actuellement, archéologues et historiens valorisent la continuité entre la période gallo-romaine et les débuts du Moyen Âge. Ils interprètent l'église cathédrale primitive comme un ensemble de bâtiments auquel ils donnent le nom de « groupe épiscopal », qu'ils comparent à celui d'autres métropoles religieuses de la même époque, comme Tours, Genève ou Trèves.

Aux origines : le groupe épiscopal

Car il s'agit bien à l'origine d'un groupe de bâtiments installés dans l'île de la Cité sous l'autorité de l'évêque et protégés par une muraille constituée de gros blocs enlevés pour certains aux arènes de Lutèce sur la rive droite. Ce mur, peut-être pourvu de tours, dont on ignore le tracé exact, est visible par portions, en particulier dans le sous-sol de la cathédrale actuelle. Sa construction date sans doute de la fin du IVe siècle, au moment où Rome, menacée par les invasions barbares, donne l'ordre de fortifier les villes de l'Empire, réduisant du même coup leur surface comme peau de chagrin. À Lutèce qui, à cette époque, est devenue Paris, la partie fortifiée couvre seulement une dizaine d'hectares dans l'île de la Cité et elle se déploie sur un sol qui a été aplani et surélevé. Sa réalisation est donc postérieure à la présence d'un évêque à Paris, qui est attestée en 346, soit peu de temps après la conversion de l'empereur Constantin en 312, et avant que l'Empire romain ne devienne officiellement chrétien en 391, sous le règne de Théodose.

Double page précédente : Chevet de la cathédrale vu du toit. Les arcs-boutants.

Miniature de Jean Fouquet pour illustrer, vers 1470, l'ouvrage de Flavius Josèphe, Les Antiquités hébraïques. La construction du Temple de Jérusalem, sous la forme d'une cathédrale en gothique flamboyant, est le fait du roi Salomon, qui donne ses ordres depuis sa loge. Son vêtement fleurdelysé en fait l'ancêtre des rois de France ; pourtant, ces derniers ne sont guère intervenus dans la construction des cathédrales, y compris à Notre-Dame de Paris.

Le groupe épiscopal se met donc en place à la fin de l'Empire romain et, pendant l'époque mérovingienne, il est constitué de plusieurs bâtiments, une basilique, un baptistère, la maison de l'évêque et un hôpital. La basilique constitue l'élément essentiel de cet ensemble. Il s'agit à l'origine d'une construction antique, sans doute de l'époque de Constantin, de très grande ampleur et richement décorée, comme en témoignent les restes de mosaïques et les parements en marbre blanc qui ont pu être retrouvés. Sa façade, de trente-six mètres de large, est érigée trente-cinq mètres en avant de la cathédrale gothique actuelle ; elle se prolonge en cinq vaisseaux dont le plus long, au centre, atteint soixante-dix mètres environ, ce qui le fait aller jusqu'à la troisième travée de la nef actuelle. On ignore quelle est sous l'Empire romain la fonction originelle de ce bâtiment, mais on sait que le palais impérial est déjà situé dans la partie occidentale de l'île et qu'il est séparé du complexe basilical par une rue transversale, la rue de la Juiverie, que prolongent deux ponts sur la Seine, le Petit-Pont au sud et le Pont Notre-Dame au nord. Le baptistère est situé sur le flanc nord de la basilique ; il a peut-être été construit dès l'arrivée du premier évêque car sainte Geneviève s'y serait réfugiée en 451 pour résister à Attila. Sa forme circulaire lui a conféré son nom, Saint-Jean-le-Rond, et il possède en son centre un bassin auquel on accède par trois marches, symboles de la Trinité. Le baptême des catéchumènes y est alors pratiqué par immersion totale, selon une pratique qui s'est prolongée couramment jusqu'aux derniers siècles du Moyen Âge, aux fêtes religieuses de Pâques et de la Pentecôte. Sa construction est ensuite profondément remaniée au XIIIe siècle, puis il est détruit en 1748. La maison de l'évêque est probablement située dans le prolongement de la basilique et une chapelle indépendante de celle-ci lui est affectée. Enfin, l'hôpital jouxte alors l'église Saint-Christophe, au nord-ouest du parvis et sur l'emplacement approximatif de l'Hôtel-Dieu actuel. Il aurait été fondé en 651 par l'évêque Landry, mais son existence et son fonctionnement souffrent de n'être connus que par des textes tardifs : il est dit, à l'époque carolingienne, que les chanoines doivent s'y rendre pour laver les pieds des pauvres lors

page 56 ▶

The Île de la Cité had long ceased to be the religious heart of Paris when Bishop Maurice de Sully decided to demolish the old cathedral where he officiated and build a new one. In the absence of precise records and with no systematic excavation of the site having been carried out, the configuration of the original buildings is not absolutely clear. The earliest discovery was made by chance in 1711: two ancient walls were revealed in the nave of the present cathedral during the excavation of a crypt for the interment of an archbishop; one was Gallo-Roman and the other came from the apse of a Merovingian church. Carved stones dating back to Gallo-Roman times were also found to have been re-used in the monument known as the Pillar of the Nautes (Pillar of the Boatmen), the main part of which is now in the Museum of the Middle Ages. In 1847 Viollet-le-Duc led further research underground to the west of the cathedral, finding the razed walls of an impressive basilica whose size and rich decoration were more accurately documented in excavations carried out during construction of the underground car park at Notre Dame in 1962. These discoveries have been variously interpreted over time but current archaeological and historical scholarship focuses on the period between the Gallo-Roman era and the beginning of the Middle Ages. The early cathedral-church is viewed as a collection of buildings classified as an'episcopal grouping', similar to those of other religious centres from the same period, such as Tours, Geneva or Trier.

Pages 50–51: The *chevet* of the cathedral as seen from the roof. The flying buttresses.

Page 53: A miniature *c.*1470 by Jean Fouquet, illustrating Flavius Josephus's *Jewish Antiquities.* It depicts the construction of the Temple of Jerusalem (as a flamboyant Gothic cathedral) as ordered by King Solomon who issues his instructions from a loggia. His clothing is decorated with *fleurs de lis*, signifying that he is an ancestor of the kings of France, but French kings rarely intervened in the building of cathedrals, including that of Notre Dame.

The origins of Notre Dame: the episcopal group

The origins of the medieval cathedral began with a group of buildings erected on the Île de la Cité by order of the bishop, which was protected by a wall of large stone blocks, possibly taken from the Arènes de Lutèce, the Gallo-Roman amphitheatre on the right bank of the Seine. There may have been towers on the wall, and although its exact origins are not clear, parts of the wall are still visible, especially in the crypt of the present cathedral. Its construction dates from the end of the 4th century, when Rome, under threat of barbarian invasions, ordered the cities of the Empire to be fortified and their extent to be gradually reduced. At Lutèce (Gallo-Roman Lutetia), which by this time had become Paris, the fortified area extended to a bare 10 ha (0.1 sq km) on the Île de la Cité, on land that had been raised and levelled. The wall was therefore built after the appointment of a Bishop of Paris (for which there is evidence in AD 346, not long after the conversion of the Emperor Constantine to Christianity in AD 312) and before the Roman Empire became officially Christian in AD 391 during the reign of Theodosius.

A map of 16th-century Paris: the fortification built on the orders of Philip Augustus can be seen on the left bank while the more heavily populated right bank is surrounded by that of Charles V, constructed around 1370. What is now the Île Saint-Louis is still deserted and there are only four bridges over the branches of the Seine (the Grand-Pont and Pont Notre-Dame on the right bank and Pont Saint-Michel and the Petit-Pont on the left bank).

Therefore, by the end of the Roman Empire, the episcopal buildings were already in place. During the Merovingian period they comprised a basilica, baptistery, the bishop's house and a hospital. The main building was the basilica, initially an ancient construction probably dating from the era of Constantine; it was very spacious and richly decorated, as can be seen from the remnants of mosaics and white marble facings that have been discovered. Its 36-m (118-ft) façade stood 35 m (115 ft) in front of the present Gothic cathedral; it extended into five naves, the middle one being around 70 m (230 ft) long, reaching to the third bay of the present nave. The building's function under the Roman Empire is unknown but we do know that the imperial palace was already in place on the eastern part of the island and that it was separated from the basilica complex by the rue de la Juiverie, which formed an extension to two bridges over the Seine, the Petit-Pont to the south and the Pont Notre-Dame to the north. The baptistery was situated on the northern flank of the basilica; it may have been built during the time of the first bishop, since St Geneviève took refuge there from Attila in AD 451. Named Saint-Jean-le-Rond for its circular shape, a pool at its centre was accessed by three steps symbolizing the Trinity. At that time, catechumens (those undergoing instruction) were baptized by total immersion during the religious feasts of Easter and Pentecost, according to a practice that prevailed until the end of the Middle Ages. The baptistery underwent considerable reconstruction in the 13th century and was finally demolished in 1748.

page 60 ▶

La face cachée de Notre-Dame est en bois et date du XIIIe siècle, qu'il s'agisse de la charpente du vaisseau appelée aussi la « forêt » ou, comme ici, de la charpente des tours. Chaque poutre provient d'un arbre différent.

de certaines fêtes religieuses. À partir du VIIIe siècle, cet ensemble est complété par les habitations des chanoines construites au nord et à l'est de la basilique, le long de la Seine. C'est le cloître de la cathédrale qui, à la différence d'un cloître monastique, est constitué de maisons séparées, situées pour l'essentiel à l'intérieur de la muraille.

La basilique est embellie par les rois mérovingiens, mais sans excès car les chroniqueurs sont restés très discrets à ce sujet. Ces rois ont plutôt joué un rôle important dans la fondation des monastères parisiens. Le premier, Clovis (486-511), baptisé à Reims à la fin du Ve siècle, fait de Paris la capitale du nouveau royaume franc, scellant l'alliance du spirituel et du temporel au sein de la ville, mais il ne choisit pas d'être enterré dans la basilique. Il veut reposer aux côtés de Clotilde, près du corps de sainte Geneviève, dans l'église des Apôtres qu'il a fondée sur la rive gauche de la Seine, à l'emplacement actuel du Panthéon. Le poète Fortunat raconte comment son successeur, Childebert Ier (511-558), a richement doté l'église de Paris, au point que les historiens ont longtemps pensé qu'il l'avait construite ! Mais ce roi a aussi fondé Sainte-Croix-Saint-Vincent, la future abbaye de Saint-Germain-des-Prés sur la rive gauche. Quant à Dagobert (629-639), il œuvre pour l'abbaye de Saint-Denis et pour le prieuré Saint-Éloi, face au palais royal. Pourtant la cathédrale, placée sous le patronage du diacre et martyr Étienne, fait plus que dominer son diocèse : elle sert de chef de file à l'église franque et plusieurs conciles s'y réunissent qui contribuent à définir le dogme chrétien ainsi que la discipline du clergé et des fidèles.

Il est néanmoins très difficile de suivre la vie de la basilique qui est peu citée dans les textes. Les Normands ne semblent pas l'avoir détruite et elle fait l'objet de réparations et de transformations successives. Les plus spectaculaires datent du XIIe siècle. Pour entretenir l'église, Étienne de Garlande, archidiacre de Paris, obtient que le roi Louis VI (1108-1137), dont il est l'un des principaux conseillers, concède une partie des revenus qu'il prélevait pendant la vacance du siège épiscopal. Ces droits sont confirmés et agrandis sous Louis VII (1137-1180) qui, de ce fait, applique les principes réformateurs prévus par les papes des XIe-XIIe siècles. C'est à ce moment que l'évêque Thibaud II (1144-1158) entreprend

PAGE 55 : Carte de Paris du XVIe siècle : sur la rive gauche subsiste la muraille érigée sur ordre de Philippe Auguste à la fin du XIIe siècle, tandis que sur la rive droite, la plus peuplée, elle est englobée par celle de Charles V, construite vers 1370. L'actuelle île Saint-Louis est encore déserte et la traversée des bras de la Seine réduite à quatre ponts (Grand-Pont, et Pont Notre-Dame, vers la rive droite, Pont Saint-Michel et Petit-Pont, vers la rive gauche).

DOUBLE PAGE SUIVANTE : Le transept sud, comme celui du nord, a été agrandi de quatre mètres par Jean de Chelles puis par Pierre de Montreuil au milieu du XIIIe siècle, pour alléger les murs et faire entrer la lumière, mais aussi pour développer le faste de la cathédrale, en la dotant de lancettes, d'arcs, de frises et de gâbles élancés ainsi que d'un riche programme icono-graphique sur son portail, ici dédié à saint Étienne. À droite, on aperçoit la sacristie, œuvre de Viollet-le-Duc.

probablement la réfection de la façade. Cet ancien prieur de Saint-Martin-des-Champs a pu suivre dans la chapelle de son monastère, sur la rive droite, les balbutiements du gothique. Contemporain de l'abbé de Saint-Denis, Suger, il est stimulé par les travaux que ce dernier mène dans son abbatiale où s'épanouit le premier art gothique. Un portail orné de statues-colonnes, consacré à la Vierge, et un autre au Jugement dernier sont alors construits sur la façade de la basilique. Celui de la Vierge sera remonté avec quelques transformations au début du XIIIe siècle pour constituer le portail Sainte-Anne de la nouvelle cathédrale. L'autre a été en grande partie supprimé lors de la reconstruction médiévale. Au même moment, en 1151, Suger offre à la cathédrale un vitrail représentant le *Triomphe de la Vierge*, l'un de ceux qui ont été déposés au XVIIIe siècle. La basilique est donc en pleine rénovation décorative quand, en 1147, l'évêque accueille solennellement le pape Eugène III qui a dû s'éloigner de Rome à la suite de troubles populaires qui agitent la ville et menacent son pouvoir.

L'IMPULSION DÉCISIVE DE MAURICE DE SULLY

Ces réparations sont bientôt jugées totalement insuffisantes. C'est en tout cas l'avis de l'évêque Maurice de Sully, intronisé en 1160, qui décide de construire un bâtiment entièrement nouveau en remplacement de l'ancienne basilique. Le pape Alexandre III aurait posé la première pierre lors de son passage à Paris, au printemps 1163. La nouvelle église est située plus à l'est de l'île de la Cité, ce qui doit permettre d'agrandir le parvis quand la basilique sera détruite. Place doit être faite au faste des cérémonies religieuses, en particulier à l'arrivée des processions, et aux matériaux destinés au nouveau chantier ! Dans l'immédiat, le parvis se prolonge par une nouvelle rue, la rue Neuve-Notre-Dame, de six mètres de large, qui relie la future cathédrale au palais royal : le lacis de ruelles étroites qui enserrait la basilique est détruit, ainsi que le vieil hôpital. De nombreux habitants sont expropriés. Le choix de construire le bâtiment plus à l'est, au-delà de la basilique, permet aussi de commencer la construction de la nouvelle église par le chevet et par le chœur, si bien que les offices n'ont jamais été interrompus.

Maurice de Sully bénéficie d'un épiscopat assez long, jusqu'en 1196, et il réalise la plus grande partie de son projet. Les travaux commencent en 1163 et, dès 1177, le chevet, œuvre d'un premier architecte resté anonyme, est achevé, même si le voûtement reste encore à faire. Un nouvel architecte se charge de fermer le mur du fond du transept. En 1182, le légat du pape, Henri de Château-Marçay, consacre solennellement le maître-autel. Il célèbre l'office avec une centaine de clercs, ce qui laisse supposer que le chœur, long de cinq

page 62 ▶

The bishop's house was probably situated somewhere along the extension of the basilica and allocated an independent chapel. Finally, the hospital adjoined the church of Saint-Christophe in the north-west corner of the forecourt, approximately on the site of the present-day Hôtel-Dieu. It was founded in 651 by Bishop Landry, but what little information we have as to its existence and functions comes only from later texts: it seems that during the Carolingian period the canons would go there to wash the feet of the poor on certain religious feast-days. In the 8th century this group of buildings was completed by lodgings for canons, built north and east of the basilica along the banks of the Seine. This was the cathedral's cloister, which in contrast to a monastic cloister was made up of separate dwellings situated for the most part inside the fortifications.

The basilica was embellished by the Merovingian kings, but not lavishly it seems, since chroniclers say little about this, although these kings played an important part in the foundation of Parisian monasteries. The founder of the Merovingian dynasty, Clovis I (486–511), who was baptized at Rheims at the end of the 5th century, made Paris the capital of the new Frankish kingdom, sealing the alliance of spiritual and temporal in the heart of the city. However, he was not buried in the basilica, choosing instead to rest beside his wife Clotilde near the body of St Geneviève in the Church of the Apostles which he had founded on the left bank of the Seine, where the Pantheon now stands. The poet Fortunat tells how Clovis's successor, Childebert I (511–58), endowed the Paris church so richly that it was long thought by historians that he had actually built it. Childebert also founded Sainte-Croix-Saint-Vincent, the future abbey of Saint-Germain-des-Prés, on the left bank, while Dagobert I (629–39) was responsible for construction of the abbey of Saint-Denis and the priory of St Eloi facing the royal palace. However, the cathedral, which was placed under the patronage of the deacon and martyr St Stephen, did not simply dominate its diocese; it was the premier Frankish church and became the scene of several councils that met to define Christian dogma and pronounce on discipline for the clergy and laity.

Nevertheless it is difficult to trace the life of the basilica, for which there is little documentation. It escaped destruction under the Normans and underwent successive restorations and transformations, the most spectacular dating from the 12th century. To maintain the church, the Archdeacon of Paris, Étienne de Garlande, one of the principal counsellors of Louis VI (1108–37), negotiated a concession of part of the revenues due to the king while the episcopal seat was vacant. These rights were confirmed and increased under Louis VII (1137–80), applying the reformist principles anticipated by popes from

Page 56: The hidden aspect of Notre Dame is made of wood and dates from the 13th century, whether the structure of the nave, also called the 'forest', or the framework of the towers, shown here. Each beam comes from a different tree.

Preceding double page: In the middle of the 13th century the south transept, like that of the north, was enlarged by 4 m (13 ft) by Jean de Chelles and Pierre de Montreuil. The purpose was not only to lighten the walls and admit light but also to add to the cathedral's splendour by adding lancets, arches, crockets and slender gables as well as a richly detailed iconography over the portal, here dedicated to St Stephen. To the right can be seen the sacristy, the work of Viollet-le-Duc.

the 9th to the 12th centuries. It was probably at this point that Bishop Thibaud II (1144–58) undertook the repair of the façade. As a former prior of Saint-Martin-des-Champs he had witnessed the first developments of Gothic art as seen from the chapel of his monastery on the right bank. A contemporary of Abbot Suger of Saint-Denis, he was probably inspired by the latter's work in the emerging Gothic style. Accordingly, two portals – one decorated with column-statues and consecrated to the Virgin and another featuring the Last Judgement – were constructed on the façade of the basilica. The Portal of the Virgin was re-sited with some alterations at the beginning of the 13th century to make the St Anne portal of the new cathedral, while the Last Judgement portal was largely removed during the medieval reconstruction. In 1151 Suger presented the cathedral with a stained-glass window representing the Triumph of the Virgin, which would be among those removed in the 18th century. The basilica was therefore in the throes of renovation in 1147 when the bishop solemnly received Pope Eugene III, who had been forced out of Rome by popular uprisings that threatened his authority.

The two tiers of flying buttresses of the apse, built by Jean Ravy in the early 14th century, are supported by the same abutment, with the larger ones extending to a flight of 15 m (49 ft). The 12th-century balustrade conceals a rainwater gully.

The decisive impetus of Maurice de Sully

These repairs were soon considered totally inadequate, at least in the opinion of Bishop Maurice de Sully, elected in 1160, who decided to construct an entirely new building to replace the old basilica. The first stone was laid by Pope Alexander III when he visited Paris in spring 1163. The new church was sited further to the east of the Île de la Cité, allowing the square in front of it to be enlarged when the basilica was demolished. Space was needed for elaborate religious ceremonies, especially processional entries, and for building materials. The square was temporarily extended by a new street, rue Neuve-Notre-Dame, 6 m (20 ft) wide, linking the future cathedral with the royal palace. The old hospital and the network of narrow lanes surrounding the basilica were demolished and many inhabitants were evicted. The decision to extend the building to the east, beyond the basilica, also meant that work on the new church could begin at the *chevet* and the choir, with no interruption of services.

page 66 ▶

Cette dentelle de pierre supporte le bas de la flèche et date du milieu du XIXe siècle. Réalisée sur le modèle de la galerie médiévale, elle est constituée d'arcs géminés surmontés d'une ouverture quadrilobée.

travées et doté d'un double déambulatoire, est aussi en service. Des arcs-boutants sont prévus pour renforcer le chevet à l'extérieur et faciliter le percement de fenêtres en hauteur sur un mur qui est particulièrement mince et élancé. Ils sont, à l'origine, d'une seule volée. À la mort de Maurice de Sully, le 11 septembre 1196, il reste à faire le toit, en plomb, pour lequel l'évêque lègue dans son testament une grosse somme, 100 livres parisis, et aussi la nef, les tours, et à monter la façade. Sous l'épiscopat d'Eudes de Sully (1196-1208), qui n'est pas le parent du précédent mais d'origine aristocratique, de Pierre de Nemours (1208-1219) et de Guillaume de Seignelay (1220-1223), une première version de la cathédrale s'achève, confiée à deux autres architectes qui restent aussi anonymes. La nef est longue de huit travées et de deux collatéraux, tandis que la façade est jointe à la nef et que les tours sont soigneusement incorporées à la façade. En 1220, les statues de la galerie sont mises en place. En se prolongeant ainsi sur une soixantaine d'années, le projet initial a parfois été modifié, en particulier sous l'influence des chantiers contemporains, ceux de Chartres ou de Soissons par exemple. Mais en ce début du XIIIe siècle, la réussite est spectaculaire. Les dimensions de la cathédrale de Paris surpassent celles de toutes les églises occidentales : elle atteint cent vingt-sept mètres de long sur quarante mètres de large et trente-trois mètres de hauteur sous voûtes. L'élévation intérieure comporte quatre niveaux, soit de bas en haut les arcades voûtées d'ogives, les tribunes qui évident les bas-côtés, les roses qui ornent les combles des tribunes, puis les fenêtres hautes.

Ce premier jet, hardi et novateur, est donc bien l'œuvre programmée par Maurice de Sully. Est-ce la soif de grandeur qui l'a incité à envisager une telle construction ? Ses détracteurs ne se sont pas privés de l'insinuer, à commencer par son contemporain, le théologien Pierre le Chantre qui, au nom de la pauvreté et de l'humilité du Christ, critique ouvertement les constructeurs d'œuvres d'art qu'il juge extravagantes. En fait, Maurice de Sully, né dans un milieu paysan modeste de Sully-sur-Loire, est un pur produit des écoles telles qu'elles se sont développées à Paris depuis le début du XIIe siècle. Son projet ne s'explique pas sans référence à la suprématie intellectuelle de la ville : il agit

PAGE 61 : Les deux étages d'arcs-boutants de l'abside, dus à Jean Ravy au début du XIVe siècle, s'appuient sur une même culée et les plus grands se développent sur une volée de quinze mètres. La balustrade du XIIe siècle masque un chéneau qui recueille les eaux de pluie.

DOUBLE PAGE SUIVANTE : Gargouille de la façade sud de la nef. Elle s'allonge jusqu'à l'extrême pour rejeter les eaux pluviales le plus loin possible du mur. Un homme accroupi la regarde sans crainte et semble appartenir au monde facétieux qui orne les marges des manuscrits médiévaux.

Des monstres d'une étrange laideur ont été placés par Viollet-le-Duc au milieu de motifs gracieux, dans un contraste recherché. Ils créent un « esprit médiéval » animent les murs, ici sur celui qui relie la sacristie à la cathédrale.

comme un clerc savant formé aux principes les plus novateurs de la théologie et du droit canon. Dans les années 1120, les écoles parisiennes s'imposent comme les plus importantes d'Occident. Les abords de Notre-Dame sont peuplés de clercs portant tonsure et habit long, qui se placent sous la protection de l'Église. Parfois très jeunes, ils colonisent bientôt les pentes de la montagne Sainte-Geneviève, sur la rive gauche, là où l'ancienne ville gallo-romaine a été abandonnée et où on peut se loger facilement. Plusieurs écoles sont alors célèbres : Saint-Germain-des-Prés et son école monastique, Sainte-Geneviève et Saint-Victor, où enseignent les chanoines de saint Augustin. Mais l'école de la cathédrale les domine toutes, sans que les maîtres, tel Abélard, se contentent d'enseigner dans son cloître. Des liens étroits se nouent entre les maîtres de la cathédrale et les chanoines de Saint-Victor. Hugues de Saint-Victor, lui-même héritier d'Hugues de Champeaux, est un professeur influent. Il fonde son enseignement sur l'exégèse littérale de la Bible. Son élève, Pierre Lombard, est l'un des maîtres de la cathédrale et finit par devenir évêque de Paris en 1159, mais il meurt un an plus tard. Son *Livre des sentences* prend pour thème les fondements du dogme, la Trinité, la Création, l'Incarnation, la Rédemption, mais aussi les normes qui doivent régir les sacrements. Autant de réflexions qui trouvent leur illustration dans l'iconographie du nouvel art gothique.

Maurice de Sully fait sa carrière dans ce contexte, successivement chanoine de Paris, puis archidiacre. En 1160, les chanoines le choisissent pour succéder à Pierre Lombard, en raison de ses qualités de prédicateur. D'ailleurs ses sermons, initialement rédigés en latin, sont recopiés dans de nombreux manuscrits et adaptés en langue vulgaire dès 1170. Le nouvel évêque de Paris sait aussi faire preuve de réelles qualités d'administrateur. Sa proximité avec Louis VII et Philippe Auguste, dont il est un conseiller influent, marque son emprise politique. En 1190, quand ce dernier part à la croisade, Maurice de Sully est l'un de ses six exécuteurs testamentaires. L'évêque évolue donc dans un milieu culturel à la pointe du progrès. Les idées bouillonnent ; les écoliers affluent : lorsque Maurice de Sully, en l'absence de Philippe Auguste, organise en 1191 une procession pour obtenir la guérison du prince héritier, le futur Louis VIII, il est assisté, écrit le chroniqueur, de ses chanoines, de ses clercs et d'une foule

page 70 ►

Maurice de Sully's long tenure as bishop (until 1196) meant that he was able to achieve most of his grand project. Work began in 1163 and the *chevet*, the work of an unknown builder, was completed in 1177, although the vaulting remained unfinished. A new architect was employed to close off the wall at the end of the transept. In 1182 the papal legate, Henri de Château-Marçay, solemnly consecrated the high altar, celebrating Mass with a hundred clergy, which suggests that the choir, with its five arches and double ambulatory, was also finished. Flying buttresses were planned to reinforce the apse on the exterior and also to facilitate the piercing of high windows in the very thin wall. Initially there was only a single flight. When Maurice de Sully died on 11 September 1196 the remaining work still to be done included the lead roof, for which the bishop bequeathed an enormous sum, 100 *livres parisis* (Paris pounds), as well as the nave, the towers and decoration of the façade. During the bishoprics of Eudes de Sully (1196–1208, no relation of his predecessor but of aristocratic origins), Pierre de Nemours (1208–19) and Guillaume de Seignelay (1220–23), a first version of the cathedral was completed by two other anonymous master-masons. The nave had eight bays and two transepts, while the façade was joined to the nave and the towers were carefully incorporated into the façade. In 1220 the statues were placed in the gallery. Over the 60 years the work had taken, the initial design underwent some modification, especially under the influence of contemporaneous building projects such as Chartres or Soissons. But now, in the early years of the 13th century, it was a spectacular success. The dimensions of the Paris cathedral surpassed those of all western churches: Notre Dame was 127 m (417 ft) long by 50 m (164 ft) wide and 33 m (108 ft) high under the arches. As described by Sir Banister Fletcher in *A History of Architecture*: 'The interior elevation was originally of four levels, with an arcade of columnar piers; a tribune, originally covered with transverse barrel vaults, and lit by round windows; decorative *oculi* opening into the tribune roof spaces; and small clerestory windows.'

This daring and innovative first draft was exactly as planned by Maurice de Sully. The bishop's detractors didn't hesitate to insinuate that his vision of such a building was motivated by a lust for grandeur; his contemporary, the theologian Pierre le Chantre, invoked the poverty and humility of Christ to criticize openly the builders of what he considered extravagant works of art. In reality Maurice de Sully, born into a modest peasant family in Sully-sur-Loire, was a product of the schools that had developed in Paris since the beginning of the 12th century. His project cannot be explained without reference to the intellectual supremacy of the city: he was a learned cleric trained

Page 62: This ornate stonework supports the base of the spire and dates from the middle of the 19th century. Inspired by its medieval gallery, it is composed of double arches surmounted with a quatrefoil opening.

Page 63: Viollet-le-Duc juxtaposed graceful motifs with the studied contrast of grotesque monsters. They create a 'medieval spirit' that brings the walls to life, here leading from the cathedral to the sacristy.

Preceding double page: A gargoyle from the southern frontage of the nave leans perilously out to discharge rainwater as far as possible from the walls. Watching it without fear, a squatting man seems to come from the mischievous world that decorates the margins of medieval manuscripts.

Following double page: The towers as seen from the nave. Viollet-le-Duc abandoned the idea of topping them with a spire.

in the most innovative principles of theology and canon law. In the 1120s the Paris schools were the most important centres of learning in the western world. The area around Notre Dame was full of scholars with tonsures and long habits who placed themselves under the protection of the Church. Often quite young, they soon colonized the slopes of Mount Sainte-Geneviève on the right bank, the site of the old, abandoned Gallo-Roman city, where lodgings were cheap. Several schools were famous, including Saint-Germain-des-Prés and its monastic school, Sainte-Geneviève, and Saint-Victor where the canons of St Augustine were taught. But the cathedral school was foremost, even without taking into account the quality of professors such as Peter Abelard who were happy to teach in its cloister. There were close links between the masters at the cathedral and the canons of Saint-Victor. Hugues de Saint-Victor, himself the successor of Hugues de Champeaux, was an influential professor who based his teaching on the literal interpretation of the Bible. His pupil Petrus Lombardus was a master at the cathedral and became Bishop of Paris in 1159, although he died a year later. His *Libri Quatuor Sententiarum* (*Four Books of Sentences*) contains reflections on the fundamentals of dogma – the Trinity, the Creation, the Incarnation and the Redemption – and the norms that should regulate the sacraments. These influential commentaries would be illustrated in the iconography of the new Gothic art.

Detail of the *rinceaux* (decorative borders) and crockets at the base of the north tower, graced by one of Viollet-le-Duc's grotesques.

This was the context in which Maurice de Sully made his career, becoming successively a canon of Paris and then archdeacon. In 1160 his talent as a preacher led the canons to elect him Bishop of Paris in succession to Petrus Lombardus. His sermons were initially written in Latin, recopied in many manuscripts and adapted to the vernacular from 1170. The new bishop also had proven administrative talent, while his closeness to Louis VII and Philip Augustus, to whom he became a trusted counsellor, testifies to his political influence. In 1190, when the latter went on crusade, he named Maurice de Sully as one of the six executors of his will. The bishop therefore moved in a progressive cultural milieu: ideas fermented; scholars abounded. In 1191, when Maurice de Sully, in the absence of Philip Augustus, led a procession to pray for the cure of the heir, the future Louis VIII, he was assisted, writes

page 74 ▶

d'écoliers qui se joignent au peuple. La cathédrale Notre-Dame est donc construite par un clerc obsédé par l'enseignement de la Bible à laquelle il se réfère sans cesse dans ses sermons pour la gloser. Il y joint les exigences de vérité et de clarté du droit canonique que vient de synthétiser Gratien en 1140, ainsi que les principes hiérarchiques du Pseudo-Denys l'Aréopagite qui enseigne dans son traité *De la hiérarchie céleste* que la lumière de Dieu se propage par degrés du ciel vers la terre, du Tout-Puissant vers les clercs qui la transmettent aux humbles fidèles. Autant de principes que l'art gothique permet de glorifier dans la pierre.

PAGE 67 : Détail des rinceaux et crochets au bas de la tour nord qu'orne un personnage grotesque créé par Viollet-le-Duc.

DOUBLE PAGE PRÉCÉDENTE : Les tours vues de la nef. Viollet-le-Duc renonça à les surmonter d'une flèche.

DOUBLE PAGE SUIVANTE : Les colonnes de la nef, de 1,10 mètres de diamètre, élevées dès la fin du XIIe siècle, sont formées d'une succession de tambours et surmontées d'un chapiteau décoré de feuillages stylisés. Elles peuvent supporter des voûtes d'une hauteur de trente-trois mètres environ.

TECHNIQUES ET FINANCEMENTS

Le XIIe siècle connaît un grand bouleversement architectural qui permet de passer de l'art roman à l'art gothique, et cela par toute une série de tâtonnements dont on trouve les premiers essais en Île-de-France, en particulier dans les églises appartenant au domaine du roi. Les nouveautés portent sur la voûte sur croisée d'ogives, sur l'arc boutant qui étaye la maîtresse voûte et sur l'arc brisé qui remplace l'arc en plein cintre. À l'origine, ces trois éléments sont rarement utilisés ensemble et ils sont encore traités de façon rudimentaire, comme par exemple, dans le déambulatoire de l'église du prieuré Saint-Martin-des-Champs au nord de Paris. À Sens, qui est l'église de l'archevêché dont dépend Paris, commencée vers 1135, apparaissent des voûtes sexpartites avec leurs alternances de piles fortes et faibles, alors que le déambulatoire reste voûté d'arêtes. À Saint-Denis, dont l'abbé Suger fait ériger la façade vers 1140, puis le chœur cinq ans plus tard, l'architecte conserve aussi un mélange des styles. Il utilise la croisée d'ogives dans le chœur, mais il conserve la voûte en plein cintre dans le triforium. La cathédrale Notre-Dame appartient en fait à la génération de cathédrales qui utilise exclusivement les procédés gothiques. Il en est de même à Noyon, Senlis et Laon au nord, dans le chœur de l'abbatiale de Saint-Rémi de Reims, de Notre-Dame en Vaux à Châlons-sur-Marne et à Saint-Quiriace de Provins, à l'est.

Les architectes de cette première cathédrale sont, on l'a dit, anonymes. Cela ne veut pas dire qu'ils sont inexistants, mais ils n'ont pas laissé de croquis que nous ayons conservés, à la différence de ceux de Villard de Honnecourt au siècle suivant. Pourtant la construction a été soigneusement programmée. Il est probable que l'évêque ait pris en personne une part active aux travaux en choisissant les matériaux et en imposant ses vues architecturales et sculpturales. À Saint-Denis, Suger raconte dans ses écrits comment lui-même a veillé de près à la construction de sa basilique à l'aide « d'instruments

géométriques et arithmétiques » et comment, accompagné des charpentiers, il a parcouru les forêts de l'abbaye pour trouver des arbres assez hauts pour sa charpente. En tout cas, Maurice de Sully a au moins participé à l'organisation du chantier. Il en confie la surveillance à son neveu, un laïc, qui épouse la fille de la nourrice de Philippe Auguste.

Il faut approvisionner en eau, en pierre, en sable, en plomb. À Paris, cet approvisionnement est plus facile que pour d'autres chantiers, en raison de la proximité de la voie fluviale, de certains matériaux comme le bois et surtout le calcaire, et du fait de l'abondance et de la qualification de la main d'œuvre. Au milieu du XIIe siècle, Paris est déjà célèbre pour ses constructions en pierre. La population est élevée et en plein essor démographique. L'embauche se fait à proximité, sur la place de Grève, par contrat en général à la semaine dans les métiers du bâtiment. Les techniques employées supposent un nombre d'ouvriers important, et les enfants payés à la tâche ne sont pas exclus des chantiers de construction. On connaît les plans inclinés, les échafaudages en bois, mais le portage se fait surtout sur l'épaule et les détritus sont évacués dans des hottes. On a peut-être utilisé la brouette dont la représentation iconographique reste cependant rare avant la fin du Moyen Âge. Les carrières de calcaire se trouvent à proximité, au sud de la ville, sur la rive gauche de la Bièvre et elles sont exploitées par des professionnels qui revendent la pierre extraite, pour la plus grande partie, à ciel ouvert. Le calcaire est ensuite transporté par voie d'eau, par la Bièvre jusqu'à la Seine, et il est trié en fonction de sa qualité et de son usage. La rapidité du chantier suppose que la main-d'œuvre soit aussi qualifiée. De façon générale, les arts mécaniques sont en progrès car, dans l'esprit des clercs, la science de l'ingénieur est étroitement mêlée à la géométrie ; elle s'applique à la maçonnerie et à la construction des machines élévatoires comme à la musique, aux arcs, aux armes, etc. Les tailleurs de pierre savent utiliser la laie, un outil à tête dentelée, les sculpteurs et les verriers sont à la fois des ouvriers réunis en corporation et des artistes. On sait qu'au XIIIe siècle, pour les seuls métiers du bâtiment, Paris compte environ quatre cents ouvriers pleinement qualifiés. En tout cas, il ne s'agit pas d'une main d'œuvre volontaire qui, dans un grand élan, aurait donné son temps à Dieu.

En même temps qu'ils consolident les murs en jouant un rôle de contrebutement, les arcs-boutants permettent de régler le problème de l'écoulement des eaux venues de la toiture, ce que n'avaient pas réussi à résoudre les premiers architectes du XIIe siècle. Des chéneaux sont creusés dans la partie supérieure : ils aboutissent aux gargouilles. Les chimères figurant ici sont purement décoratives.

page 78 ▶

L'église se divise en deux parties, à savoir le chœur et la nef. La nef signifie ceux qui sont soumis à la mer de ce monde. De là « Ceux qui sont descendus en mer sur des navires ». Le chœur signifie les prélats. De là « Ils sont saints, et les saintes des saints ». Le chœur doit être plus humble parce que le Christ rendit l'âme en inclinant la tête. Et cela signifie que les clercs doivent être plus humbles que le peuple… Le chœur et la nef se rejoignent en une partie médiane appelée la croix de l'église, parce que nous sommes unis par la méditation de la passion du Christ… Entre le clergé et le peuple, il y a un milieu qui, dans certains lieux, est complètement clos, et dans d'autres, ouvert, et tout particulièrement les jours de fête, ce qui signifie que, ces jours-là, les clercs doivent ouvrir au peuple les Écritures par la prédication.

La forme de l'église selon Pierre de Roissy, vers 1200

The church is divided into two parts: the choir and the nave. The nave (which also means 'ship') stands for those who are subject to the sea that is this world. From this comes 'those who go down to the sea in ships'. The choir stands for the prelates. Hence 'they are saints, and the saints of saints'. The choir should be more humble because Christ gave up his spirit by bowing his head. This means that the clergy should be more humble than the people. … The choir and the nave meet in a middle section called the cross of the church, because we are united by meditation on the passion of Christ. … Between the clergy and the people there is a middle ground that, in some places, is completely enclosed, in others open, especially on feast-days, which signifies that on such days the clergy should reveal the Scriptures to the people by preaching.

Pierre de Roissy on the structure of the church, *c.* 1200

the chronicler, by his canons, his clerks and a crowd of scholars who joined with the people. The cathedral of Notre Dame was built by a cleric who was passionate about the teaching of the Bible, constantly referring to it and expounding it in his sermons. He also urged truth and clarity in canonical law, as exemplified in the work of the Italian lawyer Gratian in 1140, and supported the hierarchical principles expounded by the theologian and philosopher known as Pseudo-Dionysius the Areopagite in his treatise *The Celestial Hierarchy*, which suggests that the light of God propagates itself by degrees from heaven to earth, from the All-Powerful to the clergy, who transmit it to the humble and faithful. Again, these were principles that Gothic art would glorify in stone.

Techniques and finances

Architecture underwent a major upheaval during the 12th century, moving by trial and error from Romanesque to Gothic, the earliest signs of which can be seen in the Île-de-France, particularly in churches that came under the king's rule. The innovations hinged on pointed, ogival arches, flying buttresses supporting the master-vault and the replacement of rounded arches with ribbed vaulting. Initially these three elements were rarely used together and were still treated in a rudimentary fashion, as in the ambulatory of the priory church of Saint-Martin-des-Champs in the north of Paris. Sexpartite rib vaulting first appeared in Sens, the church of the archbishopric of which Paris was a dependency, begun around 1135; it also featured pillars composed of alternating thick and slender columns, while the ambulatory was lit with lancet windows. A mixture of styles also prevailed at Saint-Denis, whose façade was built around 1140 by Abbot Suger, with the choir following five years later. Ogival crossings were introduced in the choir but the triforium retained a ribbed vault. In fact, Notre Dame belongs to the generation of cathedrals where exclusively Gothic architectural forms were used; others include Noyon, Senlis and Laon in the north, the choir of the abbey of Saint Rémi at Rheims, Notre Dame in Vaux at Châlons-sur-Marne and Saint Quiriace de Provins in eastern France.

As already mentioned, the architects of this first cathedral are unknown. This does not mean that there were none but that they left no surviving sketches, unlike Villard de Honnecourt (probably an itinerant master-builder, whose 13th-century sketches of architectural plans and details have survived). Construction was carefully planned, however, and it is likely that the bishop himself took an active interest in the work by choosing the materials and

Page 71: While they supported the walls by transmitting the horizontal forces of the vaulted ceiling to a counterweight, flying buttresses also helped to solve the problem of water flowing from the roof, which the 12th-century builders had not managed to resolve. Gutters were carved in the upper part, terminating in gargoyles. The chimeras seen here are purely decorative.

Preceding double page: The columns of the nave, which are some 1.1 m (3.6 ft) in diameter, were erected towards the end of the 12th century. They were composed of a series of drums and surmounted by a capital decorated with stylized foliage. They are capable of supporting a vault some 33 m (108 ft) high.

FOLLOWING DOUBLE PAGE: A sexpartite vault composed of three ogive arches that cross to span the square space, here that of the south tower, where the covering is particularly delicate, given the weight it has to support. The columns receive the weight of these vaults on the abacus or flat supporting slab on top of each capital. This allows the number of spans to be increased and makes it possible to build soaring vaults. The impression of height and lightness is accentuated by clustered columns, colonettes (small slender columns) and arches.

imposing his ideas of architectural and sculptural style. Abbot Suger writes that at Saint-Denis he himself closely monitored the construction of his basilica with the aid of 'geometric and arithmetical instruments' and relates how he and his carpenters rode through the abbey's forests searching for trees tall enough to make the framework. Maurice de Sully certainly involved himself at least in the organization of the building site, appointing as supervisor his nephew, a layman who had married the daughter of Philip Augustus's nurse. The construction site needed to be supplied with water, stone, sand and lead. This was easier in Paris than at other sites, thanks to its proximity to the river, its access to building materials such as wood and – most importantly – limestone, and the availability and quality of the workforce. By the mid-12th century Paris was already famous for its stone buildings and it had a large and growing population. Recruitment was done locally, on the Place de Grève, generally through weekly contracts for the building trades. The techniques in use suggest that significant numbers were employed on the building site, including children who were paid piece rates. We know that ramps and wooden scaffolding were used but materials were generally carried on the shoulders and rubble was taken away in baskets. Wheelbarrows may also have been used, although they are rarely shown in illustrations before the end of the Middle Ages. The limestone quarries were nearby in the south of the city, on the left bank of the River Bièvre; they were worked by professional quarrymen, who generally sold the stone they extracted in open markets. The limestone was then transported by river, from the Bièvre to the Seine, being sorted according to quality and the use it was destined for. The speed of the building process suggests that the workforce was equally qualified. Mechanical and engineering skills were evolving – the clergy thought that the science of engineering was directly linked to geometry; it was applied to masonry and in the construction of implements for the higher arts such as music, archery, the making of armour, etc. The stone-workers were skilled in the use of the bush-hammer (a tool with a grid of points used for texturing stone), while

page 82 ▶

The keystone of the transept vault, the only one in the cathedral decorated with sculptured heads.

Il faut trouver des sources de financement. Elles ne viennent guère du roi qui se contente de concéder à l'évêque quelques revenus, de faciliter l'acquisition de terres, de faire quelques dons. Ainsi, en 1179, Louis VII concède 200 livres pour la construction de l'édifice ; en 1206, la reine Adèle de Champagne lègue 20 marcs. Tout se passe comme si, dans cette opération de construction, les deux pouvoirs, du roi et de l'évêque, étaient nettement séparés, ce qui ne veut pas dire que le souverain ne porte pas intérêt au monument : Philippe Auguste y fait enterrer le comte de Bretagne, Geoffroi, fils du roi Henri II Plantagenêt, puis sa première épouse, Isabelle de Hainaut, morte en accouchant de jumeaux. Les sources de financement ne viennent pas non plus exclusivement des aumônes, même si les Parisiens ont pu se montrer généreux, qu'il s'agisse des élites urbaines ou du menu peuple. On sait que dans certains diocèses, des quêtes sont systématiquement organisées par l'évêque ou par les chanoines, et que leur résultat peut atteindre près d'un tiers du budget total. Rien de tel n'apparaît dans les archives du diocèse de Paris. En fait, le grand pourvoyeur financier est l'évêque. Sa générosité peut se présenter comme un acte individuel, tel celui de Maurice de Sully dans son testament. Ses successeurs ont aussi prélevé sur leur richesse personnelle, mais ces dons, quelques centaines de livres, s'ils ne sont pas négligeables, ne représentent que des bribes du total des frais engagés. Les dépenses sont difficiles à évaluer et, à Notre-Dame, rien ne permet d'en donner le montant. On sait seulement qu'un siècle plus tard, la Sainte-Chapelle aurait coûté 40 000 livres tournois à un moment où le salaire moyen d'un ouvrier du bâtiment à Paris est de 20 deniers par jour. Quant au chevet de Saint-Denis construit entre 1140 et 1144, il aurait coûté 2 100 livres. Quelle est l'origine de telles sommes ? Elles ne peuvent que provenir des revenus que gère l'évêque, sa mense épiscopale, et de ceux dont disposent les chanoines qui l'entourent et qui possèdent en commun des biens indépendants.

Page 75 : Clef de voûte du transept, la seule de la cathédrale qui soit ornée de têtes sculptées.

Double page précédente :
Voûte sexpartite que composent trois arcs en ogive qui se croisent pour couvrir l'espace carré d'une travée, ici celle de la tour sud dont le couvrement était particulièrement délicat étant donné son poids. Des colonnes reçoivent la retombée de ces voûtes sur leur tailloir placé au-dessus du chapiteau. Ce procédé permet de multiplier les travées et de construire des voûtes élancées. L'impression de hauteur et de légèreté est accentuée par la présence de colonnes engagées, de colonnettes et de voussures.

L'expansion économique

Les revenus épiscopaux et ceux du chapitre proviennent d'un temporel florissant, constitué pour l'essentiel de seigneuries foncières et justicières situées dans la ville de Paris et en Île-de-France. S'y ajoutent des biens-fonds en Provence et en Touraine. Ce temporel est d'une superficie conséquente et il bénéficie d'une hausse des revenus seigneuriaux. En effet, l'Île-de-France est à la pointe des progrès agricoles qui touchent à la fois les cultures céréalières, la vigne et l'élevage. Dans un contexte de forte poussée

Double page suivante : L'élévation est passée des quatre niveaux de la fin du XIIe siècle, à trois dès le XIIIe siècle : grandes arcades, tribunes, fenêtres hautes. Les tribunes sont imposantes (5,90 mètres de large pour 7,80 mètres de haut), alors qu'elles sont peu accessibles, mais elles contribuent à alléger et à éclairer la nef. Les fenêtres du troisième niveau ont été agrandies au XIIIe siècle puis restaurées par Viollet-le-Duc qui a dû abandonner son projet de revenir aux quatre niveaux initiaux.

démographique qui voit la population du royaume tripler entre le XIe et le XIIIe siècle, la demande s'accroît et de nouvelles terres sont défrichées. L'évêque et les chanoines s'associent avec des seigneurs laïcs pour procéder à la création de villages neufs et inciter des populations nouvelles à s'y installer. Les droits de justice et tous ceux qui relèvent du pouvoir politique (taille, corvées, banalités) sont aussi devenus très fructueux car ils sont prélevés par tête.

Le mois d'août sur la rose occidentale : un paysan, nu jusqu'à la ceinture, bat le blé sur l'aire avec son fléau, tandis que d'autres bottes, images d'abondance, l'attendent.

À Paris même, l'évêque est l'un des seigneurs fonciers et justiciers les plus importants. Le cœur de ses possessions se situe près du palais épiscopal, dans l'île de la Cité où l'Hôtel-Dieu et ses dépendances, les maisons de la place du Parvis, les rues Saint-Pierre-aux-Bœufs et Sainte-Marien, l'espace compris entre la cathédrale, le port Notre-Dame et le port Saint-Landry, une partie des maisons de la rue de Glatigny et Saint-Denis-de-la-Chatre relèvent de sa juridiction. Cet ensemble constitue dans la Cité la « voirie de l'évêque » dont les limites sont reconnues par le roi Louis VI vers 1115. L'évêque possède aussi à proximité la future île Saint-Louis. Mais l'essentiel de ses biens est surtout situé sur la rive droite, dans la partie marchande de la ville en pleine expansion démographique, entre le Grand-Pont et Clichy, et il possède en particulier les moulins du Grand-Pont sur la Seine. Ce que les textes appellent la Couture-l'Évêque, que domine la Ville-l'Évêque à l'emplacement actuel de la Madeleine, s'étend entre Saint-Roch et le Roule, à proximité de la zone marchande des Champeaux dont l'évêque partage les droits avec le roi à la suite d'un accord, la Philippine, signé en 1223. Sur la rive gauche, l'évêque est moins bien doté : il possède le clos Bruneau célèbre pour ses vignes, ainsi que le fief du Franc-Rosier vers l'église Saint-Séverin et la rue de la Harpe.

À ces biens seigneuriaux, il faut ajouter de nombreuses églises et abbayes dont l'évêque tire des revenus, en particulier dans Paris ou à proximité, la collégiale de Saint-Germain-l'Auxerrois, dont dépend Sainte-Opportune, les collégiales Saint-Marcel, Saint-Cloud, Saint-Martin de Champeaux et l'église Saint-Éloi, Saint-Magloire, Saint-Victor, Montmartre et Argenteuil…

page 84 ▶

the sculptors and glassmakers were both artists and guild workers. It is known that in the 13th century there were around 400 fully qualified professional building tradesmen in Paris – the cathedral was certainly not built by a volunteer workforce prompted by a surge of piety to give their time to God. Sources of financing were needed. Little could be expected from the king, who thought it was enough to concede some revenue to the bishop to buy land, and to make the occasional donation. In 1179 Louis VII gave 200 livres towards the building work; in 1206 Queen Adèle de Champagne bequeathed 20 marks. However, this does not mean that the sovereign took no interest in the cathedral: Philip Augustus had his friend Geoffrey, Count of Brittany, son of King Henry II of England by his first wife, Isabelle of Hainaut (who died giving birth to twins), buried there. Nor did funding come exclusively from donations, although the Parisians – both the urban elite and the common people – were generous. We know that in some dioceses collections were regularly organized by the bishop or canons and that their takings may have amounted to almost a third of the total budget, although nothing of this appears in the archives of the diocese of Paris. In fact, the biggest source of financing was the bishop, whose generosity can be seen in individual acts, like that of Maurice de Sully in his will. His successors also dug into their own pockets, but these gifts, amounting to several hundreds of livres, while not negligible, represent only a fraction of the total sums involved. It is difficult to evaluate the expenditure and there is no way of knowing the final cost of Notre Dame. All we know is that a century later it cost 40,000 *livres tournois* to build the Sainte-Chapelle at a time when the average salary of a construction worker in Paris was 20 deniers a day (240 deniers per livre). The *chevet* of Saint-Denis, built between 1140 and 1144, cost 2,100 livres. Such sums of money can only have come from the revenues controlled by the bishop, his episcopal stipend, and from those available to the canons serving him, who possessed independent means in common.

Economic expansion

The funds of the bishopric and those of the chapter came from a thriving worldly commerce largely derived from land-taxes and judicial revenues in the city of Paris and the Île-de-France, supplemented by revenues from property in Provence and Touraine. This provided a substantial income that benefited from an increase in land-taxes as the Île-de-France was in the forefront of agricultural progress in crop-growing, viniculture and livestock

Page 79: The month of August, as shown in the west rose window: bare to the waist, a peasant winnows corn with his flail while other bales, symbols of abundance, await him.

Preceding double page: The cathedral's elevation altered from four tiers at the end of the 12th century to three during the 13th century: large arcades, tribunes and high windows. Although imposing (5.9 m/19.4 ft wide and 7.8 m/25.6 ft high), the tribunes are not very accessible but they help to make the nave lighter and brighter. The windows of the third level were enlarged during the 13th century and restored by Viollet-le-Duc, who was forced to abandon his plan to restore the original four tiers.

We owe one of the rare depictions of the cathedral in the Middle Ages to Jean Fouquet, whose illumination in this *Heures d'Étienne Chevalier* (*c.*1455) uses Notre Dame de Paris as the backdrop to his symbolical representation of the hand of God chasing demons while the Holy Spirit descends on the assiduously praying faithful. The southern half of the city can be distinguished, along with the Pont Saint-Michel to the right, leading to the Petit-Châtelet on the left bank. The booksellers' quarter of the rue Neuve-Notre-Dame is shown at the foot of the cathedral.

farming. In a huge demographic leap the population of the kingdom tripled between the 11th and 13th centuries, creating higher demand and bringing new territories under cultivation. In common with local landlords, the bishop and his canons developed new villages and encouraged new communities to settle in them. The various taxes this generated proved very profitable as they were levied per head of population.

In Paris itself the bishop was one of the most important proprietors and judicial overlords. The core of his possessions was situated near the episcopal palace in the Île de la Cité where his jurisdiction encompassed the Hôtel-Dieu and its dependencies, the houses on the forecourt, the streets of Saint-Pierre-aux-Bœufs and Sainte-Marien, the land between the cathedral and the ports of Notre Dame and Saint-Landry, and some of the houses in rue de Glatigny and Saint-Denis-de-la-Chatre. Together the land and buildings constituted the *voirie de l'évêque* or 'bishop's fief' in the Île de la Cité, whose boundaries were recognized by King Louis VI around 1115. The bishop's territory also included what would become the nearby Île Saint-Louis, although most of his property was on the right bank, in the increasingly populated merchant quarter of the city between the Grand-Pont and Clichy; he also owned the Grand-Pont mills on the Seine. The *Couture-l'Évêque* ('the bishop's cut') dominated Ville-l'Évêque where the Madeleine now stands and stretched from Saint-Roch to Le Roule, close to the mercantile quarter of Champeaux, to which the bishop shared rights with the king following the Philippine Agreement signed in 1223. The bishop was less well-endowed with property on the left bank but he owned the Clos Bruneau, famous for its vines, as well as the fief of Franc-Rosier near the church of Saint-Séverin and rue de la Harpe.

In addition, many churches and abbeys paid tithes to the bishop, especially in or near Paris; they included the collegiate church of Saint-Germain-l'Auxerrois, with its dependency of Sainte-Opportune; the collegiate churches of Saint-Marcel, Saint-Cloud and Saint-Martin de Champeaux;

page 88 ▶

S'ajoutent des fiefs qui font de l'évêque un seigneur féodal ayant des vassaux et des châteaux, en particulier à Montrouge, Clamart, Saint-Michel-sur-Orge, Brétigny, Massy, Vitry, Fresnes, Chaville, Saint-Cloud, Lagny, Tournan et Chevreuse…

L'évêque défend âprement ses possessions ainsi que ses droits de justice et il apparaît dans de nombreux conflits de juridiction dès le XIIe siècle. À la pointe des progrès agricoles, ses biens sont aussi très ouverts au commerce. Le parvis de Notre-Dame joue le rôle de marché depuis l'époque mérovingienne. On ignore en revanche quels rapports les clercs de Notre-Dame entretiennent avec les juifs proches installés dans le quartier de la Juiverie et quelle part ils ont pris à leur expulsion provisoire décidée par Philippe Auguste en 1183.

Aux possessions de l'évêque s'ajoutent, comme on l'a dit, celles du chapitre de Notre-Dame qui administre ses biens propres et possède à Paris non seulement des fiefs et des censives mais aussi des maisons, des étals et des rentes. Les chanoines disposent aussi d'un port, derrière l'évêché, sans doute à l'extrémité de la rue Chanoinesse actuelle, donnant sur le grand bras de la Seine voué au commerce, tandis que le petit bras est plutôt réservé aux baignades. Ils acquièrent aussi une table de change sur le Grand-Pont en 1204, là où se sont regroupés les changeurs – une profession que rend nécessaire la multiplicité des monnaies médiévales –, mais qui peuvent aussi pratiquer l'usure, même si elle est sévèrement contrôlée.

Les théologiens de Notre-Dame se sont largement impliqués dans les réflexions qui animent la chrétienté à ce sujet, ce qui ne montre pas une hostilité au commerce mais le souci qu'ont les clercs de définir un commerce licite. Les conciles de Latran II et III, en 1139 et 1179, interdisent de conférer les sacrements aux usuriers qui ne peuvent plus être enterrés en terre chrétienne. Le légat du pape, Robert de Courson, reprend ces dispositions à Notre-Dame, lors du concile de Paris en 1213. La question se complique du fait des aumônes que peuvent faire ces usuriers à l'église, en particulier pour faciliter sa construction. Ces aumônes sont-elles recevables ? Ne faut-il pas détruire un bâtiment construit avec de l'argent mal acquis ? Les théologiens en discutent et ils rapportent comment Thibaut le Riche, un usurier notoire, proposa à Maurice de Sully de lui offrir une forte somme d'argent pour se racheter de ses péchés. L'évêque aurait accepté, mais Pierre le Chantre étant très hostile à cette démarche, Thibaut fit annoncer par cri, dans toute la ville, qu'il entendait faire restitution des gains injustement perçus sur les particuliers avant de léguer le reste de la somme pour la construction de la cathédrale.

PAGE 83 : L'une des rares représentations de la cathédrale au Moyen Âge est due à Jean Fouquet dans cette enluminure des *Heures d'Étienne Chevalier* (vers 1455), qui, très symboliquement, choisit Notre-Dame de Paris pour représenter la main de Dieu chassant les démons ou la descente du Saint-Esprit sur les fidèles assidus à la prière. On découvre la partie méridionale de la Cité, avec, à droite, le pont Saint-Michel qui conduit au Petit-Châtelet sur la rive gauche. Au pied de la cathédrale, s'étend le quartier de la rue Neuve-Notre-Dame où les libraires sont nombreux.

Double page suivante : Du bestiaire médiéval, il ne restait plus rien au XIXe siècle, hormis quelques traces sous forme de pattes et de griffes. Viollet-le-Duc a donc reconstitué une faune qui envahit tous les murs, et particulièrement la Grande Galerie où se côtoient, accoudés à la balustrade ou posés sur les colonnes des frontons, des animaux réels comme le pélican ou des figures fantastiques mi-hommes mi-animaux, souvent ailés, et toujours expressifs.

La reprise des travaux au XIIIe siècle

Cette enluminure du XVe siècle illustre bien l'expansion économique du Bassin parisien au moment où est construite la cathédrale : l'évêque de Paris bénit la foire du Lendit.

La moitié orientale de l'île est depuis plus de cinquante ans un vaste chantier, ce qui ne doit pas rendre la vie des Parisiens très facile, d'autant que Maurice de Sully entreprend en même temps la construction d'un nouvel Hôtel-Dieu, le long de la rive méridionale de la Seine, et d'un nouveau palais épiscopal sur le flanc sud de la cathédrale : l'un et l'autre situés en dehors du mur d'enceinte gallo-romain voient leur sol, largement alluvionnaire, stabilisé par des pieux. La partie occidentale de l'île de la Cité, où les rois du XIIe siècle améliorent leur palais, n'est pas non plus épargnée, et de façon générale l'ensemble de la ville. Les rois capétiens en ont fait leur capitale et Philippe Auguste entreprend de l'embellir. On raconte que, incommodé par l'odeur pestilentielle qui émane de ses ruelles boueuses, il décide de les faire paver, mais son ambition s'est limitée aux rues principales et aux carrefours importants. Il décide surtout de délimiter la ville par une nouvelle enceinte qui, construite à partir de 1190, enserre environ deux cents hectares. Il protège aussi le commerce en développant le marché des Champeaux. L'île de la Cité n'est plus alors qu'une partie de la ville, mais elle en est le cœur politique et religieux.

Cette mission est bien perçue par les successeurs de Maurice de Sully qui, dès les années 1220-1230, jugent que la cathédrale est insuffisante. Elle est en particulier mal éclairée, d'où la reprise de travaux dans la nef. L'arrivée d'un nouvel architecte formé aux dernières techniques du gothique facilite le travail : il remplace les combles des tribunes par des terrasses, ce qui lui permet de supprimer le troisième niveau, celui des roses, et d'agrandir considérablement les fenêtres du quatrième niveau. Celles-ci sont composées de deux lancettes élégantes surmontées d'une rose. La charpente du XIIe siècle est déposée, la toiture refaite et l'écoulement des eaux pluviales amélioré. En façade, les tours sont reliées par une coursière où la pierre se fait dentelle pour dissimuler le pignon de la nef. Elle est aussi décorée. Partout, frontons, pinacles et gâbles ornent murs et façades de leurs crochets et fleurons.

L'évêque Guillaume d'Auvergne (1238-1249) est en grande partie à l'origine des travaux qui suivent. Il s'agit d'allonger les transepts. La tâche est confiée

page 90 ▶

and the churches of Saint-Éloi, Saint-Magloire, Saint-Victor, Montmartre and Argenteuil. There were also fiefs of which the bishop was feudal *seigneur* with vassals and chateaux, especially at Montrouge, Clamart, Saint-Michel-sur-Orge, Brétigny, Massy, Vitry, Fresnes, Chaville, Saint-Cloud, Lagny, Tournan and Chevreuse.

The bishop keenly defended his possessions as well as his legal rights and featured in many judicial conflicts from the 12th century onwards. He kept up to date with agricultural progress and was also very open to commerce. The forecourt of Notre Dame had been used as a market-place since the Merovingian era, although we do not know how the clerics of Notre Dame interacted with the Jews who settled in the nearby Jewish quarter or what part they played in the temporary expulsion of the Jews decreed by Philip Augustus in 1183.

The bishop's holdings were augmented by those of the Notre Dame chapter, which administered its own assets and owned in Paris not only fiefs and fixed-rent estates but also houses, market stalls and bonds. The canons also had use of a port behind the bishopric, probably at the end of the modern rue Chanoinesse, giving them access to the large branch of the Seine that was devoted to commerce (the smaller arm being reserved for bathing). In 1204 they also acquired a commercial exchange on the Grand-Pont, the site of money-changing operations. Given the range of medieval coinage this was a necessary profession, but one that was also open to usury, although it was strictly controlled.

Notre Dame's theologians were broadly in line with Christian thinking on the subject of money lending, which was not hostile towards the practice; the clergy were simply concerned to define legitimate commercial activity. The Second and Third Lateran Councils of 1139 and 1179 forbade money-lenders the sacraments and they could not be buried in consecrated ground. This was confirmed by the papal legate, Robert de Courson, at the cathedral during the Council of Paris in 1213. It was a complicated situation since these money-lenders could also have been a source of donations to the church, in particular to help with its construction. But were such donations admissible? Should not a building constructed with tainted money be destroyed? This was debated by theologians who recalled how Thibaut le Riche, a notorious usurer, proposed to offer Maurice de Sully a large sum of money in exchange for forgiveness of his sins. The bishop would have accepted but for the hostility of the noted theologian Pierre le Chantre (*Petrus Cantor* or Peter the Chanter). Thibaut had it proclaimed throughout the city that he intended to make restitution of excessive profits and would leave the rest of his money to build the cathedral.

PAGE 85: This 15th-century illumination is a good illustration of the economic expansion of the Paris region when the cathedral was being built: the Bishop of Paris blesses the Lendit Fair, one of the biggest fairs in Europe, held from 11–24 June in the Saint-Denis plain between Paris and Saint-Denis.

PRECEDING DOUBLE PAGE: By the 19th century little of the medieval bestiary remained, save for a few traces of paws and claws. Viollet-le-Duc therefore recreated a troupe of wildlife that invaded all the walls, especially the Grande Galerie where real animals such as the pelican and fantastic figures – half-man, half-beast – jostle together, leaning on the balustrade or poised on the columns of the pediment. They are often winged and always expressive.

Resumption of work in the 13th century

For 50 years the eastern quarter of the Île de la Cité had been one huge building site, disrupting the lives of Parisians, yet Maurice de Sully embarked simultaneously on the construction of a new Hôtel-Dieu on the southern bank of the Seine and a new episcopal palace to the south of the cathedral. As both were situated outside the Gallo-Roman fortifications, the mainly alluvial soil was reinforced with wooden stakes. The western quarter of the Île de la Cité, where the 12th-century kings had expanded their palace, was not spared either, nor was the city as a whole. The Capetian kings had made it their capital and Philip Augustus set out to improve and embellish it. It is said that, being inconvenienced by the stench that emanated from its muddy thoroughfares, he decided to pave them, but restricted the work to the main streets and major cross-roads. Most importantly, he decided in 1190 to surround the city with a new boundary wall, enclosing around 200 ha (494 acres). He also protected commerce by developing the Champeaux market. The Île de la Cité was now no more than a part of the city, although it remained its political and religious centre.

Detail of the north tower.

This significance was well understood by Maurice de Sully's successors and around 1220–30 the cathedral was found to be inadequate. In particular it was poorly lit, leading to further work on the nave. This was facilitated by the arrival of a new architect skilled in the latest Gothic building techniques: he replaced the tribune roof-space with terraces, which enabled him to dispense with the third level and to enlarge considerably the windows on the fourth level, transforming them into two elegant lancets with a rose window above. The 12th-century wooden framework was taken down, the roof structure rebuilt and improved rainwater drainage installed. On the façade, the towers were linked by a walkway whose pierced stonework concealed the gable of the nave. It was also decorated, and everywhere pediments, pinnacles and gables adorned walls and façades with their crockets and finials.

page 93 ▶

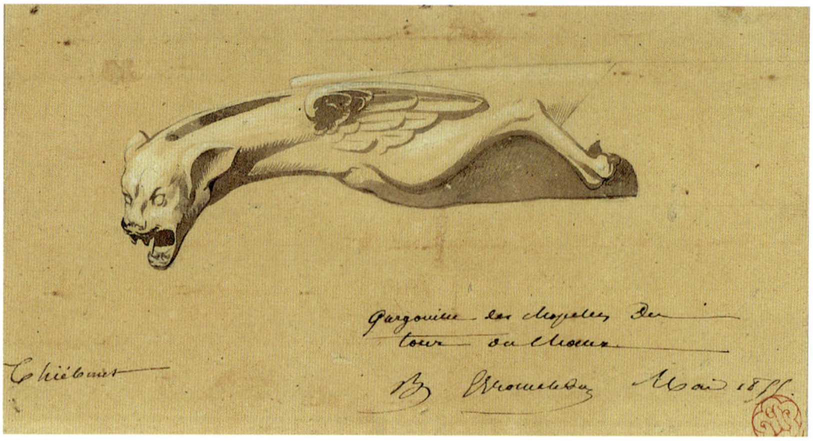

Dessin de gargouille, Viollet-le-Duc.

PAGE 89 : Détail de la tour nord.

PAGE 92 : Angle du transept sud et du chœur. On aperçoit la terrasse qui sert de toit aux tribunes, telle qu'elle a été constituée au début du XIIIe siècle. Au niveau supérieur, des rosaces surmontent les fenêtres qui éclairent la cathédrale.

PAGE 93 : La toiture de plomb, composée de mille trois cent vingt-six tables pèserait plus de deux cent mille kilos. Elle est dominée par la flèche de quatre-vingt-seize mètres, restituée par Viollet-le-Duc pour remplacer celle qui se dressait à la croisée du transept et qui s'écroula en 1792, faute d'avoir été entretenue.

CI-CONTRE : Chimères de la tour du sud.

à l'architecte Jean de Chelles, qui se charge aussi de la décoration du portail nord consacré à la Vierge. À sa mort, en 1258, Pierre de Montreuil reprend la construction du transept sud ainsi que le portail sculpté dédié à saint Étienne. Cet architecte a œuvré pour le roi à la Sainte-Chapelle, construite entre 1246 et 1248, et Guillaume d'Auvergne le connaît d'autant mieux qu'il est le confesseur de la reine Blanche de Castille. Il réalise aussi la porte Rouge destinée aux chanoines au nord. Pierre de Chelles lui succède dans cette entreprise à la fin du XIIIe siècle. Enfin les murs de la nef et du chœur sont défoncés pour construire des chapelles tandis que sont lancés des arcs-boutants pour les appuyer, doubles sur le chevet, simples sur les tribunes. L'espace intérieur de la cathédrale paraît agrandi, mais il est aussitôt rétréci en profondeur par la construction du jubé, entreprise par Pierre de Chelles puis par Jean Ravy, maître d'œuvre entre 1318 et 1344, qui est ensuite relayé par son neveu, Jean le Bouteiller puis par Raymond du Temple en 1359. Jubé et clôtures sont sans doute achevés vers 1370.

Il a donc fallu pratiquement deux cents ans pour que la cathédrale prenne le visage du bâtiment que Viollet-le-Duc a restauré au XIXe siècle. Elle sert alors de modèle aux cathédrales gothiques d'Europe qui imitent « l'art français ». Sa construction est le fruit d'une politique systématique des évêques qui ont voulu inscrire leurs conceptions théologiques dans la pierre. Elle est aussi le résultat d'une administration de qualité. Les uns et les autres, mais au premier chef Maurice de Sully, ont su pratiquer une gestion seigneuriale modèle. Cette insertion de la cathédrale dans Paris n'aurait cependant pas été aussi réussie si la ville n'était pas devenue en même temps la capitale du royaume des Capétiens et la plus grande métropole d'Occident par l'abondance de sa population et son rayonnement intellectuel.

PAGE 90: Viollet-le-Duc's design for a gargoyle.

PAGE 91: Chimeras on the south tower.

OPPOSITE: The angle of the south transept and the choir. The terrace that serves as the roof of the tribunes can be seen as it was at the beginning of the 13th century. On the upper level rose windows surmount the windows that light the cathedral.

The lead roofing is made up of 1,326 slabs weighing more than 200,000 kilos (200 tons). It is dominated by the 96-m/315-ft high spire, reconstructed by Viollet-le-Duc to replace the one that stood at the transept crossing, which collapsed in 1792 for lack of maintenance.

Bishop Guillaume d'Auvergne (1238–49) was chiefly responsible for the work that followed. The task of extending the transepts was entrusted to the architect Jean de Chelles, to whom we also owe the decoration of the north portal dedicated to the Virgin. On the death of de Chelles in 1258 Pierre de Montreuil undertook the construction of the south transept as well as the sculptured portal dedicated to St Stephen. This architect had worked for the king on the Sainte-Chapelle, built between 1246 and 1248, and was known to Guillaume d'Auvergne, who had been confessor to Queen Blanche of Castile. He also built Notre Dame's Porte Rouge to serve the canons in the northern part of the cathedral. Pierre de Chelles succeeded him towards the end of the 13th century. Finally, part of the original outer wall of the nave and choir was removed to make way for chapels, with flying buttresses introduced to support them, in pairs on the *chevet* and singly on the tribunes. The cathedral's interior space seemed larger but it was also less deep due to the construction of the tribune, the work of Pierre de Chelles and then Jean Ravy, master-builder from 1318–44, who was succeeded first by his nephew Jean le Bouteiller and later by Raymond du Temple in 1359. The tribune and cloisters were completed around 1370.

It was therefore nearly two hundred years before the cathedral took on the appearance of the building that Viollet-le-Duc restored in the 19th century. It became the model for the Gothic cathedrals built throughout Europe 'in the French style'. It was constructed thanks to the systematic policy of bishops who wanted to cast their theological concepts in stone. It was also the product of admirable administration. Each bishop in turn – above all Maurice de Sully – was a competent overseer of the works. But the integration of the cathedral into Paris would not have succeeded had not the city at the same time become the capital of the Capetian kingdom and the greatest metropolis in the West, thanks to its teeming population and its intellectual influence.

Un culte à la Vierge

The cult of the Virgin

La Vierge est partout présente dans la cathédrale : on en connaît une quarantaine de représentations sous forme de statues ou de vitraux. Elle n'est pas seule : des saints l'entourent. Elle les dirige pour intercéder auprès de Dieu et obtenir le salut des hommes marqués par le péché originel, mais aussi victimes de leurs propres fautes. La cathédrale, sur sa façade, raconte l'histoire de cette intercession, et comment pour les hommes et les femmes du Moyen Âge, il est possible d'obtenir le salut éternel par la prière et les œuvres. Mais la Vierge est aussi la mère de Dieu. Dans les scènes qui ornent la clôture du chœur, elle montre aux fidèles comment ils doivent se souvenir de la Passion du Christ, venu sur terre pour racheter les péchés de l'humanité.

Double page précédente : *Dormition de la Vierge* traitée dans l'un des médaillons placé sans doute au XVIIe siècle dans la partie nord du chevet. Ce bas-relief pourrait dater de 1320 et provenir de la décoration intérieure du chœur médiéval. Les apôtres, prévenus par les anges, entourent la Vierge endormie avant son Assomption.

De saint Étienne à Notre-Dame

À l'origine, la basilique chrétienne de Paris est dédiée à saint Étienne. En 775, alors qu'il règle un différend survenu entre la cathédrale et l'abbaye de Saint-Denis, Charlemagne la désigne du nom de Notre-Dame, avant même de faire référence à saint Étienne et à saint Germain. C'est la première fois que cette appellation apparaît et que Notre-Dame est citée en tête des saints patrons de l'église. Son nom devient par la suite exclusif. On a longtemps pensé qu'il était réservé à une église mérovingienne distincte de la basilique, qui aurait été l'église personnelle de l'évêque. À l'issue des différentes fouilles, cette hypothèse est aujourd'hui abandonnée. À l'origine de la cathédrale, il n'y a qu'une seule église, la basilique. En revanche, le culte de Notre-Dame s'est certainement développé avec l'arrivée des premiers chanoines, au moment où commencent à régner les Carolingiens, vers 754. Chrodegang, l'évêque de Metz, rédige alors une règle qui impose aux membres du clergé de sa cathédrale de vivre et de prier en commun. Cette réforme s'étend vite à toutes les cathédrales de l'Empire de Charlemagne. Les clercs y deviennent des chanoines réunis en chapitres. La cathédrale de Paris connaît alors ses premiers chanoines, et le chapitre garde le souvenir de cette fondation avec fierté.

Ces clercs ne sont pas exactement des moines car, s'ils doivent vivre à l'abri de murs et d'un cloître, ils disposent de maisons particulières disposées dans l'enclos canonial. Leur vie commune consiste à réciter et à chanter chaque jour l'office, à se livrer à l'étude et à enseigner. Devenus les clercs propres de l'évêque, ils sont les aides précieux de son administration. En 829, l'évêque de Paris, Inchoadus, dote le chapitre de biens qui fondent son temporel ou mense. Les chanoines doivent donc gérer cette mense qu'ils ont en commun. Par ailleurs, chacun d'entre eux reçoit une prébende attachée à sa charge. D'un point de

Double page suivante : *Dormition de la Vierge,* détail des apôtres.

vue spirituel, les chanoines conservent une dévotion particulière à Notre-Dame, qui figure dans leurs testaments de façon à ce que ses différentes fêtes soient dignement célébrées.

Portail Sainte-Anne, au sud de la façade. Il s'agit des sculptures les plus anciennes de la cathédrale, avec au tympan la Vierge en majesté tenant l'enfant Jésus sur ses genoux. Au linteau supérieur figure la vie de la Vierge qui se prolonge au linteau inférieur, consacré aussi à la vie de sainte Anne. La statue de saint Marcel, au trumeau, a été entièrement refaite par Geoffroy-Dechaume au XIXe siècle.

Le culte de Notre-Dame s'est beaucoup développé au XIIe siècle. Au moment où la cathédrale de Paris est construite, l'idéal monastique prévaut encore, surtout celui des cisterciens, les moines blancs, que domine la grande figure de saint Bernard. Or, sa dévotion se tourne particulièrement vers la Vierge pour laquelle il écrit des hymnes. Elle est pour lui la bien-aimée du *Cantique des Cantiques*, à la fois épouse et mère. Elle seule est susceptible d'effacer les fautes de la femme, source de désirs impurs. Vers elle se tournent les effusions mystiques qui transcendent la chair. La réception du message est d'autant plus profonde que l'ordre cistercien essaime partout en Occident, avec plus de trois cent cinquante monastères vers 1150, préparant ainsi le culte que les cathédrales rendent à Marie. Au même moment, l'amour courtois vient conforter l'amour pour la Vierge. Dans les cours, la poésie des troubadours exalte l'épouse du seigneur que l'amour courtois sublime et rend inaccessible. La quête de la dame, femme charnellement interdite, prend les mêmes intonations, suit les mêmes exigences que celles qui fondent le culte marial. Mais la statuaire de Notre-Dame montre que le culte de Marie ne s'est pas limité aux châteaux : il a envahi la ville, à commencer par Paris, et s'est développé dans les corporations de métiers aussi bien que chez les gens du peuple.

À la fin du Moyen Âge, le souvenir de ce beau XIIe siècle est encore si vivace que les fidèles répètent encore les prières à la Vierge que récitaient les hommes de ce temps-là. Ainsi, en 1459, un chroniqueur français d'origine normande, Noël de Fribois, présente à Charles VII, dont il avait été le secrétaire et le conseiller, un *Abrégé des Chroniques de France* où il choisit d'interrompre le récit des événements pour réciter les louanges que fit à la Vierge Pierre le Mangeur dans son *Histoire scolastique*, écrite au XIIe siècle :

> « Quelle que tu soyes et combien grande, Marie, vierge et reine,
> ni lettre ni âge ne le donnera »

et il explique pour ses lecteurs qui ne comprennent peut-être plus le sens de termes extraits d'un texte déjà ancien que « ni lettre ni âge ne le donnera » signifie « qu'on ne pourra le mettre par écrit et qu'aucune succession de temps ne pourra suffire à l'exprimer ».

page 102 ▶

The Virgin is present throughout the cathedral – there are some forty depictions of her, either as statues or in windows. She is not alone, but is surrounded by saints. She directs them to intercede with God to obtain salvation for mankind, which bears the stain of original sin but is also the victim of its own failings. The façade of the cathedral tells the story of this intercession, and of how men and women in the Middle Ages were able to obtain eternal salvation through prayer and good works. Yet the Virgin is also the Mother of God. In the choir cloister she shows the faithful how they should commemorate the Passion of Christ, who came to earth to redeem mankind from its sins.

From St Étienne to Notre Dame

The Christian basilica in Paris was originally dedicated to St Étienne; but in 775, when resolving a dispute between the cathedral and the abbey of Saint-Denis, Charlemagne called it Notre Dame before making any reference to St Étienne and St Germain. It marked the first appearance of the name and the first time that Notre Dame topped the church's list of patron saints, subsequently becoming its exclusive name. It was long thought that the name was restricted to a Merovingian church separate from the basilica, which was the personal church of the bishop himself. Following several excavations, however, this assumption has now been rejected – the cathedral originates from a single church, the basilica. Devotion to Notre Dame ('Our Lady') was certainly developed with the arrival of the first canons at the start of the Carolingian dynasty, around 754. Chrodegang, the Bishop of Metz, drew up a rule requiring members of the clergy in his cathedral to live and pray together, a reform that spread quickly to all the cathedrals in Charlemagne's empire. The clergy formed 'chapters' made up of canons; this marked the arrival of the first canons in the cathedral at Paris, and the chapter proudly cherished the memory of its foundation.

Such clergy were not monks as such, because although they were obliged to live within walls and cloisters, they had private dwellings arranged within the confines of the canon. Their communal life involved reciting and singing the divine office every day, and devoting themselves to study and teaching. As the bishop's own clergy, they provided invaluable help with his administration. In 829 Inchoadus, the Bishop of Paris, gave the chapter the property that formed the basis of its worldly goods and revenue; this commonly owned source of income was managed by the canons. In addition, each canon received a stipend appropriate to his office. From a spiritual perspective,

Pages 94–95: The *Dormition of the Virgin* portrayed in a medallion placed in the north of the *chevet* in the 17th century. The relief possibly dates from 1320 and was originally in the choir. The Apostles, forewarned by the angels, surround the Virgin, who is sleeping prior to her Assumption.

Page 97: The Portal of St Anne on the west façade. These are the cathedral's oldest sculptures, with the Virgin in majesty holding the infant Jesus on her knees on the tympanum. The life of the Virgin is depicted on the upper lintel and continued on the lower lintel, also devoted to the life of St Anne. The statue of St Marcel on the pier was restored by Geoffroy-Dechaume in the 19th century.

Preceding double page: The *Dormition of the Virgin,* detail of the Apostles.

the canons retained a special devotion to Our Lady, which appeared in their wills, ensuring that the various feast-days related to the Virgin were duly celebrated.

Devotion to Our Lady grew extensively during the 12th century. When the cathedral in Paris was built, the monastic ideal was still prevalent, especially as practised by the Cistercian or white monks, whose most prominent figure was St Bernard. He was particularly devoted to the Virgin Mary and wrote several hymns in her honour. For him she is the beloved in the Song of Songs, both wife and mother. Only she can wipe away the sins of woman, who is the source of all impure desires. It is to her that those mystical outpourings transcending the flesh are addressed. This message spread ever more widely as the Cistercians flourished throughout the West, with over three hundred monasteries in 1150, preparing the way for the Marian devotion of its cathedrals. At the same time, courtly love reinforced love for the Virgin Mary. In the courts, troubadours sang in praise of the wife of the lord, whom courtly love exalted and rendered inaccessible. The quest for the lady, for the forbidden carnal knowledge of woman, adopted the same tone and the same requirements as those behind the Marian cult. Yet the statues in Notre Dame show how the Marian cult was not limited to the castles but also spread to the city, starting with Paris, and grew in the guilds as well as among the ordinary people.

The *Virgin with Child* on the pier of the cloister portal, on the north side of the cathedral. The only large statue spared by the Revolution, it is the work of Pierre de Montreuil and dates from the second half of the 13th century. The child she carried on her left arm was stolen in 1820. Her crown, demeanour and dress make her appear regal to the canons who pass through this door.

In the late Middle Ages the memory of this glorious 12th century was still so vivid that the faithful continued to repeat the prayer to the Virgin that was recited at that time. Thus, in 1459, a French chronicler of Norman origin, Noël de Fribois, the secretary and adviser to Charles VII, presented the monarch with the *Abrégé des Chroniques de France* (a compendium of French chronicles), in which he chose to interrupt the narrative of events to list the litany of praises bestowed upon the Virgin by Peter Comestor in his *Historia Scholastica* (*Scholarly History*), written in the 12th century:

> 'O Mary, thou art great and art both virgin and queen, and no age nor letter can give thee this.'

page 106 ▶

Enfin, Noël de Fribois insère sa propre louange à la Vierge, cette fois celle d'un homme du XVe siècle :

> « La très benoîte Vierge Marie a très excellent nom et tel que plus excellent ne peut être convenable à nulle créature. Ce nom est que elle étant vierge, elle est mère de Dieu, lequel nom est de si grande dignité que non pas seulement ceux qui cheminent en la vallée de misère de ce monde, mais aussi ceux qui sont en la gloire éternelle, non pas seulement les hommes, mais aussi les anges lui font révérence, par prérogative spéciale. Et en tant qu'elle est mère de Dieu, elle est préférée à toutes créatures. C'est la raison pour laquelle devant toutes créatures, elle doit être honorée. »

Comme l'auteur s'inspire dans ce texte des écrits de saint Bonaventure, maître franciscain du XIIIe siècle, l'hymne à la Vierge fait preuve d'une belle continuité, celle que la cathédrale fige aussi dans la pierre et dans le verre.

De la Vierge à l'Enfant à la Vierge couronnée

La puissance de la Vierge et son mystère viennent de ce que Marie est à la fois la fille et la mère de celui dont elle est l'épouse. Et qu'elle est en même temps Vierge, et de plus conçue sans péché, donc immaculée, selon une croyance qui s'est affirmée au cours du Moyen Âge, même s'il faut attendre 1854 pour que l'Église impose le dogme de l'Immaculée Conception. La diversité des représentions de la Vierge dans la cathédrale témoigne de cette complexité, oscillant de la position hiératique de la Vierge tenant l'enfant au tympan Sainte-Anne de facture encore romane ou au cœur des rosaces construites à sa gloire, à la statuaire souple de l'Enfant porté sur la hanche maternelle du portail du transept nord, de la douleur de la mère qui s'exprime sur les bas-reliefs de la clôture du chœur quand se déroule la Passion, à la sérénité retrouvée de la Vierge couronnée par son fils au portail qui lui est dédié. Les représentations s'éclairent de l'histoire de Marie que les verriers et les sculpteurs du Moyen Âge ont moins empruntée aux Évangiles qu'aux écrits postérieurs, en particulier aux évangiles apocryphes, aux Pères de l'Église, surtout saint Augustin, aux commentaires de la Bible et aux récits hagiographiques. Au XIIIe siècle, la *Légende dorée* rédigée par le dominicain Jacques de Voragine résume ces différents points de vue et éclaire le message de la cathédrale de façon rétrospective. Il s'attarde en particulier sur la virginité de Marie après la nativité : « Qu'elle soit demeurée vierge, cinq preuves l'attestent. Il y a d'abord la prophétie d'Isaïe : Voici qu'une vierge concevra… La deuxième preuve se fait par figure : l'événement est préfiguré par la verge d'Aaron qui fleurit sans aucun effort humain et par la porte d'Ézechiel qui

Page 101 : La *Vierge à l'Enfant* du trumeau du portail du Cloître, sur le flanc nord de la cathédrale, seule statue de grande taille épargnée par la Révolution, est sans doute l'œuvre de Pierre de Montreuil et date de la seconde moitié du XIIIe siècle. L'enfant qu'elle portait sur le bras gauche a été volé en 1820. Par sa couronne, son port et son drapé, elle prend pour les chanoines qui franchissent cette porte, des allures de reine.

Double page suivante : Scènes de l'enfance du Christ figurant au tympan du portail du transept nord ou portail du Cloître, *Nativité* et *Présentation au Temple*. On peut remarquer la finesse des traits de la Vierge, présentée sous les traits d'une mère.

demeura toujours close. La troisième preuve est apportée par la garde assurée par Joseph, témoin de sa virginité. La quatrième preuve relève de la vérification. Quand le temps de l'accouchement de Marie approcha, Joseph appela deux sages-femmes, dont l'une s'appelait Zébel et l'autre Salomé : ce n'était pas qu'il doutât que la Vierge dût enfanter Dieu, mais il observa les usages du pays. Zébel considéra Marie et, la voyant vierge, proclama qu'une vierge avait enfanté. Mais Salomé ne crut pas et voulut éprouver la chose ; immédiatement sa main se dessécha. Pourtant, sur l'injonction d'un ange qui lui apparut, elle toucha l'enfant et fut tout de suite guérie. La cinquième preuve se trouve dans l'évidence d'un miracle qui se produisit à Rome quand la vierge enfanta. »

Dans un autre bas-relief inséré dans le chevet nord, daté de 1320, les apôtres portent le cercueil de la Vierge, recouvert d'un drap, et expriment leurs sentiments entre douleur et espérance.

À sa façon, la cathédrale de Paris contribue à construire le dogme de Marie. Car les Évangiles ne sont guère diserts sur la vie de la Vierge et il faut tous les efforts des théologiens pour inventer sa généalogie, qui la fait naître, comme le Christ, de la lignée du roi David. On voit, en particulier au linteau du portail Sainte-Anne, la vie de ses parents, les saints Anne et Joachim, détaillée en plusieurs scènes. Le couple, rejeté du Temple par le grand prêtre pour stérilité, est miraculeusement guéri. Un ange annonce à Joachim la naissance de la Vierge ; il revient de son exil et retrouve Anne à la porte Dorée. Suivent des scènes de la vie de Joseph et de Marie. Au linteau supérieur sont placés les épisodes qui entourent la naissance du Christ, l'Annonciation, la Visitation de Marie à sa cousine Élisabeth, la Nativité, l'Adoration des bergers tandis que se profile le Massacre des Innocents. Le personnage d'Hérode domine par sa haute taille les scribes qui l'entourent. Ne cherche-t-il pas, en vain, où doit naître le Roi des juifs ? À Notre-Dame, son espoir est vain, car il ne peut empêcher que s'accomplisse le dessein de Dieu. La Vierge le proclame au sommet du tympan, quand assise sur son trône et sous un dais qui évoque sa majesté, elle présente son Fils. Sa couronne et son sceptre sont fleuris en signe de virginité, de glorification et de vie. Elle a permis au Verbe de s'incarner et la cathédrale lui en est reconnaissante. Mais la pierre dit aussi que la Vierge est déjà dans un autre

page 108 ▶

He explains to his readers, who perhaps no longer understood the meaning of terms drawn from a text that was already ancient, that 'neither age nor letter can give' means 'this cannot be put down in writing and no amount of time will be sufficient to express it'.

Noël de Fribois then inserts his own praise to the Virgin, this time as a man of the 15th century:

> 'The most Blessed Virgin Mary has the most excellent of names and this most excellent name befits no other creature. This name means that she is a virgin, she is the mother of God, whose name has such great dignity, so that not only those who walk in the vale of tears of this world, but also those who dwell in eternal glory, not only men, but angels too, revere her, because of her special prerogative. And because she is the mother of God, she has been chosen over all other creatures. This is why she is to be honoured above all other creatures.'

The author draws his inspiration for these words from the writings of St Bonaventure, the 13th-century Franciscan philosopher. His hymn to the Virgin demonstrates an unbroken continuity, something also enshrined in the stone and glass of the cathedral.

From Virgin with Child to Virgin with Crown

The power and mystery of the Virgin stem from the fact that Mary is both the daughter and mother of her spouse. And that she is both Virgin and also conceived without sin, hence 'immaculate', according to a belief that emerged during the Middle Ages, although it was not until 1854 that the Church proclaimed the dogma of the Immaculate Conception. The diverse representations of the Virgin in the cathedral reflect this complexity, ranging from the hieratic pose of the Virgin as she holds her Child on the tympanum of St Anne in Roman style or is surrounded by roses to glorify her, to the graceful statue of the Child on his mother's lap in the portal of the north transept; from the pain of the mother depicted on the bas-reliefs at the end of the choir cloister when the Passion is taking place, to the serenity the Virgin has once more when she is crowned by her son on the portal dedicated to her. These depictions, used by the glassmakers and sculptors of the Middle Ages to shed light on the story of Mary, were drawn not so much from the Gospels but from later writings, in particular the apocryphal gospels; the Fathers of the Church, especially St Augustine; biblical commentaries; and hagiographies. In the 13th century the *Legenda Aurea* (*Golden Legend*), written by the Dominican Jacobus de Voragine, summarizes these different points of view

PAGE 103: On another relief in the north *chevet* dating from 1320, the Apostles carry the coffin of the Virgin Mary covered with a cloth. Their emotions waver between sorrow and hope.

PRECEDING DOUBLE PAGE: Scenes from Christ's childhood, the Nativity and Presentation in the Temple feature on the tympanum of the north transept, or cloister, portal. The Virgin is finely portrayed and depicted in maternal style.

and retrospectively clarifies the message of the cathedral. It focuses in particular on the virginity of Mary after the birth of Jesus. 'Five proofs demonstrate that she remained a virgin. First of all there is the prophecy of Isaiah: "Behold, a virgin will conceive..." The second proof is figurative. The event is prefigured by the rod of Aaron that flourishes without any human effort and the gate of Ezekiel that remains forever closed. The third proof is provided by the care of Joseph, who was witness to her virginity. The fourth proof is its verification. When the time for Mary to give birth was drawing near, Joseph summoned two midwives, one called Zebel and the other Salome: he had no doubt that the Virgin would give birth to God, but he was simply observing the customs of the country. Zebel examined Mary and, when she saw that she was a virgin, exclaimed that a virgin had given birth. Yet Salome did not believe her and sought to test this, at which point her hand withered immediately. However, an angel appeared to her and commanded her to touch the child. She did so and was healed at once. The fifth proof lies in the evidence of a miracle that took place in Rome at the time of the virgin birth.'

Meeting between the parents of the Virgin at the Golden Gate, when St Anne knows she is pregnant with the Virgin in accordance with the Immaculate Conception. This liturgy of the Virgin is the highlight of the depictions on the Portal of St Anne.

In its own way, the cathedral of Paris contributed to the development of Marian dogma. This is because the Evangelists provided few details of the life of the Virgin Mary and it required a good deal of effort by theologians to devise a genealogy for her, so that she was descended, like Christ, from David's royal line. The life of her parents, St Anne and St Joachim, is detailed in several scenes, particularly on the lintel of the St Anne portal. The couple, cast out of the temple by the high priest on account of their infertility, are miraculously cured. An angel announces the birth of the Virgin to Joachim; he returns from exile and finds Anne at the Golden Gate. Scenes follow from the life of Mary and Joseph. On the upper lintel are episodes surrounding the birth of Christ, the Annunciation, the Visitation of Mary to her cousin Elizabeth, the Nativity, and the Adoration of the Shepherds, while the Massacre of the Innocents looms in the background. The tall figure of Herod towers over the scribes around him, seeking to know where the King of the Jews is to be born. At Notre Dame his hope is vain, because he cannot prevent the fulfilment of God's plan. The Virgin Mary proclaims as much at the top

page 112 ▶

monde, celui de la cité de Dieu, la Jérusalem céleste sur laquelle, d'après saint Augustin, doit se calquer la cité des hommes.

La fête de l'Assomption de la Vierge, le 15 août, est l'une des célébrations majeures du culte marial et elle donne lieu dans la cathédrale à une liturgie solennelle accompagnée de sermons spécifiques. Mais elle pose un problème théologique grave, car elle est à la fois directement liée à la mort de Marie et à sa résurrection corporelle, une résurrection qui n'aurait pas attendu la résurrection générale des corps après le Jugement dernier, alors que Marie n'est pas une divinité. Comment expliciter cette étrangeté que la Vierge partage avec le Christ et peut-être saint Jean, qui l'accompagne ensuite dans l'au-delà comme intercesseur privilégié ? Le portail de la Vierge répond à la question, selon les conceptions du début du XIIIe siècle. Les prophètes sont rassemblés pour annoncer le devenir exceptionnel de la Vierge. Ils gardent l'arche d'alliance qui préfigure le tombeau de Marie devenu celui de la vie éternelle. En fait, ils ne veillent pas sur la mort de la Vierge, mais sur sa « dormition », sur son endormissement qui devient le moment clé du passage de Marie vers l'au-delà, celui qu'elle a elle-même annoncé, auquel assistent les apôtres miraculeusement réunis, tandis que les anges enlèvent son corps en présence du Christ. Alors, après l'assomption, peut venir le couronnement.

La scène du couronnement est plusieurs fois répétée dans la cathédrale. Un ange ou le Christ lui-même font de Marie une reine. Le thème est effectivement une reconnaissance de la gloire de la Vierge et de sa supériorité hiérarchique dans la cour céleste dont tous les éléments sont sculptés sur la façade de la cathédrale : patriarches de l'Ancien Testament, apôtres, martyrs, saints, dignitaires ecclésiastiques, sans compter la cohorte des archanges et des anges. Comme dans la vie civile les sujets sont hiérarchiquement soumis à leur seigneur, tous le sont à cette reine qui les domine. Tous participent à ses côtés à la gloire de Dieu. Mais Marie, dans cette scène si souvent répétée pendant les derniers siècles du Moyen Âge, incarne aussi l'Église, au moins dans l'esprit des théologiens, l'Église qui devient de ce fait l'épouse du Christ. Son chef, le pape, peut alors dire qu'il dépend directement de Dieu, en la personne du Christ. Ce sera chose faite avec Innocent III qui, à la fin du XIIIe siècle, préfère se déclarer « vicaire du Christ » plutôt que descendant de saint Pierre. La nuance est de taille, car le pape se délivre ainsi du pouvoir temporel. Et, une fois les racines de cette hiérarchie fondée en Dieu, le pouvoir des évêques et de leurs aides, les chanoines, se déroule en cascade. On comprend l'intérêt qu'ont l'évêque de Paris et son chapitre à faire figurer une telle représentation. Le couronnement de la Vierge fonde l'institution ecclésiale et donne à la cathédrale et à ses dignitaires toute leur raison d'être.

PAGE 107 : Rencontre des parents de la Vierge à la porte Dorée, au moment où sainte Anne sait qu'elle porte la Vierge en son sein selon l'Immaculée Conception. Cette liturgie de la Vierge est un moment fort des représentations au portail Sainte-Anne.

DOUBLE PAGE SUIVANTE : La rose ouest, d'environ 9,60 mètres de diamètre, est située au-dessus du portail du Jugement dernier. Réalisée vers 1220, elle a été fortement restaurée au XIXe siècle. De l'extérieur vers l'intérieur, trois cercles concentriques conduisent à l'oculus central où figure la Vierge à l'Enfant. Ils représentent les travaux des mois et les Vertus, puis les signes du zodiaque et les Vices et enfin les prophètes qui ont annoncé la venue du Christ.

LA VIERGE AVOCATE

Au portail de la Vierge, l'un des prophètes déroule, sur la voussure extérieure, l'annonce de la venue du Christ.

Au moment où se réalise ce programme iconographique, Marie n'est pas encore la protectrice qui accueille sous son manteau tous les états de la société comme le sera la Vierge de miséricorde à la fin du Moyen Âge ; elle n'est pas non plus la pietà qui touche les fidèles par la douleur de sa lamentation. Le thème commence seulement à poindre dans les scènes de la clôture du chœur qui, rappelons-le, sont plus tardives que celles des portails puisqu'un siècle environ les sépare. En ce début du XIIIe siècle, la Vierge sert surtout d'intercesseur, priant le Dieu du Jugement dernier qu'il préfère miséricorde à rigueur de justice. La crainte du Jugement reste en effet prépondérante, comme le montre la scène du portail central. L'issue en est brutale : d'un côté les élus, de l'autre les damnés. Rien ne semble pouvoir les sauver, si ce n'est justement cette prière que la Vierge fait au Dieu du Jugement. Le songe d'un clerc, rapporté par Jacques de Voragine, permet de savoir comment les hommes et les femmes du XIIIe siècle imaginent cette intercession. Ce clerc était débauché ; or il vit et entendit dans son sommeil ce qui risquait de l'attendre le jour du Jugement. Le Christ aurait dit : « Décidez vous-même quel jugement mérite cet homme : moi, cela fait longtemps que je le supporte sans trouver chez lui le moindre signe d'amendement. » À l'approbation générale, le Seigneur aurait alors porté la sentence de damnation. Mais la Vierge se serait levée et aurait dit à son fils : « J'implore ta clémence pour lui, mon bon fils : adoucis ta sentence. Qu'il vive grâce à moi, lui que ses démérites personnels conduisent à la mort. » Et le Seigneur aurait répondu : « Je cède à tes prières et t'accorde cet homme, mais à la condition que je le vois se corriger. » La Vierge se serait alors tournée vers le clerc et lui aurait dit : « Va, et ne pèche plus, si tu ne veux pas qu'il t'arrive un jour pis que cela. » Et le clerc changea de conduite…

Les sculptures de la façade de Notre-Dame ne laissent pas encore penser qu'existe un lieu intermédiaire, le purgatoire, d'où les âmes peuvent espérer sortir par la prière des vivants et par la communion des saints. On sait pourtant que la croyance au purgatoire commence à se développer à partir du XIIe siècle : elle ne s'est toutefois pas encore vulgarisée. Aux portails sculptés de la cathédrale, Marie ne conduit pas les prières et elle n'orchestre ni la

page 114 ▶

of the tympanum, where she is seated on her throne beneath a canopy that recalls her majesty and presents her son. Her crown and sceptre are elaborate, symbols of her virginity, glorification and life. She enabled the Word to become flesh and the cathedral is an acknowledgement of her achievement. But the stone representations also tell us that the Virgin is already in the next world, the world where the city of God is, the heavenly Jerusalem upon which, according to St Augustine, the city of man must be modelled.

The Feast of the Assumption, on 15 August, is one of the major feast-days of the Marian cult, when a solemn liturgy accompanied by specific readings took place in the cathedral. Yet it raises a serious theological problem, because it is directly linked to both the death of Mary and her bodily resurrection – a resurrection that would not have been expected until the general resurrection of the body after the Last Judgement, since Mary is not divine. How do we explain this unusual privilege that the Virgin shares with Christ and perhaps St John, who is subsequently by her side in the afterlife as a privileged intercessor? The Portal of the Virgin answers the question, in accordance with early 13th-century ideas. The prophets are gathered to announce the unique fate of the Virgin Mary. They watch over the Ark of the Covenant, which prefigures the tomb of Mary becoming a repository of eternal life. In fact, they are not watching over the death of the Virgin but over her 'Dormition' (her 'sleeping'), which is the key moment of transition for Mary to the afterlife, and has itself been announced by the presence of the Apostles who are miraculously reunited, while the angels bear her body into the presence of Christ. Next, after the Assumption, her coronation is depicted.

The coronation scene recurs several times in the cathedral. An angel or Christ himself crowns Mary queen. The theme is in effect a recognition of the glory of the Virgin and her superior hierarchical status in the heavenly court whose elements are carved on the façade of the cathedral. There are Old Testament patriarchs, apostles, martyrs, saints and church dignitaries, plus of course the heavenly host of angels and archangels. Just as citizens are hierarchically subject to their lord in civil society, so all must submit to this queen who rules them. All appear alongside her to the glory of God. But Mary, in a scene repeated so often during the final centuries of the Middle Ages, also represents the Church, at least in the minds of theologians, and the Church therefore becomes the bride of Christ. Its head, the pope, can thus say that he is directly responsible to God in the person of Christ. This was why Innocent III, in the late 13th century, chose to describe himself as the 'Vicar of Christ' rather than the successor of St Peter. The distinction is significant because the pope is thus freed from temporal power – and given that the root of this hierarchy is

PAGE 109: On the Portal of the Virgin, one of the prophets unfurls a proclamation of Christ's coming.

PRECEDING DOUBLE PAGE: The west rose window, about 9.6 m (31.5 ft) in diameter, is located above the Last Judgement portal. Completed in 1220, it was completely restored in the 19th century. Three concentric circles lead in to the central oculus, containing the *Virgin with Child.* They represent the Labours of the Months and the Virtues, along with the signs of the Zodiac and the Vices, and finally the prophets who announced the coming of Christ.

based upon God, the power of the bishops and their assistants, the canons, cascades downwards. One can understand how the Bishop of Paris and his chapter were also interested in such a hierarchy. The coronation of the Virgin establishes the Church as an institution and gives the cathedral and its dignitaries their whole raison d'être.

The devil is represented in all his forms: here, on the central portal, as a hairy demon, with claws and horns, trying to tip the scales used in the Last Judgement so that he can carry off the condemned individual to Hell.

THE VIRGIN MARY AS INTERCESSOR

When this iconographic system of representation was established, Mary was not yet the protectress of all social strata, the Virgin of Mercy, as she would become in the late Middle Ages; neither was she the Pietà – the mother holding her dead son – moving the faithful by her pain and mourning. This subject begins to appear only on scenes in the choir cloister, which are later than those on the portals, probably by a century or so. In the early 13th century, the Virgin acts primarily as an intercessor, beseeching the God of Judgement to choose mercy rather than strict justice. Fear of God's Judgement is the prevailing theme, as is evident from the scene in the central portal. The situation is stark: on one side, the saved, on the other, the damned. It seems that nothing can save them except an entreaty by the Virgin Mary to the God of Judgement. The dream of a cleric, as quoted by Jacobus de Voragine, shows how men and women of the 13th century imagined such an intercession. The cleric was leading a dissolute life, and he saw and heard in his sleep what might await him on the Day of Judgement. Christ would say: 'Decide for yourself what judgement this man deserves. I have borne with him for a long time, without seeing the slightest sign of amendment.' To general approval, the Lord would then pass sentence – eternal damnation. Yet the Virgin would then stand up and say to her son, 'My dear son, I beseech you to have mercy on him. Commute your sentence. Let him live because of me, despite the fact that his own faults condemn him to death.' And the Lord would answer, 'I heed your prayers and grant this man over to you, on condition that I see him amend his ways.' The Virgin would then turn to the cleric and say to him, 'Go, and sin no more, if you

page 116 ▶

communion des saints ni le trésor des mérites. La comptabilité de l'au-delà est pour les siècles futurs. Pour l'heure, la Vierge est encore relativement seule à agir et il importe que le fidèle sollicite directement et personnellement son intercession.

Marie a surtout affaire avec le diable, et elle sauve les hommes de leur ennemi le plus redoutable, celui qui les entraîne en enfer et les soumet aux pires supplices. Le diable n'attend pas la mort pour se manifester. Hideux, il est partout et menace les fidèles de leur vivant. C'est la « tentation d'Ennemi », qui fait se succéder ruses et hurlements. Plusieurs scènes l'illustrent dont la plus célèbre est le miracle de Théophile qui figure à la fois sur la façade et sur le portail du transept nord. L'histoire est alors très connue : elle a été traduite en latin au IXe siècle par Paul Diacre qui en a dédié le récit à l'empereur Charles le Chauve ; elle est ensuite utilisée au XIe siècle par Fulbert de Chartres dans ses sermons au peuple. Un peu plus tard, en 1260, le poète Rutebeuf en tire l'une de ses œuvres en langue vernaculaire, sous forme d'une pièce à huit personnages, le *Miracle de Théophile*. La scène se passe en Sicile, en 537. Un homme du nom de Théophile est l'administrateur le plus zélé de l'évêque et, à la mort de ce dernier, le peuple unanime le choisit pour lui succéder. Théophile, modeste, refuse et se contente de son poste d'administrateur, prêt à servir un nouveau maître. Mais le nouvel évêque le malmène, le dépose contre son gré et l'accule au désespoir. Théophile n'y tient plus. Sur les conseils d'un magicien juif, il appelle le diable qui vient aussitôt et lui offre sa promesse. Il retrouvera sa dignité s'il renie le Christ et la Vierge. Théophile accepte, se voue au démon et signe avec lui un pacte d'abjuration qu'il scelle de son anneau. L'effet est immédiat : Théophile retrouve sa charge et son honneur. Mais il se rend vite compte de ce qu'il a fait ; il gémit alors amèrement et appelle la Vierge à son secours. Une nuit, elle lui apparaît. Elle commence par lui faire de lourds reproches, puis elle lui ordonne d'abjurer le diable et de proclamer que le Christ est fils de Dieu. Aussitôt, Théophile entre en grâce et, en signe de pardon, la Vierge apparaît une seconde fois pour lui rendre le pacte qu'il avait donné au diable et pour qu'il porte le parchemin sur sa poitrine en signe de libération du démon. Théophile laisse alors exprimer sa joie tandis que le diable s'enfuit en vociférant ! Comment les chanoines, qui sont eux aussi les administrateurs de l'évêque, ne se reconnaîtraient-ils pas dans cette histoire qui peut servir à leur édification ?

De façon générale, les fidèles sont habitués à ce que Marie manifeste sa force par des miracles. Celui de Théophile n'est qu'un miracle parmi d'autres, tels que les raconte par exemple Gautier de Coinci dans un recueil composé vers 1230, mais qui eut un large succès jusqu'à la fin du Moyen Âge. La Vierge y

PAGE 113 : Le diable est représenté sous toutes ses formes. Ici, au portail central, comme un démon velu, griffu et cornu, qui tente de peser sur la balance du Jugement pour emporter le damné en enfer.

La représentation du péché originel, au trumeau du portail de la Vierge, sert de fondement au programme iconographique voulu par Maurice de Sully et ses successeurs. Ce péché qu'ont permis à la fois la désobéissance et la beauté d'Ève signe la perte du luxuriant jardin d'Éden, et doit être racheté par le Christ qu'enfante la Vierge Marie. Le démon tentateur prend la forme lascive d'une femme superbe à la queue de serpent et aux mains crochues. Telle est l'image d'une sexualité condamnée que véhiculent les clercs.

est présentée comme une médiatrice entre Dieu et les hommes, mais aussi entre l'homme et la société qui l'oppresse. Le poète dénonce les puissants laïcs qui dépouillent l'Église, les mœurs dissolues des prélats, les médecins incompétents, les hommes de loi qui utilisent leur savoir pour mieux tromper et voler leurs clients, les marchands, les usuriers, les vilains réputés sots et avares, mais aussi les juifs. C'est le peuple sculpté dans la cathédrale, aux côtés de la Vierge qui canalise les mécontentements et donne l'espoir de faire régner plus de justice.

Des saints fondateurs

À côté de Marie, quelques saints ont une place particulière par le lien qu'ils entretiennent avec la cathédrale ou avec l'histoire de Paris. Il s'agit en particulier de saint Étienne, de saint Denis, de saint Marcel et de sainte Geneviève.

Saint Étienne est, comme on l'a vu, le premier patron de la cathédrale, et, outre sa statue au portail de la Vierge, les principaux épisodes de sa vie sont racontés au portail du transept sud. Il s'agit de l'un des sept diacres ordonnés par les apôtres, dont le ministère se passe en Judée où les juifs l'affrontent, d'abord dans un débat public où ils tentent de le convaincre. Mais le Saint-Esprit lui envoie l'éloquence. Puis les juifs utilisent de faux témoins pour le confondre de blasphème, mais un ange les terrorise. Enfin, vient le supplice par lapidation, tandis qu'Étienne continue à invoquer le Christ en criant avant de mourir : « Seigneur, ne leur compte pas ce péché ! »

Denis est considéré comme le premier évêque de Paris et le premier à prêcher au peuple la foi chrétienne. Jacques de Voragine décrit ainsi le succès de son action missionnaire : « Il resplendissait d'une telle grâce céleste que, chaque fois que les prêtres et les idoles soulevaient le peuple contre lui et que le peuple accourait en armes pour l'éliminer, à peine ces gens le voyaient-ils, qu'ils se jetaient à ses pieds en perdant toute leur férocité, ou bien pris d'une trop grande frayeur, ils fuyaient loin de sa présence. Mais le diable vit cela et s'en trouva jaloux, parce que chaque jour son culte perdait du terrain et que l'Église triomphait par le nombre de ses fidèles, qui se multipliaient. » La suite donna raison au diable. Denis est capturé, et les supplices

page 118 ▶

The temptation of Theophilus is a recurring motif in the iconography at Notre Dame. It appears here on the tympanum of the north transept, or cloister, portal. One of the scenes shows Theophilus worshipping the devil in the presence of the Jewish magician.

do not want worse to befall you one day.' And the cleric changed his conduct…

The sculptures on the façade of Notre Dame leave no room for belief that there is an intermediate place, purgatory, from which souls can hope to find a way out as a result of the prayers of the living and the communion of saints. We know that belief in purgatory began to develop from the 12th century, but it had not yet become commonplace. In the sculptures on the cathedral portals, Mary does not lead the entreaties or control the communion of saints and the Treasure House of Merits. The reckoning that will take place in the next world is for later centuries. For now, the Virgin acts largely alone and it is important that the believer directly and personally seeks her intercession. Mary deals with the devil in particular, saving mankind from its most formidable enemy, one who leads them to hell and subjects them to the most dreadful tortures. The devil does not wait until death to appear. This hideous figure is ever present and threatens the faithful while they are still alive. This is the 'temptation of the Enemy', who gets his way with trickery and shouting. Several scenes illustrate this. The most famous is the miracle of Theophilus, which appears on both the façade and the north transept portal. The story is well known. It was translated into Latin in the 9th century by Paulus Diaconus, who dedicated the story to the emperor Charles the Bald, and subsequently used in the 11th century by Fulbert of Chartres in his sermons. A little later, in 1260, the poet Rutebeuf produced *The Miracle of Theophilus* as one of his works in the vernacular, a play with eight characters. The scene is set in Sicily in 537. A man named Theophilus is the most dedicated administrator of the bishop and, on the latter's death, the people unanimously choose him as his successor. Theophilus, who is a modest man, refuses and is happy with his post as an administrator, ready to serve a new master. But the new bishop mistreats him, dismisses him against his will and drives him to despair. Theophilus cannot bear it any longer. On the advice of a Jewish magician, he summons the devil, who comes and immediately offers him a deal. He will regain his position if he renounces Christ and the Virgin Mary.

Page 115: The depiction of original sin on the pier of the portal of the Virgin is fundamental to the iconographic programme of Maurice de Sully and his successors. This sin, the result of the beauty and disobedience of Eve, leads to the loss of the lush Garden of Eden, and must be redeemed by Christ, as the offspring of the Virgin Mary. The devil tempts them in the guise of a beautiful lascivious woman with a serpent's tail and claw-like hands. This is the image of forbidden sexuality portrayed by the clergy.

Theophilus accepts, pledges himself to the devil and signs a pact of abjuration with him, sealing it with his ring. The effect is immediate. Theophilus regains his office and his honour. But he soon realizes what he has done; he weeps bitterly and calls upon the Virgin for help. One night she appears to him. She starts by rebuking him severely, then orders him to renounce the devil and proclaim that Christ is the Son of God. Immediately, Theophilus is restored to a state of grace. As a sign of forgiveness, the Virgin appears to him again to return the pact he had signed with the devil and the parchment is placed on his chest as a sign of his liberation. Theophilus is then free to express his joy while the devil runs away screaming! How could the canons, who were also administrators for the bishop, not recognize themselves in this story, which could be used for their edification?

The faithful are generally accustomed to Mary showing her power via miracles. The story of Theophilus is just one miracle among many; Gautier de Coincy provided plenty of examples in a work written about 1230, which remained hugely popular until the late Middle Ages. In it the Virgin is depicted as mediatrix between God and men, but also between man and society, which oppresses him. The poet denounces powerful laity who rob the Church, dissolute conduct by prelates, incompetent doctors, lawyers who use their skills to deceive and steal from their clients, merchants, usurers, villains who are foolish and greedy, and also the Jews. The people are carved in the cathedral, alongside the Virgin, who channels their discontent and gives them hope that justice will prevail.

Founder saints

Alongside Mary, there are some saints who occupy a special place because of the links they have with the cathedral or the history of Paris. The most important of these are St Étienne, St Denis, St Marcel and St Geneviève.

As we have seen, St Étienne – more familiar in English as St Stephen – was the first patron of the cathedral; in addition to his statue in the portal of the Virgin, the main events of his life are depicted in the south transept portal. He was one of seven deacons ordained by the Apostles, whose ministry involved going to Judea. He was confronted by the Jews, initially in a public debate during which they tried to persuade him by argument. But the Holy Spirit gave him the gift of eloquence. Then the Jews used false witnesses to accuse him of blasphemy, but an angel terrified them. Finally he was executed by stoning, and he continued to invoke Christ, crying before he died, 'Lord, do not hold this sin against them.'

page 120 ▶

commencent. En vain, car le gril et les bêtes féroces ne lui causent aucun dommage. Le préfet romain donne finalement l'ordre de le décapiter, lui et ses deux compagnons, pour se rire de la Trinité. Aussitôt, le corps de Denis se relève et, sous la conduite d'un ange, il se dirige en portant sa tête jusqu'à Montmartre où il est enterré. Malgré les critiques qu'avait pu faire Abélard, les hommes du Moyen Âge confondent en Denis trois personnages : l'évêque de Paris qui aurait été effectivement martyrisé au IIe ou IIIe siècle ; Denis l'Aréopagite, qui aurait été converti au christianisme par saint Paul et aurait été envoyé en Gaule par le pape Clément, avec deux compagnons, Rustique et Eleuthère ; le « Pseudo-Denys l'Aréopagite », théologien mystique du Ve siècle, auteur d'un important corpus de textes traduits du grec en latin à l'époque carolingienne, dont la *Hiérarchie céleste*. Cette fusion en fait à Paris le père du christianisme, de la théologie et de la cathédrale qui trouve dans ses écrits la justification de sa construction pour capter la lumière céleste. Il est donc tout à fait légitime que Denis figure au portail de Notre-Dame, d'autant qu'une partie de son chef figure parmi les reliques insignes qui y sont conservées. C'est aussi une façon pour l'évêque et les chanoines d'affirmer leur pouvoir face à l'abbaye de Saint-Denis qui avait fait du saint son patron, en même temps qu'il était devenu celui des rois capétiens.

Saint Marcel, mort vers 436, est l'évêque de Paris qui appartient le mieux à la cathédrale puisqu'elle en conserve le corps derrière le maître-autel. Il est probable que ces reliques ont été transportées avant la construction de la cathédrale gothique, vers les XIe-XIIe siècles, peut-être à la suite d'une épidémie de mal des ardents, cette maladie due à la moisissure du seigle qui provoquait des hallucinations et de terribles souffrances. Saint Marcel figure à deux reprises, sur la façade au trumeau de la porte Sainte-Anne, et à la voussure de la porte des Chanoines, en deux sculptures qui ne sont pas exactement contemporaines. Mais les deux représentations s'inspirent de la même vie du saint, celle que Fortunat rédige au VIe siècle à la demande du successeur de Marcel sur le trône épiscopal, saint Germain. D'humble origine, alors que la plupart des évêques du haut Moyen Âge sont nobles, Marcel puise sa célébrité dans une série de miracles qui vont *crescendo*, du fer rouge qu'il pèse sans être brûlé, à l'eau de la Seine qu'il change en vin, écho appuyé du miracle opéré par le Christ aux noces de Cana. De ce fait, il devient donc évêque et se pose en défenseur de ses ouailles. Il libère alors les prisonniers dont les chaînes tombent miraculeusement, comme il délivre les possédés du démon. Arrive enfin le sommet de ses actes, celui qui figure sur le trumeau, quand seul, en un combat dramatique, il délivre les zones marécageuses de la basse vallée de la Bièvre, sur la rive droite, d'un monstre qui sème la terreur et se

Page 116 : La tentation de Théophile est un thème récurrent de l'iconographie à Notre-Dame. Elle figure ici sur le tympan du portail du transept nord ou portail du Cloître, dont l'une des scènes représente le diable recevant l'hommage de Théophile, en présence du magicien juif.

Diable maléfique dans un écoinçon du portail de la Vierge.

nourrit de cadavres de femmes adultères. Le faubourg Saint-Marcel conserve le souvenir de cette première étape de l'évangélisation parisienne et on en retrouve les traces dans la cérémonie d'investiture de l'évêque de Paris. De nombreux saints, dont le pape Sylvestre, l'un des saints du portail de la Vierge, ont su ainsi triompher d'un monstre qui tient du serpent issu de la terre et du dragon sorti de la mer. Cet animal fantastique incarne à la fois le diable et le mal. La leçon est claire : grâce au saint, le christianisme l'a emporté sur le paganisme. La crosse de l'évêque, enfoncée dans la gueule du dragon qui gît mort à ses pieds, le confirme. L'évêque est vainqueur sans aucune ambiguïté et le clergé affirme sa puissance. Mais, dans la légende, saint Marcel ne fait pas mourir le dragon : il le dompte en lui ordonnant de disparaître dans la mer, cette mer qui est aussi représentée au portail de la Vierge. La menace resterait alors latente. Il faut donc multiplier les processions pour écarter le péril. Tel est l'objet des rogations : les Parisiens promènent à proximité de Notre-Dame un grand dragon d'osier dans la gueule duquel, pour l'amadouer, ils jettent des fruits et des gâteaux. Ce dragon à la large queue apparaît comme un être surnaturel à la fois bénéfique et maléfique. À côté de l'explication rationnelle des clercs brandie en façade du monument subsiste donc une croyance populaire ambiguë, dont se nourrit aussi le patriotisme local.

Le culte de saint Marcel est indissociable de celui de sainte Geneviève dont la statue figure au portail de la Vierge, entre saint Étienne et saint Sylvestre. La première mention de la sainte apparaît dans sa *Vie* écrite au VIe siècle, quelques temps après sa mort survenue sans doute en 502. Elle doit sa popularité à la protection qu'elle a assurée à la ville pendant l'invasion des Huns que dirige Attila. Et cette popularité, à la différence de celle de saint Marcel qui s'éteint avec le Moyen Âge, dure au-delà de la Révolution française puisque certains attribuent même l'issue de la bataille de la Marne à son intervention. Les reliques de la sainte sont jalousement gardées par l'abbaye parisienne de Sainte-Geneviève, bâtie sur la rive gauche, à proximité de l'église des Apôtres sur laquelle Louis XV a décidé de construire le Panthéon. Le culte de la sainte, à l'origine intimement lié à la volonté de Clovis et de

page 122 ▶

Denis is regarded as the first Bishop of Paris and the first to preach the Christian faith to the people. Jacobus de Voragine described the success of his missionary work as follows: 'He shone with such heavenly grace that whenever the priests and idolaters raised the people against him and people took up arms to kill him, these selfsame people threw themselves at his feet as soon as they saw him, losing all their ferocity, or taken with great fear, they fled from his presence. But the devil saw this and was jealous because his worship was losing ground every day and the Church was winning because of the number of its followers, who were multiplying.' The following proved that the devil was right. Denis was arrested and his torments began. Yet attempts to burn him alive failed and wild animals would not harm him either. The Roman prefect finally gave orders for him and his two companions to be beheaded as a way of mocking the Trinity. Immediately the body of Denis rose and, guided by an angel, he picked up and carried his head to Montmartre, where he is buried. Notwithstanding the criticisms of Abelard, in medieval times Denis was a confusion of three different individuals: firstly, the Bishop of Paris who was actually martyred in the 2nd or 3rd century; secondly, Dionysius the Areopagite, who was converted to Christianity by St Paul and was sent to Gaul by Pope Clement, with two companions, Rusticus and Eleutherius; finally, Pseudo-Dionysius the Areopagite, the mystical 5th-century theologian, author of an important body of texts translated from Greek into Latin in the Carolingian period, including *De Coelesti Hierarchia* (*The Celestial Hierarchy*). This conflation made Paris home to the father of Christianity, of theology, and of the cathedral, whose construction to capture the divine light was justified in his writings. It is therefore quite fitting that Denis is portrayed on the portal of Notre Dame, and especially that part of his head is among the relics that are preserved there. It was also a means for the bishop and canons to assert their power against the Abbey Saint-Denis, which had made him its patron saint at the same time as he also became a patron saint of the Capetian kings. St Marcel, who died about 436, is the Bishop of Paris most closely linked with the cathedral, since it preserves his body behind the high altar. It is likely that these relics were brought here before the construction of the Gothic cathedral, in the 11th and 12th centuries, perhaps following an outbreak of the epidemic plague known as *mal des ardents*, a disease caused by rye mould that produced hallucinations and terrible pain. St Marcel appears twice, on the pier façade of the St Anne portal and on the arch of the door of the canons, in two sculptures that are not precisely contemporary. But the two depictions are inspired by the same biography of the saint, written by Fortunatus in the 6th century at the request of Marcel's successor to the episcopal throne,

Page 119: Malevolent devil in a corner piece of the Portal of the Virgin.

St Germain. From humble origins, at a time when most of the bishops of the early Middle Ages were nobles, Marcel became famous as a result of a series of increasingly impressive miracles, from carrying a red-hot iron without being burned, to changing the water of the Seine into wine, recalling the miracle performed by Christ at the wedding feast of Cana. As a result he became bishop and acted as the guardian of his flock. He released prisoners, whose chains miraculously fell off, and he cast out the devil from those who were possessed. Finally came the last of his great works, the one shown on the pier, when alone in a dramatic battle he freed the marshlands of the lower valley of the Bièvre, on the right bank, from a rampaging monster that fed on the corpses of adulterous women. The Saint-Marcel district retains the memory of this first stage in the evangelization of Paris and we find traces of it in the inauguration ceremony for the Bishop of Paris too. Many saints, including Pope Sylvester, one of the saints on the Portal of the Virgin, were said to have overcome a monster that was the offspring of a snake from the earth and a dragon from the sea. This mythical creature embodies both the devil and evil. The moral of the story is clear: thanks to the saint, Christianity has triumphed over paganism. The bishop's crosier protruding from the throat of the dragon, which lies dead at his feet, confirms this. The bishop is the undisputed winner and the clergy affirms its power. But in the legend, St Marcel does not actually slay the dragon – he overcomes it by commanding it to disappear back into the sea, which is also depicted on the Portal of the Virgin. As such, it would remain a hidden threat, requiring more and more processions to avert the danger. This is the purpose of the Rogations. Parisians hold processions beside Notre Dame with a large wicker dragon and throw fruit and cakes into its jaws to placate it. This dragon with its broad tail appears as a supernatural being that is simultaneously a force for good and evil. Hence alongside the rational explanation of the clergy depicted on the façade of the great building, there still remained a popular and ambiguous set of beliefs, which also engendered local patriotic feeling.

page 126 ▶

St Denis preached in Paris and drew crowds. In this early 14th-century illumination, he becomes the defender of good against evil, and the Gallo-Roman elites whom he is trying to convert are ambiguously represented by the Jewish scholars depicted here, while the clerics behind him offer their support.

Clotilde qui canalisèrent sa gloire, s'est vite vulgarisé. Cela tient en grande partie à ce qu'elle se montre toujours supérieure au diable et qu'elle est dotée de grands pouvoirs de guérisseuse. À la fin du XIIe siècle, au moment où Maurice de Sully et les chanoines de Notre-Dame construisent la cathédrale, et où Étienne de Tournai, abbé de Sainte-Geneviève, restaure le prestige et les droits de l'abbaye, un chanoine de Sainte-Geneviève rassemble les mentions éparses des actions de la sainte et compose en son honneur un poème en langue romane, pour être lu et récité en public. Il y montre comment les bourgeois de Paris en ont déjà fait leur sainte protectrice :

« À sainte Geneviève viennent
Les bourgeois à qui appartiennent
Les grandes affaires de la ville.
Très doucement sans se mettre à crier
Lui ont leurs souffrances montrées.
Sainte Dame, cette contrée,
Disent les bourgeois, est mal partie
La viande nous manque
Et nulle nef n'y peut arriver.
Mourir de faim, nous attend tous.
La faim nous étreint et confond.
Pitié et soin la commandent
Tant qu'elle va leur chercher à
manger. »

Puis, au XIVe siècle, un autre clerc, peut-être Thomas Benoist prieur de l'abbaye, donne une nouvelle version en prose de la vie de sainte Geneviève,

Cette enluminure du censier de l'abbaye Sainte-Geneviève montre comment, au XIIIe siècle, on imagine l'intervention de la sainte dans la construction de la célèbre abbaye. L'abbé, qui dirige les chanoines de Sainte-Geneviève, la sollicite d'intervenir par ses prières, mais, comme l'évêque et les chanoines de Notre-Dame de Paris, il est un puissant seigneur et dispose de nombreux revenus pour mener à bien cette tâche.

PAGE 121 : Saint Denis aurait prêché à Paris et attiré les foules. Dans cette enluminure du début du XIVe siècle, il devient le défenseur du bien contre le mal et les élites gallo-romaines qu'il tente de convertir prennent la figure ambiguë de savants juifs, tandis que des clercs, derrière lui, le soutiennent.

DOUBLE PAGE SUIVANTE : Portail de la Vierge, photographie prise par Bisson au moment de la restauration de la cathédrale, extraite du *Projet de restauration de Notre-Dame de Paris* par Lassus et Viollet-le-Duc, 1843.

PAGE 127 : *Vierge à l'Enfant* du XIVe siècle, dite de Notre-Dame, qui orne actuellement le pilier central du chœur. Elle appartenait à l'origine à la chapelle Saint-Aignan, l'une des chapelles canoniales dont la collation était confiée au chapitre de Notre-Dame de Paris et dont il subsiste encore quelques vestiges dans l'île de la Cité.

à laquelle il ajoute ses miracles post-mortem ; enfin, un siècle plus tard, un mystère français anonyme, qui comporte aussi le « jeu » Saint-Denis, met en scène l'ensemble de ses actes miraculeux. Ces différentes versions témoignent de son succès tout au long du Moyen Âge.

Le principal miracle de la sainte consiste à avoir guéri les Parisiens du mal des ardents en 1130, à la demande même de l'évêque de Paris qui est venu supplier les chanoines « à grands gémissements et soupirs, comme celui qui souffre des douleurs de son peuple qu'ils veuillent bien que la présence de la vierge Geneviève secourut la cité qui périssait ». L'église Sainte-Geneviève-la-Petite, à proximité du parvis de Notre-Dame, aurait été construite en souvenir de cet événement. La sainte a aussi par deux fois protégé les Parisiens des inondations de la Seine. La procession de sa châsse alimente donc une véritable religion civique. On sait que, de 1325 à 1409, elle est portée huit fois, puis de 1417 à 1437 quatre fois, et enfin de 1456 à 1496 encore six fois. En 1477, le Parlement de Paris ordonne que dorénavant la fête de la sainte soit publiquement solennisée et que la cour de justice et les autres juridictions vaquent ce jour-là comme un dimanche. À l'occasion de ces sorties, les malades implorent la « très benoîte vierge ma dame sainte Geneviève ». Ces translations donnent lieu à un rituel compliqué qui unit étroitement la cathédrale Notre-Dame à l'abbaye Sainte-Geneviève. En effet, l'évêque de Paris et le chapitre, munis de la châsse de saint Marcel, vont solennellement chercher celle de sainte Geneviève. Après une petite cérémonie dans la basilique des Saints-Apôtres, la procession, à laquelle se joignent alors les chanoines de l'abbaye Sainte-Geneviève, se remet en marche jusqu'à Notre-Dame où, dans le sanctuaire, les deux châsses sont déposées face à face, et où l'évêque célèbre une grand-messe votive en l'honneur de la Vierge. On retrouvera des réminiscences de l'union de ces deux saints et des deux églises lors de l'intronisation solennelle de l'évêque de Paris. Mais cette union cache aussi une profonde rivalité entre les deux établissements ecclésiastiques, que ces cérémonies ont pour but d'estomper.

Nul doute qu'entre la mise en place du programme iconographique conçu par les fondateurs de Notre-Dame au XIIe siècle et les fidèles qui se sont succédé jusqu'à la fin du Moyen Âge, les formes du sentiment religieux aient changé. Mais l'hymne à Notre-Dame reste l'un des acquis les plus forts de ces temps médiévaux. Au début du XVe siècle, comme dans la plupart des familles du royaume, la mère de Jeanne d'Arc apprend à sa fille ses prières, dont l'*Ave* à côté du *Pater*. Et un demi-siècle plus tard, le clerc parisien que fut Villon récite en écho ce qu'il a vu et appris, peut-être à l'abri de la cathédrale, quand, dans sa *Ballade pour prier Notre-Dame*, il requiert la grâce d'être sauvé.

À votre Fils dites que je suis sienne
De lui soient mes péchés absolus,
Pardonnez-moi comme à l'Égyptienne,
Ou comme le fit au clerc Théophile,
Lequel par vous fut quitte et absous
Combien qu'il eut au diable fait promesse.
Préservez-moi que je fasse jamais ce,
Vierge portant sans pécher ne faillir
Le sacrement qu'on célèbre à la messe.
En cette foi je veux vivre et mourir.

Tell your Son that I am His.
Through Him my sins are forgiven.
Forgive me like Mary of Egypt,
Or as Theophilus was.
By your grace he was pardoned and absolved,
Though he made a pact with the Devil.
O Immaculate Virgin, protect me that I may never
do such a thing.
And watch over the Sacrament celebrated in the Mass.
In this faith may I live and die.

François Villon, *Ballade pour prier Notre Dame*, vers 1450

The cult of St Marcel is inseparable from that of St Geneviève, whose statue is on the Portal of the Virgin, between St Étienne and St Sylvester. The first mention of the saint is in an account of her life written in the 6th century, shortly after her death, which was probably in 502. She owes her popularity to the protection she gave the city during the invasion of the Huns led by Attila. St Geneviève's popularity, unlike that of St Marcel, which died out after the Middle Ages, lasted beyond the French Revolution, with some people even attributing victory in the Battle of the Marne to her intervention. The relics of the saint are jealously guarded by the Parisian Abbey Sainte-Geneviève, built on the left bank near the Church of the Apostles, the site on which Louis XV decided to build the Pantheon. The cult of the saint, originally closely related to the desire of Clovis and Clotilde to spread her reputation, quickly gained popular support. This is largely because she always proves more powerful than the devil and has great powers of healing. At the end of the 12th century, when Maurice de Sully and the canons of Notre Dame were building the cathedral, and when Stephen of Tournai, the abbot of Sainte-Geneviève, was restoring the prestige and the rights of the abbey, a canon of Sainte-Geneviève collected the scattered references to the saint's actions and composed a poem in the vernacular in her honour, which was to be read and recited in public. It shows how the citizens of Paris had already made her their patron saint:

'To St Geneviève come
The good burghers who own
The key businesses in the city.
Very gently without shouting
They show her their woes.
Blessed Lady, say the burghers
This land is faring badly
We have no meat
And no ships can reach us here
Dying of hunger, we are all waiting.
Hunger grips and confounds us.
They ask for mercy and care for
this land
As it seeks food to eat.'

Then, in the 14th century, another cleric, perhaps Thomas Benoist, the prior of the abbey, produced a new prose version of the life of St Geneviève to which he adds her post-mortem miracles; then, a century later, an anonymous French mystery play, which also includes the 'role' of St Denis, featured all of her miraculous deeds. These different versions reflect her influence throughout the Middle Ages.

The main miracle of the saint is to have cured the Parisians of *mal des ardents* in 1130, following pleas by the Bishop of Paris who came begging the canons 'with great sighs and groans, as one suffering the pain of his people seeking

PAGE 122: This illumination from the census of the Abbey Sainte-Geneviève shows how, in the 13th century, the intervention of the saint in the construction of the famous abbey was imagined. The abbot, who heads the canons of Sainte-Geneviève, seeks her intervention through prayer, but, like the bishop and the canons of Notre Dame de Paris, he is a powerful landowner, with numerous sources of income that could be used for this task.

PRECEDING DOUBLE PAGE: A photograph of the Portal of the Virgin taken by Bisson during the restoration of the cathedral, from the *Restoration Project of Notre Dame de Paris* by Lassus and Viollet-le-Duc, 1843.

The 14th-century *Virgin with Child*, on the central pillar of the choir. It originally belonged to the chapel of Saint-Aignan, one of the canonical chapels whose property was given to the chapter of Notre Dame de Paris. There are still some remains of the chapel on the Île de la Cité.

the presence of the virgin Geneviève to help the dying city'. The church Sainte-Geneviève-la-Petite, not far from the square of Notre Dame, was built to commemorate this event. The saint also protected the Parisians twice when the Seine burst its banks. The procession at the shrine thus supported a truly public religion. We know that from 1325 to 1409 she was carried in procession eight times, then from 1417 to 1437 four times, and finally from 1456 to 1496 six more times. In 1477 the Parlement de Paris declared that henceforth the feast of the saint should be a solemn public feast-day and that the Court of Justice and other courts should not hold sessions on that day, as on a Sunday. During these processions, the sick would implore the 'most blessed virgin, our lady Saint Geneviève'. These processions produced a complicated ritual closely linking Notre Dame with the Abbey Sainte-Geneviève. The Bishop of Paris and the chapter, with the reliquary of St Marcel, would formally seek out the reliquary of St Geneviève. After a short ceremony in the Basilica of the Holy Apostles, the procession, which was then joined by the canons from the Abbey Sainte-Geneviève, returned to Notre Dame, where the bishop celebrated a votive High Mass in honour of the Virgin in the sanctuary, with the two reliquaries placed opposite each other. There were also echoes of the union of these two saints and two churches in the solemn enthronement of the Bishop of Paris. Yet this union also concealed a deep rivalry between the two ecclesiastical establishments, something these ceremonies were designed to obscure.

Of course, expressions of religious feelings changed between the establishment of the iconographic schema designed by the founders of Notre Dame in the 12th century and the faithful who followed until the end of the Middle Ages. But this hymn to Our Lady is one of the highest achievements of the medieval period. In the early 15th century, along with most families in the land, the mother of Joan of Arc taught her daughter to say her prayers, and this included the Hail Mary as well as the Our Father. And half a century later, the Parisian writer François Villon echoed what he had seen and learnt, perhaps sheltering in the cathedral, when, in his *Ballade pour prier Notre Dame*, he asks for the grace of salvation.

Notre-Dame des clercs

Notre Dame and the clergy

À Paris, malgré l'importance politique et démographique du diocèse, son titulaire est seulement un évêque qui dépend de l'archevêque de Sens. Il faut attendre 1622 pour que l'évêché de Paris soit érigé en archevêché. L'évêque de Paris est cependant un personnage très puissant. Mais dans la cathédrale même de Notre-Dame, il doit céder une grande partie de son pouvoir aux cinquante et un chanoines qui sont chargés de chanter les offices et de veiller sur le bâtiment.

L'évêque, un grand seigneur

Le palais de l'évêque s'étage sur deux niveaux, l'un, au rez-de-chaussée, consacré à la justice, l'autre, à l'étage, aux assemblées ecclésiastiques ou aux activités temporelles. Il est prolongé à l'est par une tour, symbole de la puissance de l'évêque qui y a sa chambre, et par une chapelle. Le palais est relié au chœur de la cathédrale par une galerie qui enserre une large cour.

La puissance de l'évêque s'affirme dès la cérémonie d'intronisation qui l'installe dans la cathédrale somptueusement parée : le chœur est tendu de tapisseries et les cloches sont réparées pour qu'elles puissent sonner à toute volée. Le rituel est précis. Le nouvel évêque ne doit pas avoir pénétré dans la ville avant sa joyeuse entrée ou, si c'est le cas, il doit le faire à titre privé et n'accéder à l'île de la Cité que par la voie d'eau. La cérémonie a, de préférence, lieu un dimanche et il est habituel que le nouvel évêque passe la nuit qui précède à l'abbaye Saint-Victor, en dehors des murs construits par Philippe Auguste, puis qu'il commence son périple en honorant deux des principaux fondateurs de la mémoire épiscopale, saint Marcel et sainte Geneviève. À cheval, le plus souvent un cheval blanc, il pénètre dans la ville par la porte Bordelle, appelée aussi Saint-Marcel, située dans la muraille de Philippe Auguste, au sud-est, sur la rive gauche, et se rend à l'abbaye Sainte-Geneviève, Là, l'évêque revêt ses vêtements pontificaux, chape, mitre, bâton pastoral, et, sur les Saints-Évangiles, il promet aux chanoines de Sainte-Geneviève de conserver leurs privilèges, avant d'être honoré d'un *Te Deum*. Puis, porté par ses futurs vassaux en signe de leur soumission,

En affichant les insignes, et en particulier la crosse épiscopale, cette représentation de la foire du Lendit, près de Paris, montre les enjeux économiques qui préoccupent les clercs et attisent leurs rivalités, en particulier entre l'abbé de Saint-Denis et l'évêque de Paris.

DOUBLE PAGE PRÉCÉDENTE : Dans les voussures du portail de la Vierge, un ange porte un encensoir aux côtés d'un patriarche, laissant imaginer les splendeurs de la liturgie des élus.

DOUBLE PAGE SUIVANTE : Les apôtres qui entourent le Christ lors de la Cène, sur la clôture nord, sont considérés comme les ancêtres des prélats. Leur présence sur les bas-reliefs de la clôture du chœur donne aux fidèles une idée du sacrifice de la messe et de la dignité du clergé.

il part vers la cathédrale et suit le chemin des processions qui relie rituellement l'abbaye Sainte-Geneviève à Notre-Dame. Les clercs, le corps de ville et le peuple accompagnent le nouvel évêque jusqu'à l'église Sainte-Geneviève-la-Petite, appelée aussi des Ardents, rue Neuve-Notre-Dame. Les chanoines de la cathédrale viennent à sa rencontre, eux aussi en procession, vêtus de leur chape de soie.

Le nouvel évêque franchit alors une seconde porte, celle de la cathédrale ornée du Jugement dernier. Elle reste fermée tant que le nouvel évêque n'a pas fait serment de respecter les privilèges de l'Église. Une fois ces paroles prononcées, il descend de sa litière et sonne une clochette pour montrer symboliquement qu'il prend possession de son siège. Accompagné du doyen et du chantre du chapitre de Notre-Dame, il pénètre jusqu'à l'autel majeur derrière lequel reposent les reliques de saint Marcel, et il est intronisé par l'archevêque de Sens, auquel l'évêque est hiérarchiquement soumis. « *Sta et tene locum a Deo tibi praeparatum* », (« Siège et tiens ce lieu que Dieu a préparé pour toi ») lui dit l'archevêque. Le nouvel évêque célèbre ensuite la grand-messe et bénit la foule. La cérémonie se conclut à l'hôtel épiscopal où est servi un banquet somptueux.

Mur nord de la clôture qui est construite au début du XIVe siècle pour isoler les clercs du chœur des simples fidèles. Ses bas-reliefs peints et restaurés donnent une idée de la vivacité des couleurs des différentes sculptures de la cathédrale. Ils racontent la vie du Christ, ici la Visitation, la Nativité et l'Adoration des mages, et servent à l'édification des fidèles. Le niveau inférieur est occupé par des arcades borgnes.

Le rituel de l'avènement s'accompagne de promesses et de libéralités. L'évêque donne à l'abbaye Sainte-Geneviève et au chapitre de Notre-Dame de somptueux présents. Pour les chanoines, il s'agit d'un drap d'or, et l'évêque qui l'oublie risque d'être poursuivi en justice ! Le nouvel évêque peut aussi concéder des indulgences aux fidèles, et il est possible qu'il ait libéré des prisonniers sur son passage, comme c'est le cas pour l'évêque d'Orléans ou l'archevêque de Rouen. Le trajet de la joyeuse entrée de l'évêque est donc ponctué de cérémonies bien définies qui permettent à l'élu de changer d'état : il devient celui qui, ayant franchi les obstacles, ici les portes, peut être considéré comme « le berger des brebis » (Jean, X, 1-10), celui qui, après les avoir toutes appelées, les fera un jour sortir de l'enclos et les conduira vers le Père. Mais pour devenir ce bon pasteur, il lui faut des intermédiaires, l'abbaye de Sainte-Geneviève et surtout le chapitre de la cathédrale Notre-Dame avec lequel il doit quotidiennement compter.

page 136 ▶

In spite of the political importance and population of the medieval diocese of Paris, its senior cleric was only a bishop who was subordinate to the Archbishop of Sens. It was not until 1622 that the bishopric of Paris became an archbishopric. The Bishop of Paris was nonetheless a very powerful figure; yet within Notre Dame cathedral itself he was obliged to share a significant amount of power with the 51 canons responsible for singing the various offices and looking after the building.

Pages 128–129: In the arches of the Portal of the Virgin, an angel with a censer stands next to a patriarch, giving an idea of the magnificent liturgy of those chosen for salvation.

Page 130: By portraying the insignia of the bishop, and especially his crosier, this depiction of the fair at Lendit, near Paris, shows the economic issues that preoccupied clerics and fuelled their rivalries, particularly that between the Abbot of Saint-Denis and the Bishop of Paris.

Page 131: The north wall of the screen built in the early 14th century to separate the clergy in the choir from the lay faithful. Its painted and restored bas-reliefs give an idea of the vivid colours of the various sculptures in the cathedral. They tell the story of Christ's life, starting with the Visitation, the Nativity and the Adoration of the Magi, and are intended for the edification of the faithful. The lower level is taken up by blind arcades.

The bishop, a powerful lord

The bishop's palace was on two floors: the ground level was devoted to justice, while the first floor was used for ecclesiastical meetings or temporal business. To the east lay a chapel, along with a tower symbolizing the power of the bishop, whose chambers were housed there. The palace was connected to the cathedral choir by a gallery, which surrounded a large courtyard.

The power of the bishop was confirmed at the enthronement ceremony, which installed him in the sumptuously decorated cathedral. The choir was hung with tapestries and the bells repaired so they could peal out loudly. The ceremony followed an established ritual: the new bishop could not enter the city before making his triumphant entrance or, if he did, he had to do so in a private capacity or only access the Ile de la Cité by boat. The ceremony generally took place on a Sunday, with the new bishop traditionally spending the previous night at the Abbey Saint-Victor, outside the walls built by Philip Augustus. He then began his journey by honouring two of the main founders of the see, St Marcel and St Geneviève. He entered the city on horseback – usually upon a white horse – via a door in Philip Augustus's wall, the Porte Bordelle, also known as Saint-Marcel, located to the south-east on the left bank. From here he proceeded to the Abbey Sainte-Geneviève. Once there, the bishop donned his pontifical vestments, cope, mitre, and pastoral staff, and he swore on the Holy Gospels to the canons of St Geneviève that he would maintain their privileges, before being honoured with a Te Deum. Then, carried by his future vassals as a

The doors of Notre Dame, still fitted with their original hinges, are decorated with various motifs. Here, on the Portal of the Virgin, foliage is depicted in oriental style. The doors are key religious and political symbols. A criminal had simply to touch their rings to be given protection from his assailants, no matter who they were, and thus enjoy the right to asylum. During the later centuries of the Middle Ages, they also displayed news announcements.

PRECEDING DOUBLE PAGE: The Apostles around Christ at the Last Supper, on the north choir screen, are regarded as the precursors of the prelates. Their presence on the bas-relief of the screen gives the faithful an idea of the sacrifice of the Mass and the dignity of the clergy.

sign of their submission, he followed the processional route for the ritual connecting the Abbey Sainte-Geneviève to Notre Dame. The clergy, city dignitaries and people accompanied the new bishop to the church of Sainte-Geneviève-la-Petite, also known as Sainte-Geneviève-des-Ardents, rue Neuve-Notre Dame. The canons of the cathedral came to meet him, also in procession, dressed in silk copes. The new bishop then reached a second door, the cathedral entrance depicting the Last Judgement, which remained closed until he had sworn to uphold the privileges of the Church. Once these words had been spoken, he got out of his litter and a bell rang to symbolize that he had assumed his see. Accompanied by the dean and cantor of the Notre Dame chapter, he advanced to the high altar, behind which lay the relics of St Marcel. He was enthroned by the Archbishop of Sens, to whom the bishop was hierarchically subordinate and who invited him to *Sta et tene locum a Deo tibi praeparatum* (Sit and take the place that God has prepared for thee). The new bishop then celebrated High Mass and blessed the congregation. The ceremony concluded at the bishop's residence, where a lavish feast was held. The arrival ritual was accompanied by promises and gifts. The bishop gave lavish gifts to the Abbey Sainte-Geneviève and to the chapter of Notre Dame. For the canons, this meant a cloth of gold, and a bishop who forgot would risk being sued. The new bishop might also grant indulgences to the faithful, and it is possible that he released prisoners on his elevation, as did the Bishop of Orleans and Archbishop of Rouen. The joyful entrance made by the bishop was punctuated with ritual ceremonies marking the candidate's change of status: he became the one who, having passed through various barriers (here represented by the doors), could be regarded as 'the shepherd of the sheep' (John 10:1–10), who will call them all and one day guide them from the sheepfold, leading them to the Father. But to become the good shepherd, he needed intermediaries, the Abbey Sainte-Geneviève and especially the chapter of Notre Dame, upon whom he had to rely on a daily basis.

The Gothic choir-stalls disappeared in the early 18th century, replaced by 114 oak stalls, of which there remain 52 high and 26 low ones. Decorated with scenes from the life of the Virgin and allegorical figures representing the Virtues, their majesty gives an idea of the power of the canons and clerics celebrating the many liturgical services.

page 138 ▶

Tête d'apôtre en bronze ornant l'un des lutrins reconstitué par Viollet-le-Duc dans l'esprit des têtes médiévales.

Le chapitre de Notre-Dame, une puissante communauté

Les chanoines font de Notre-Dame une cathédrale exemplaire dans la mesure où, installés dans le chœur, ils y assurent la liturgie d'offices particulièrement réputés pour leur faste. Comme dans tous les chapitres cathédraux, les chanoines de Paris doivent y organiser les prières selon le rythme des heures canoniales, de matines à complies. Ils chantent et psalmodient, célèbrent la grand-messe et effectuent les processions.

Le nombre des chanoines est important : dès les XIIIe-XIVe siècles, le chapitre est doté de cinquante et un canonicats. Mais il n'est pas le plus important du royaume puisque c'est Laon qui l'emporte, avec quatre-vingt-deux canonicats à la fin du XIVe siècle ; Reims en compte soixante-douze, Châlons-sur-Marne et Langres, quarante-huit. Il est pourtant le plus prestigieux. À sa tête est le doyen, chef élu de la communauté des chanoines, qui compte à ses côtés sept autres dignitaires, le chantre, les trois archidiacres, le sous-chantre, le chancelier et le pénitencier. Les chanoines sont en principe choisis par l'évêque, à l'exception des deux chanoines attachés au service de la chapelle Saint-Aignan, voisine de Notre-Dame, qui, selon le vœu de leur fondateur, Étienne de Garlande, sont nommés par le chapitre. Mais le pape et le roi ne se privent pas d'intervenir dans les nominations. En cas de conflit, l'affaire est portée devant le Parlement de Paris. Pourtant, face à l'évêque, le chapitre de Notre-Dame bénéficie d'une grande indépendance car il a obtenu de relever directement du pape. Il a en particulier le droit de rendre des sentences d'excommunication sans en référer à l'évêque : ainsi, dès le milieu du XIe siècle, les chanoines excommunient Hugues, un chevalier qui a violé son engagement envers eux. Le chevalier, dont le cœur était « endurci par l'effet du diable », refuse de céder et il meurt excommunié. Les chanoines interdisent alors de l'enterrer en terre chrétienne et ils laissent son corps privé de sépulture jusqu'à ce que la famille du défunt consente aux réparations financières exigées.

Le patrimoine du chapitre de Notre-Dame lui assure une très grande richesse. Dès 829, lors d'un concile réuni dans l'église Saint-Étienne, l'évêque Inchad assigne au chapitre plusieurs terres. Elles sont bientôt agrandies grâce à de nombreuses donations, à Paris et hors de Paris, si bien que le temporel est

Page 134 : Les portes de Notre-Dame, dotées de leurs pentures d'origine, sont ornées de divers motifs, ici, portail de la Vierge, de feuillages traités dans un style oriental. Les portes sont des symboles religieux et politiques forts. Il suffit pour le criminel de toucher leur anneau pour être protégé de ses assaillants quels qu'ils soient et de bénéficier ainsi du droit d'asile. Aux derniers siècles du Moyen Âge, on y affiche aussi les nouvelles.

Page 135 : Les stalles gothiques ont disparu au début du XVIIIe siècle, remplacées par cent quatorze stalles en chêne, dont subsistent cinquante-deux hautes et vingt-six basses. Décorées de scènes de la vie de la Vierge et de figures allégoriques représentant les Vertus, leur majesté donne une idée de la puissance des chanoines et des clercs qui célébraient les nombreux offices liturgiques.

assez éparpillé. Ainsi, en 1134, Étienne de Garlande donne une terre plantée de vignes, sur la rive gauche, à proximité du clos Bruneau appartenant à l'évêque, de façon à fonder ses deux canonicats. Le roi Louis VI complète la donation en abandonnant les droits de justice qu'il avait sur cette terre. L'Hôtel-Dieu est placé sous la juridiction du chapitre qui, à l'origine, en partage la seigneurie avec l'évêque. Puis il l'exerce seul et veille à son entretien. Un statut de 1168 stipule que tout chanoine, à sa mort, doit laisser à l'hôpital un lit d'une valeur de 20 sous, avec les draps, le matelas et l'oreiller. Mais l'Hôtel-Dieu dispose surtout de biens propres qui lui permettent de pourvoir aux besoins des malades. À l'extérieur de Paris, le chapitre détient de nombreuses seigneuries à Orly, Châtenay, Bagneux, Sucy, Créteil, Rosoy, et d'autres localités en Vermandois. Les chanoines les visitent plusieurs fois par an, y tiennent des assises, ou confient leur gestion à un maire. À la fin du XIIIe siècle, le chapitre est confronté à de graves révoltes, en particulier à Orly et Châtenay, au cours desquelles les serfs de ces villages réclament leur affranchissement. Les chanoines font arrêter les meneurs et les font conduire dans leur prison à Paris, avant d'accepter leur affranchissement contre une importante somme d'argent.

Un évêque s'apprête à célébrer la messe et retire l'hostie d'un ostensoir. Cette enluminure de la fin du XVe siècle orne le *Livre de bonnes meurs* de Jacques Legrand qui eut un grand succès au Moyen Âge. L'auteur y montre quels sont les devoirs des prélats et comment ils doivent vivre « chastement et vertueusement ».

Le cloître, situé sur le flanc nord-est de la cathédrale, constitue le cœur des possessions du chapitre. Il bénéficie depuis 911 du privilège d'immunité que lui a conféré Charles le Simple, et même l'évêque n'y est reçu que sur invitation. Pendant la guerre de Cent Ans, l'évêque obtient une clef de la porte qui donne vers la Seine, sous réserve de l'utiliser à titre personnel seulement. Clos d'une enceinte, le cloître abrite les églises de Saint-Denis-du-Pas et de Saint-Aignan, le baptistère de Saint-Jean-le-Rond, à la porte duquel il n'est pas rare de trouver des enfants abandonnés, et compte, au début du XIVe siècle, trente-sept maisons canoniales. Les autres sont situées hors du cloître, mais tous les chanoines se retrouvent dans la salle capitulaire. Du cloître, les prélats accèdent directement à la cathédrale par la porte Rouge et par la porte du Cloître. L'enclos communique avec l'extérieur par plusieurs

page 140 ▶

The south choir screen is dedicated to the appearances of Christ after the Resurrection to Mary Magdalene, the three Marys, Peter, the Emmaus disciples and the Apostles, who here appear stunned.

The Chapter of Notre Dame, a powerful community

Notre Dame is an exemplary cathedral: the canons are installed in the choir and perform liturgical offices particularly renowned for their splendour. As with all cathedral chapters, the Paris canons must arrange prayers according to the order of canonical hours, from matins to compline. They chant and sing psalms, they celebrate High Mass and they stage processions.

The number of canons is significant. From the 13th to the 15th centuries, the chapter consisted of 51 canonries. It was not the largest in the realm, since Laon had 82 canonries in the late 14th century, Rheims 72, and Chalons-sur-Marne and Langres 80, yet it was the most prestigious. At its head was the dean, the elected leader of the community of canons, and alongside him seven other dignitaries, the cantor, three archdeacons, the succentor, the chancellor and the penitentiary. The canons were usually chosen by the bishop, with the exception of two canons serving the Saint-Aignan chapel beside Notre Dame, who, in accordance with the wishes of its founder, Étienne de Garlande, were appointed by the chapter – although the pope and the king did not hesitate to intervene in the appointments. In the event of a conflict, the case was brought before the Parlement de Paris. Yet, compared to the bishop, the chapter of Notre Dame enjoyed a great deal of independence, because it was directly answerable to the pope. Specifically, it had the right to pass sentence of excommunication without reference to the bishop: thus, in the mid-11th century, the canons excommunicated Hugues, a knight who had broken his promises to them. The knight, whose heart had been 'hardened by the devil', refused to give way and died excommunicated. The canons prohibited his body from being laid to rest in consecrated ground, and it was left unburied until the dead man's family agreed to pay the financial reparations required.

The property owned by the Notre Dame chapter meant that it was extremely wealthy. In 829, at a council held in the church of Saint-Étienne, Bishop Inchad granted the chapter a number of estates. They soon expanded as a result of numerous donations in Paris and beyond, so that its temporal power became quite extensive. In 1134 Étienne de Garlande gave it land planted

Page 136: Bronze head of an Apostle from one of the lecterns restored by Viollet-le-Duc to match the style of the medieval heads.

Page 137: A bishop removes the host from a monstrance as he prepares to celebrate Mass. This late 15th-century illumination comes from *Le livre de bonnes moeurs* by Jacques Legrand, which was very popular in the Middle Ages. The author describes the duties of bishops and how they must live 'chastely and virtuously'.

with vines on the left bank, near the Bruneau vineyard belonging to the bishop, as a base for its two canonries; King Louis VI completed the donation by giving up his legal right of administration over the land. The Hôtel-Dieu hospital was placed under the jurisdiction of the chapter, which had originally shared control with the bishop; now it had sole control and was responsible for its upkeep. A statute of 1168 ordains that every canon, on his death, should leave the hospital a bed worth 20 sous, along with sheets, a mattress and a pillow. Having mostly private property gave the Hôtel-Dieu the means to help meet the needs of the sick. Outside Paris, the chapter held many seignories in Orly, Châtenay, Bagneux, Suchy, Créteil, Rosoy and other places in Vermandois. The canons visited them several times a year and held assizes or else entrusted their management to a mayor. At the end of the 13th century, the chapter faced serious revolts, particularly in Orly and Châtenay, during which serfs in the villages claimed their freedom. The canons arrested the ringleaders and imprisoned them in Paris, before conceding their freedom in return for a large sum of money.

This 1436 painting by Jan Van Eyck shows Canon van der Paele presented to the Virgin by St George, in St Donatian Cathedral, Bruges. The saint is represented on the left. The canon, who is already old, is dressed in his white silk surplice, carrying a fur amice which he puts over his knees during services to protect him from the cold. In his hands are the glasses he uses to read books of hours and the Bible, showing his knowledge of sacred texts.

The cloister, located on the north-east side of the cathedral, was one of the chapter's core possessions. In 911 it was granted the privilege of immunity by Charles the Simple, and even the bishop only went there if invited to do so. During the Hundred Years' War the bishop was given a key to the door leading to the Seine, for his personal use only. Surrounded by a wall, the cloister housed the churches of Saint-Denis-du-Pas and Saint-Aignan, the baptistery of Saint-Jean-le-Rond, at whose door it was not uncommon to find abandoned children, and, in the early 14th century, 37 canonical houses. Others were located outside the cloister, but all the canons met in the chapter house. From the cloister, the prelates had direct access to the cathedral via the Porte Rouge (red door) and the Porte du Cloître (cloister door). There was access from the enclosure to the outside world via several doors that were securely shut at night. In theory the regulations were strict: the presence of lay people was tolerated under certain conditions, but women were

page 144 ▶

portes qui sont soigneusement fermées la nuit. Les règlements sont en principe stricts : la présence des laïcs est tolérée sous certaines conditions, mais celle des femmes est interdite et elles doivent être expulsées dans les huit jours… Il est interdit d'y tenir taverne ou d'élever des animaux de fantaisie comme les ours, les singes, les cerfs et les corbeaux. Le port d'armes y est prohibé, de même que les injures. Il ne s'agit pourtant pas d'un lieu de paix car de nombreux perturbateurs viennent y « faire carillon », c'est-à-dire vider leur querelle en toute impunité, à l'abri des représailles du prévôt et des sergents royaux puisque ces derniers n'ont pas le droit d'y pénétrer. Les justiciers que sont l'évêque et le chapitre ne sont pas non plus avares de recourir à la force dans leur enclos, car ils ont longtemps fait pratiquer le duel judiciaire. À la fin du XIIe siècle, Pierre le Chantre raconte comment, pour connaître le coupable d'un délit, l'évêque et l'église de Paris font combattre leurs paysans dans la cour de l'hôtel épiscopal ou dans le cloître du chapitre et comment le pape Eugène III les a autorisés à conserver cette coutume. Il semble que le duel judiciaire ait subsisté après son interdiction par saint Louis en 1260, mais il est souvent dit que les premiers coups entre les champions, appelés aussi « coups-le-roi », sont destinés à un arrangement entre les parties, au terme duquel le chapitre prélève une lourde amende !

Les chanoines ne sont pas les personnages incultes qui ont été longtemps décrits. Cette constatation vaut pour l'ensemble des chanoines du royaume de France qui ont pu être recensés entre le XIIIe et le XVe siècle, et cela se vérifie à Notre-Dame de Paris où plus de la moitié d'entre eux ont suivi des études universitaires, les arts libéraux, mais aussi le droit. Les théologiens sont minoritaires, moins de seize pour cent, mais tous les chanceliers de Notre-Dame, qui sont aussi chanceliers de l'Université, sont docteurs en théologie. En principe, pour être chanoine à Notre-Dame comme dans les autres chapitres du royaume, il faut être né de légitime mariage, être un homme libre et avoir reçu les ordres majeurs au moment de la nomination, c'est-à-dire être sous-diacre, diacre ou prêtre, sous peine de ne pas occuper une stalle dans le chœur et de ne pas pouvoir voter au chapitre. En réalité, le chapitre de Notre-Dame compte toujours des chanoines qui restent des clercs mineurs, acolytes, lecteurs, portiers ou exorcistes, ou de simples clercs seulement tonsurés. En 1363, on compte trente-quatre chanoines détenteurs des ordres majeurs, et en 1370, trente-deux : les autres bénéficient de dispenses pontificales. Tel est le cas d'Étienne Aubert, nommé chanoine de Notre-Dame en 1328, dispensé de l'ordination sacerdotale par Jean XXII, qui devient cependant pape sous le nom d'Innocent VI en 1352. Il en est de même de Pierre Roger de Beaufort, chanoine de Notre-Dame à onze ans, en 1340, qui est élu pape en 1370 sous le nom de Grégoire XI, en

PAGE 138 : La clôture sud du chœur est consacrée aux apparitions du Christ après sa Résurrection, à Marie-Madeleine, aux trois Marie, à Pierre, aux disciples d'Emmaüs et aux apôtres qui se montrent ici ébahis.

PAGE 139 : Sur ce tableau de Jan Van Eyck, réalisé en 1436, figure le chanoine van der Paele présenté à la Vierge par saint Georges, dans l'église de Bruges dédiée à l'évêque saint Donatien représenté à gauche. Le chanoine, déjà âgé, revêtu de son surplis blanc en soie, exhibe à son bras l'aumusse en fourrure qu'il pose sur ses genoux pendant les offices pour se protéger du froid, et tient dans ses mains les lunettes dont il se sert pour lire les livres d'heures et la Bible, preuves de sa connaissance des textes sacrés.

DOUBLE PAGE SUIVANTE : Vitrail de la rose ouest illustrant la douceur du berger sous la forme du prophète Ézéchiel.

même temps qu'il est ordonné prêtre. De nombreux chanoines cumulent les prébendes canoniales (environ soixante pour cent d'entre eux) et peuvent aussi être curés de paroisse à Paris ou ailleurs. Ce cumul n'est pas toujours signe d'absentéisme ou de mauvaise gestion des charges, si on en juge par le théologien Jean Gerson qui, au début du XVe siècle, est à la fois chancelier de Notre-Dame et curé de Saint-Jean-en-Grève, et se montre un prédicateur et un réformateur actif. En moyenne, les chanoines restent une dizaine d'années en charge à Notre-Dame avant de poursuivre leur carrière ecclésiastique : plus de vingt pour cent d'entre eux accèdent à l'épiscopat et quatre pour cent à l'archiépiscopat, ce qui montre le prestige dont bénéficient les chanoines de Notre-Dame de Paris parmi les prélats. Les autres terminent leur carrière à Notre-Dame et ils ont en moyenne soixante ans.

Cette sculpture de la clôture nord du choeur, figurant l'entrée du Christ à Jérusalem, peut illustrer la richesse de l'évêque et du chapitre, fondée sur la vitalité d'une population jeune et la conquête de terres gagnées sur les bois.

Les chanoines constituent donc l'élite du clergé parisien et ils défendent avec vigueur leur honneur, celui de la cathédrale et du diocèse de Paris. Leur vêtement en témoigne qui écarte toute fantaisie dans le port du costume : point de fourrure de vair ou de bouclette d'argent, point d'habit court porté au dehors. Point de camail sous la chape de soie pendant que sont dits les offices à Notre-Dame. Pour réciter les heures canoniales dans les stalles de la cathédrale et célébrer les offices, les chanoines portent simplement le surplis et l'aumusse.

L'entretien de la cathédrale

De nombreux clercs sont attachés à la cathédrale. Les grands monastères proches et un certain nombre d'églises y envoient un représentant permanent, soit six clercs au total qui constituent des vicaires perpétuels. Entre cent et deux cents chapelains sont chargés d'assurer le service des trente-deux chapelles qui ont été construites autour du chœur et des bas-côtés entre 1235 et 1330 pour répondre aux besoins des fidèles. Ils sont chargés de célébrer les offices, messes ou prières, que les familles ont fondés pour le repos de l'âme de leurs défunts. D'autres clercs les aident dans cette tâche.

Un important personnel subalterne est chargé de l'entretien de l'église et de la police. Le chevecier, qui est une sorte d'intendant dépendant de l'évêque pour gérer le chevet de l'église, veille sur le trésor, les reliques et les offrandes

page 148 ▶

Le dimanche et les jours de fête, le peuple qui vous est confié afflue à l'église, il prend la forme d'un corps, il se pare de vêtements recherchés et bigarrés, et quand votre regard s'arrête sur l'éclat de ces hommes et de ces femmes, sans doute vous arrive-t-il de vous enorgueillir de ce qu'ils vous soient soumis, et d'être, vous, leur prélat.

On Sundays and feast-days, the people in your care flock to the church en masse. They are wearing their best and most colourful clothing, so that when you behold these men and women in all their glorious splendour, you feel so proud that they are entrusted to you, and that you are, in fact, their bishop.

Sermon de Maurice de Sully, vers 1200

Interior of the sacristy in neo-Gothic style, restored by Viollet-le-Duc after 1850.

prohibited and had to leave within a week. It was forbidden to run a tavern or keep exotic animals such as bears, monkeys, deer and crows. Carrying weapons was prohibited, as was throwing insults. In spite of this it was not a peaceful place because disruptive individuals went there to pursue their quarrels, which they could do with impunity, protected from retaliatory measures on the part of the provost and king's bailiffs, who were not allowed to enter. The bishop and the chapter, as judicial authorities, were no longer eager to resort to force in their enclosures, having long engaged in trial by combat in the past. At the end of the 12th century, Peter Cantor describes how, in order to find the perpetrator of a crime, the bishop and the church of Paris had their peasants fight in the courtyard of the bishop's palace or in the chapter's cloister, and how Pope Eugene III allowed them to retain this custom. It seems that trial by combat survived despite being banned by St Louis in 1260, but it is often said that the first blows between the champions, also called *coups-le-roi*, were intended as a settlement between the parties, after which the chapter levied a hefty fine!

The canons were not poorly educated people, although they have long been depicted as such. This applies to all canons in France recorded between the 13th and 15th centuries, and is the case at Notre Dame de Paris, where more than half of them had a university education, some in the liberal arts, others in law. Theologians were in a minority, less than 16 per cent, but all the chancellors of Notre Dame, who were also chancellors of the university, were doctors of theology. In principle, as with other chapters in France, a canon at Notre Dame had to be born in lawful wedlock, be a free man, and have received major orders when nominated – that is, they had to be a subdeacon, deacon or priest, or they would not be allowed to have a stall in the choir or vote in the chapter. In practice, there were always canons in the chapter of Notre Dame who were still minor clerics, acolytes, lectors, porters and exorcists, or merely tonsured clerics. In 1363 there were 34 canons holding major orders, and in 1370, 32: the others received papal dispensation. This was the case for Étienne Aubert, who was appointed a canon of Notre Dame in 1328 and exempted from the priesthood by Pope John XXII, but nevertheless

PAGE 141: This sculpture from the north choir cloister, depicting the entry of Christ into Jerusalem, illustrates the wealth of the bishop and chapter, stemming from a vibrant young population and the acquisition of land reclaimed from the woods.

PREVIOUS DOUBLE PAGE: Stained glass in the west rose window illustrating the gentleness of the shepherd, represented here by the Prophet Ezekiel.

FOLLOWING DOUBLE PAGE: With its painted decoration and stalls reserved for canons in the chapter house, the sacristy clearly illustrates the medieval mind. On the wall is a collection of 258 cameos portraying all the popes since St Peter. Other rooms contain precious items acquired after the French Revolution.

became Pope Innocent VI in 1352. The same is true of Pierre Roger de Beaufort, who became a canon of Notre Dame aged 11 in 1340. He was elected to the papacy in 1370, taking the name Gregory XI, and ordained a priest at the time of his election. Many canons (about 60 per cent of them) simultaneously drew canonical stipends and held posts as parish priests in Paris or elsewhere; however, this did not necessarily result in absenteeism and mismanagement of office, judging by the theologian Jean Gerson in the early 15th century – as both chancellor of Notre Dame and parish priest of Saint-Jean-en-Grève, he was a preacher and an active reformer. On average, canons spent a decade in office at Notre Dame before continuing their ecclesiastical career: more than 20 per cent of them became bishops and 4 per cent archbishops, which indicates the prestige enjoyed by the canons of Notre Dame de Paris among high-ranking church dignitaries. Others ended their careers at Notre Dame at an average age of sixty.

The canons were an elite among the Parisian clergy, and they vigorously defended their honour, as well as that of the cathedral and of the Paris diocese, as demonstrated by their clothing. They avoided any kind of overly ostentatious dress: not for them fur-trimmed coats or silver stitching, or court dress worn outside. Nor did they wear a mozzetta under a silk cope while saying office at Notre Dame. To recite the canonical hours in the stalls of the cathedral and to celebrate the offices, the canons wore only a surplice and amice.

Upkeep of the cathedral

A large number of clergy were attached to the cathedral. The great monasteries nearby and a number of churches sent a permanent representative, a total of six clerics who were perpetual vicars. Between one and two hundred chaplains were responsible for providing services to meet the needs of the faithful in the 32 chapels built around the chancel and aisles between 1235 and 1330. They were responsible for saying the offices, masses and prayers that families had arranged for their dead relatives. Other clergy assisted them in carrying out these duties.

An important subordinate group was responsible for maintaining the church and its regulations. The *chevecier*, who was a kind of steward responsible to the bishop, administered the *chevet*, watching over the treasury, relics and offerings of the faithful. He looked after the liturgical vestments and the sacred linen, and prepared the equipment and books for ceremonies. He also monitored the work that had been agreed upon by the

page 150 ▶

des fidèles. Il entretient les ornements liturgiques, le linge sacré, et prépare les objets et les livres destinés aux cérémonies. Il surveille aussi les travaux qui ont été décidés par le chapitre, justifie l'emploi des sommes qui lui sont confiées pour entretenir la toiture, le mobilier, les cloches… Il est assisté dans cette tâche par des marguilliers. La marguillerie de Notre-Dame est organisée au début du XIIIe siècle : elle se compose alors de quatre marguilliers clercs et de quatre laïcs, mais bientôt on ne parle plus que de marguilliers laïcs qui dépendent à la fois de l'évêque et du chapitre. Ils assurent la propreté de l'église et sont en particulier chargés du luminaire, d'installer les tentures et courtines, de faire sonner les cloches et d'organiser les obsèques.

Enfin, onze sergents assurent la sécurité de la cathédrale. Ils ferment et ouvrent les portes de l'église et du cloître, assistent à certains offices, régulent les processions. Ce sont les seuls dans ces lieux à être autorisés à porter les armes et ils sont parfois amenés à en user pour maintenir l'ordre. Des voleurs à la glu sont habiles à vider les troncs de la nef, et le parvis est le lieu de prédilection des voleurs. Un écrit anonyme invite d'ailleurs à la prudence celui qui, naïvement, se laisse guider le temps d'une visite dans la cathédrale : il peut, en touriste badaud, tomber sur un malin qui le distrait en lui montrant les rois sur la façade : « Voici Pépin, voilà Charlemagne ! », et il coupe la bourse par derrière ! Il faut donc prendre garde, d'autant que la population alentour est turbulente, en particulier du côté du port Landry, autour de la rue Glatigny où les prostituées sont nombreuses quoique théoriquement surveillées sur ordre du roi. Enfin, à la pointe de l'île, la « motte aux papelards » formée par l'accumulation des débris de l'ancienne cathédrale et des immondices, sert de rendez-vous aux truands.

De nombreux conflits entre les prélats de Notre-Dame

L'exercice des pouvoirs en un même lieu et l'émulation qui l'accompagne, entraînent de nombreux conflits entre l'évêque et les chanoines. Chacun de son côté tient pourtant ses comptes avec soin. Les revenus des biens du chapitre destinés au service général de la cathédrale sont divisés en huit comptes auxquels sont affectés autant de types de dépenses, et ils sont placés sous la responsabilité d'un ou plusieurs chanoines. Il en est ainsi du compte de vin, du compte du pain, du compte des offices des heures, de celui des matines et anniversaires où figurent même des jetons de présence. Le compte de la chambre, administré par deux chanoines faisant office de camériers pendant un an, est le plus important. Il s'agit de gérer les distributions

PAGE 144 : Intérieur de la sacristie de style néogothique, reconstruite par Viollet-le-Duc dès 1850.

DOUBLE PAGE PRÉCÉDENTE : Par sa décoration peinte et ses stalles réservées aux chanoines dans la salle capitulaire, la sacristie respecte parfaitement l'esprit médiéval. Au mur, collection de deux cents cinquante-huit camées au portrait des papes depuis saint Pierre. D'autres salles renferment le trésor constitué après la Révolution.

d'aliments ou stations destinées aux clercs et au personnel domestique qui participent aux offices religieux. Viande de bœuf, de porc ou de mouton, volailles et gâteaux sont soigneusement répartis, puis ils sont peu à peu remplacés par une somme d'argent. La chambre s'occupe aussi de l'entretien de la cathédrale et des bâtiments capitulaires du cloître. Une fois la grande période de construction close avec la mise en service des chapelles qui bordent la nef et le chœur, il s'agit d'entretenir le bâtiment. Ce n'est pas une mince affaire ! Car si les petits travaux, achat de clefs, de tapis, d'ornements, peinture des statues, réparation des lutrins ne présentent pas de difficultés, il n'en va pas de même du pavement de la nef et des rues du cloître, de la réparation du beffroi et des cloches, de la fourniture de plomb pour l'étanchéité de la toiture… Ces gros travaux sont le plus souvent confiés à un architecte spécialisé, tel Raymond du Temple qui, pendant près de quarante ans, à partir de 1360, gère les maisons canoniales et le cloître, en même temps qu'il fait office d'architecte du roi.

Dans l'un des écoinçons du portail de la Vierge se loge l'un de ces artisans qui ont construit puis entretenu la cathédrale médiévale.

Le chapitre nomme tous les ans deux chanoines « proviseurs de la fabrique » pour gérer les fonds communs, ce qui est appelé « l'œuvre Notre-Dame ». Mais les prérogatives du chapitre en la matière entrent en concurrence avec celles de l'évêque. Les conflits portent surtout sur le luminaire, placé sous la responsabilité du chevecier, qui se présente sous des formes diverses, lampes à huile, chandelles de suif, simples chandelles, bougies et cierges, torches ou faisceaux de chandelles. Un règlement édicté au XIIe siècle en précise l'importance : un cierge doit brûler en permanence devant l'autel de la Sainte-Trinité et deux devant celui de la Vierge. Quatre cierges sont allumés là où on célèbre l'office, un autre dans le chœur, et des chandelles doivent éclairer les livres liturgiques. Lors des grandes solennités et des fêtes, le nombre des cierges peut être multiplié par trois ou quatre, et l'officiant, les marguilliers, mais aussi les dignitaires et les chanoines en reçoivent un certain nombre selon un rituel minutieusement fixé. On se chicane sur le nombre, le poids et la qualité de la cire. D'après le règlement, les cierges de l'autel doivent peser une livre et être faits de cire convenable, mais le chapitre se plaint de leur qualité et prétend qu'ils sont faits de « mauvaise et vile cire » ! À l'inverse, l'évêque réclame aux chanoines de participer au luminaire… Enfin, les clercs

page 152 ▶

chapter, accounting for the use of money entrusted to him in order to maintain the roof, furnishings, bells and so on. Wardens assisted him in this task. The system of wardens in Notre Dame was established at the beginning of the 13th century. At that point it consisted of four wardens who were members of the clergy and four laymen, but soon only lay wardens, responsible to both the bishop and chapter, are mentioned in the sources. They ensured that the church was kept clean and were specifically responsible for lighting, installing drapes and curtains, bell-ringing and organizing funerals.

Finally, 11 sergeants ensured the security of the cathedral. They opened and closed the doors of the church and the cloister, assisted with certain offices and controlled processions; they were the only individuals in Notre Dame allowed to carry weapons, which they were sometimes obliged to use to maintain order. Thieves emptied the collection boxes in the nave with the aid of glue, and the forecourt was also a favourite venue for felons. An anonymous writer urged caution on the part of those who naively allowed themselves to be shown round during a visit to the cathedral. The unwary tourist might come across a rogue who would distract him while showing him the kings on the façade – 'This one is Pepin and that one is Charlemagne!' – and then come up behind him and steal his purse! It paid to be careful, particularly since the local population was rough and ready, especially towards the Porte Landry around rue Glatigny – here, prostitutes were numerous, though theoretically supervised by order of the king. Finally, at the tip of the island, the Motte aux Papelards, formed by the accumulation of refuse and debris from the old cathedral, was a regular haunt of criminals.

Conflicts between the prelates of Notre Dame

The amount of power exercised in a single place and the competition that went with it led to many conflicts between the bishop and canons. Each kept their own accounts carefully. Income from chapter property intended for general use in the cathedral was divided into eight accounts to cover eight different categories of expenditure, and was entrusted to the keeping of one or more canons. These included an account for wine and for bread, for the office of hours, for matins, and for anniversaries, for which there were attendance fees. The chamber accounts, administered by two canons holding the office of *camerlengo* for a year, were the most important and involved managing the distribution of board and lodging for clerks and domestic staff taking part in religious services. Beef, pork or mutton, poultry and cakes

PAGE 149: One of the craftsmen who built and maintained the medieval cathedral, portrayed in a corner piece of the Portal of the Virgin.

were scrupulously distributed, though this system was gradually replaced by a sum of money. Once construction work ended with the commissioning of the chapels along the sides of the nave and the choir, the chamber canons also became involved in maintaining the cathedral and the chapter buildings of the cloister. This was no easy task, for while the small jobs – such as purchasing keys, carpets and ornaments, painting statues or repairing lecterns – presented no difficulties, this was not the case for the floor of the nave and the paving of the cloister, repair of the belfry and bells, or the supply of lead for waterproofing the roof. Large jobs such as these were usually entrusted to a specialist architect such as Raymond du Temple, who managed the canonical houses and the cloister for nearly 40 years from 1360, while acting as architect to the king.

Candlelight in the aisles of the cathedral. This crucifix was a gift from Napoleon III.

The chapter annually appointed two canons as provisionaries of the fabric to manage common funds, called the *œuvre* Notre Dame. Yet the prerogatives of the chapter in this area came into conflict with those of the bishop. The conflicts mostly revolved around the lighting, which was the responsibility of the *chevecier*. Lights came in various forms: oil lamps, tallow candles, simple candles, bougies, cierges (wax tapers), torches or bunches of candles. A regulation passed in the 12th century specifies their importance: one cierge had to burn permanently before the altar of the Holy Trinity and two before the altar of the Virgin. Four cierges were lit where the office was celebrated, another in the choir, and candles had to be used to illuminate liturgical books. During major celebrations and feasts, the number of cierges was multiplied three- or fourfold, and the celebrant, the wardens, the dignitaries and the canons received a number of them according to a carefully prescribed ritual. There were disputes over their number, their weight and the quality of the wax. According to the regulation, the cierges on the altar had to weigh a pound and be made of suitable wax, but the chapter complained about their quality and claimed that they were made from cheap wax. Conversely the bishop required the canons to contribute to the cost of the candles. Hence the clergy would pull out

page 156 ▶

s'arrachent les restes des cierges quand ils doivent être changés, car le profit n'est pas mince : certains cierges atteignent deux mètres cinquante de haut et pèsent jusqu'à cent kilos, or ils doivent être changés quand ils atteignent moins d'un pied, ce qui laisse de beaux restes ! La compétition est aussi très vive lors des sépultures qui ont lieu à Notre-Dame, car elles donnent l'occasion de cérémonies fastueuses. En 1379, lors de l'enterrement d'un chanoine de la cathédrale, trois cent trente-huit livres de cire sont prévues, or une petite partie seulement, environ un septième, est brûlée. Pour le reste, c'est la curée !
Le parvis de la cathédrale est l'objet d'une âpre concurrence. Elle est particulièrement vive sous l'épiscopat d'Étienne Tempier (1268-1279) qui supporte mal les velléités d'autonomie du chapitre. L'affaire est portée devant le Saint-Siège. Le chapitre obtient gain de cause et reçoit la juridiction civile et criminelle sur le parvis, sauf la justice des chandelles qui est confiée à l'évêque. Mais le chapitre obtient de conserver la connaissance du vol des chandelles quand il est commis par l'un de ses suppôts… L'enjeu est plus fort qu'il n'y paraît : le commerce des chandelles est très actif sur le parvis car la vente de cire est interdite à l'intérieur de l'église.
Le chapitre de Notre-Dame défend donc vivement ses droits face aux prétentions de l'évêque et à celle des marguilliers, et il a très souvent gain de cause. Dès la seconde moitié du XIIIe siècle, il règle le service des marguilliers, qui lui prêtent serment de fidélité. Il contrôle le partage des dépouilles funéraires, en ne cédant aux marguilliers que le « lit garni » sur lequel le défunt a été porté dans la cathédrale, tandis que la fabrique obtient les parures et autres décorations. En 1283, un accord avec l'évêque répartit les juridictions, les offrandes et la fourniture du luminaire. Ce règlement, extrêmement minutieux, ne met pas fin au conflit qui éclate violemment à l'occasion du service funèbre célébré en l'honneur du pape Jean XXII décédé à Avignon le 4 décembre 1334. L'évêque Guillaume de Chanac, soucieux de faire prévaloir ses droits, fait emporter par ses gens le drap de soie qui a servi à la cérémonie, ainsi que cent vingt-quatre torches de cire de dix livres chacune. Aucun règlement amiable n'est possible. Les chanoines portent l'affaire devant le Parlement, qui statue en leur faveur. Mais l'évêque refuse d'obtempérer et de rendre luminaire et drap de soie. Le Parlement menace l'évêque d'une forte amende. Cette intervention de la justice royale risque de créer un précédent et les deux parties choisissent finalement de recourir à un arbitre. Le 5 novembre 1335, l'évêque reconnaît que « les personnes du chœur de Notre-Dame et tous leurs gens » sont exempts de sa juridiction, désavoue ses avocats et procureurs qui avaient dit le contraire, mais conserve ses droits sur le chevet.

PAGE 151 : Lumière de cire sur les bas-côtés de la cathédrale. Le Christ en croix est un don de Napoléon III.

DOUBLE PAGE SUIVANTE : Les clercs organisent la vie religieuse comme le montre la scène du mariage de la Vierge au portail Sainte-Anne, dont le sacrement, réalisé en public et à l'église, doit servir de modèle aux fidèles.

L'ÉVÊQUE DES INNOCENTS ET LA FÊTE DES FOUS

Comme ces juges figurant au portail Saint-Étienne, les prélats de Notre-Dame sont fiers de leur dignité et exercent leur pouvoir avec autorité.

Le pouvoir des prélats s'impose à une foule de jeunes clercs. Comme dans de nombreuses cathédrales d'Occident, chaque année, il est de tradition à Notre-Dame que ces jeunes clercs inversent ce pouvoir. Ils nomment parmi les choristes un prélat festif qui siège aux côtés de l'évêque pendant la période qui s'étend des Saints-Innocents, le 28 décembre, à la fête de la Circoncision, le 6 janvier. La première attestation de cette fête à Notre-Dame date de 1198, quand, à la demande du cardinal Pierre de Capoue, l'évêque Eudes de Sully doit réformer l'office du Ier janvier. Le texte condamne les excès d'une fête jugée profane et la parodie de liturgie qui transformerait la procession en cavalcade, éventuellement à l'extérieur de la cathédrale : « Nous interdisons qu'on fasse des poèmes rythmiques, des représentations dramatiques… que le maître de la fête ne soit pas conduit à l'église ou reconduit chez lui avec des chants et en procession ». Mais l'évêque accepte, de fait, la présence de ce jeune prélat à ses côtés, à condition de l'encadrer par les chanoines : « Dans le chœur, il revêtira sa chape, sera assisté de deux chanoines sous-diacres et, le bâton du chantre à la main, avant que ne commencent les vêpres, il entonnera la prose *Laetamur gaudiis*. L'évêque, s'il est présent, ou le doyen en son absence, ou le chapelain de l'évêque en l'absence des deux, commencera les vêpres qui devront être célébrées avec ordre et solennité. »

Qui est ce maître de la fête à la fois fustigé par les autorités et reconnu par elles ? Un évêque des Innocents, du nom des enfants martyrs dont l'évangile de Matthieu raconte le massacre par Hérode ? Un évêque des fous qui tend à se confondre, dans certaines cathédrales, avec l'évêque des Innocents ? À Notre-Dame, le texte laisse à penser qu'il s'agit plutôt d'un jeune ayant pris pour un temps la place du chantre, et par conséquent dirige les chœurs et se recrute parmi les choristes. Son titre importe peu : l'heure est à l'inversion et on peut supposer que le jeune prélat est tenté de prononcer des sermons parodiques tandis que les offices donnent lieu à des farces. On sait par d'autres témoignages que les clercs mangent alors sur l'autel, dansent, et font brûler de vieilles savates dans l'encensoir pour que se dégage une odeur nauséabonde !

page 158 ►

A fool, with a bowl and a kind of club that will later come to typify the court jester, illuminates the letter D of a 14th-century breviary. These accoutrements are a parody of the royal and episcopal symbols of power.

the remains of the cierges when they were due to be changed, as there was a far from insignificant profit to be made. Some candles were 2.5 m (8 ft) in height and weighed 100 kg (225 lb) but had to be changed when they were less than a foot high, leaving a fair amount of wax to be taken. The competition was fierce during burials that took place at Notre Dame, because they involved lavish ceremonies. In 1379, during the funeral of a canon of the cathedral, 338 pounds of wax were provided, but only a small portion, about one seventh of this, was actually burned. The remainder was up for grabs.

The cathedral square was the subject of fierce competition. This was particularly animated during the episcopate of Étienne Tempier (1268–79), who resented the chapter's desire for autonomy. The case was brought before the Holy See. The chapter won and was granted civil and criminal jurisdiction over the square, except for jurisdiction over candles, which was entrusted to the bishop. Yet the chapter managed to learn about the theft of candles carried out by one of his henchmen… The stakes were higher than they seemed: trade in candles was brisk on the square because the sale of wax was prohibited inside the church.

The chapter of Notre Dame strongly defended its rights against the claims of the bishop and of the churchwardens, and very often succeeded. By the second half of the 13th century, it regulated the service of the wardens, who took an oath of allegiance to the chapter. It controlled the division of funerary effects, only granting the wardens the furnished bed on which the deceased was carried into the cathedral, while the provisionaries of the fabric were granted the ornaments and other decorations. In 1283 an agreement with the bishop divided jurisdiction, offerings and provision of lighting. While this regulation was extremely thorough, it did not stop the conflict that erupted violently during the funeral service held in honour of Pope John XXII, who died in Avignon on 4 December 1334. Bishop Guillaume de Chanac, anxious to assert his rights, had his servants remove the silk sheet used for the ceremony, along with 124 wax torches weighing 4.5 kg (10 lb) each. No amicable settlement was possible. The canons brought the matter before the Parlement de Paris, which ruled in their favour; but the bishop refused to return the lighting and the silk sheet. The Parlement threatened the bishop with a huge fine. This intervention by the royal court could have set a precedent and the two parties finally chose to

PAGE 153: Like these judges on the St Étienne portal, the prelates of Notre Dame were proud of their rank and status, combining power and authority.

PREVIOUS DOUBLE PAGE: The clerics organized religious life, as can be seen in the wedding scene of the Virgin on the Portal of St Anne, in which the sacrament, which takes place publicly in church, serves as a model for the faithful.

resort to arbitration. On 5 November 1335 the bishop acknowledged that members of the choir of Notre Dame and all their people were exempt from his jurisdiction, disowned his lawyers and prosecutors who had said the opposite, but retained his rights over the *chevet*.

The Bishop of the Innocents and the Feast of Fools

The power of the prelates held sway over a host of young clergy; however, as in many cathedrals in the west, there was an annual tradition at Notre Dame during which this was reversed and the young clergy held sway instead. They appointed a festival prelate from the choristers, who sat alongside the bishop during the period from the Feast of the Holy Innocents on 28 December until the Feast of the Circumcision on 6 January. The first evidence of this feast at Notre Dame dates from 1198 when, at the request of Cardinal Peter of Capua, Bishop Eudes de Sully was obliged to carry out reform of the office of 1 January. The text condemns the excesses of a feast considered profane and the parody of the liturgy that transformed the procession into a riotous parade, possibly outside the cathedral: 'We forbid the use of rhythmic poetry or dramatic performances… the master of the feast is not to be led into the church or taken home in procession to the accompaniment of singing.' But the bishop in effect accepted the presence of the young prelate at his side, provided that he was under the control of the canons: 'In the choir, he will put on his cope, he will be assisted by two subdeacons, canons, and with the cantor's stick in his hand, before vespers begin, he will intone the prose *Laetamur gaudiis*. The bishop, if present, or the dean in his absence, or the chaplain of the bishop in the absence of these two, will begin vespers, which will be celebrated with due order and solemnity.'

Who was this master of the feast denounced by the authorities and yet at the same time acknowledged by them? A bishop of the Innocents, named after the martyred children whose massacre by Herod is described in Matthew's gospel? A bishop of Fools who, in some cathedrals, was muddled with the bishop of the Innocents? At Notre Dame, the text suggests it was a young person chosen from the choristers, who replaced the cantor for a time and consequently directed the choir. His title is irrelevant: it is a moment of role reversal and we can assume that the young prelate produced parodied sermons while the offices resulted in farce. We know from other evidence that the clergy ate at the altar, danced, and burnt old slippers in the censer so that it gave out a foul smell! The child choristers moved into the top stalls;

page 161 ▶

Page 156 : Un fou muni d'un bol et d'une sorte de gourdin qui deviendra la marotte du fou de cour, enlumine la lettre D d'un bréviaire du XIVe siècle. Ses attributs sont la parodie des insignes du pouvoir, qu'il soit royal ou épiscopal.

Page 160 : Ce clerc figurant au portail Sainte-Anne porte la coule, ample manteau aux larges manches et muni d'un capuchon, caractéristique de l'habit monastique.

Les enfants de chœur s'installent dans les stalles hautes… L'ordre hiérarchique et celui des âges sont bien inversés. Pourtant le rituel n'est pas interdit : il se poursuit avec l'aval de l'évêque et du chapitre à condition d'être encadré par leur présence. Il faut attendre les mesures prises en 1445 par la faculté de théologie à Paris pour que la fête soit réprimée, puis disparaisse au XVIe siècle. Ce rituel est, à sa façon, aux origines du théâtre. Les acteurs prennent la cathédrale pour scène et les prélats pour personnages satiriques, au moins dès la construction de Notre-Dame au XIIe siècle et peut-être avant. La liturgie, qui fait l'honneur de la cathédrale, se fonde en même temps qu'elle est poussée aux extrêmes du risible. Il en est de même de la hiérarchie ecclésiastique qui est bruyamment contestée et même totalement inversée pour être ensuite mieux acceptée. Ce prélat festif garantit à sa manière l'ordre existant à Notre-Dame, en même temps que la place et les devoirs de chacun des âges de la vie dans la société chrétienne.

Malgré ses rivalités, le clergé de la cathédrale est fortement conscient de son ordre et de sa préséance, qu'il manifeste ouvertement et rituellement. Dans leurs testaments, ceux qui ont été évêques ou chanoines de Notre-Dame de Paris n'omettent pas de le rappeler, et cette indication figure aussi dans l'obituaire de la cathédrale. Chaque chanoine porte sur son sceau, à côté de son nom, la mention *can. par.*, chanoine de Paris. La fierté de ces prélats dans la ville se manifeste lors des processions, cortèges, enterrements royaux ou princiers. Le chapitre tient à défiler en tête, sur la droite, derrière son doyen, tandis que l'Université de Paris vient ensuite, sur la gauche, derrière son chancelier. Les autres corps, Parlement de Paris, Chambre des comptes, et les autres membres du clergé parisien suivent. Tout désordre dans cette préséance crée des conflits, et le prévôt de Paris, Hugues Aubriot, faillit le payer de sa vie quand, aux obsèques du roi Charles V, le 24 décembre 1380, il voulut régler par la force et en faveur du chapitre le différend qui opposait les chanoines à l'Université de Paris pour savoir qui défilerait en premier et serait « au plus près du corps du roi ».

Un homme atteint de mélancolie risque de sombrer dans la folie.

This cleric, featured on the Portal of St Anne, is wearing a cowl, a voluminous cloak with wide sleeves and a hood, characteristic of the monastic habit.

hierarchy of rank and age were completely reversed. Yet the ritual was not prohibited, but continued with the approval of the bishop and the chapter provided they were present to supervise it. It was not until measures were taken in 1445 by the Faculty of Theology in Paris that the feast was suppressed, and it disappeared completely in the 16th century.

The ritual represents, in its way, the first emergence of theatre. Those involved used the cathedral as a stage and the bishops as satirical figures, at least from the construction of Notre Dame in the 12th century and perhaps earlier. The liturgy, while honouring the cathedral, would sometimes take it to ludicrous extremes. The same is true of the ecclesiastical hierarchy, which was noisily challenged and even completely reversed so that it would subsequently be more readily accepted. In this way the festival prelate ensured the preservation of the existing order at Notre Dame, along with the position and duties of all the different age groups living in Christian society.

Despite their rivalry, the cathedral clergy were highly conscious of their order and precedence, which they demonstrated openly and via rituals. In their wills, those who were bishops and canons of Notre Dame de Paris constantly remind us of this and there is clear evidence in the cathedral obituary. Each canon had on his seal, next to his name, the words *can. par.*, meaning canon of Paris. The pride of the prelates in the city can be seen from the processions, parades and royal or noble funerals. The chapter would process at the front, behind its dean, while the University of Paris followed next, on the left, behind its chancellor. Other bodies, the Parlement de Paris, the Chambre des Comptes and other members of the Paris clergy came next. Any change of order in this precedence created conflicts, and it nearly cost the Provost of Paris, Hugues Aubriot, his life when, at the funeral of King Charles V on 24 December 1380, he wanted to settle by force (and in favour of the chapter) the dispute between the canons and the University of Paris over who would head the procession and thus be closer to the body of the king.

PAGE 159: A melancholic man who appears to be veering towards madness.

Notre-Dame et les fidèles

Notre Dame and the faithful

La cathédrale sert à l'édification des fidèles. Mais ne nous y trompons pas : elle est d'abord une célébration de la gloire de Dieu et elle est destinée en priorité à magnifier l'Église et les clercs. Comme le disent les théologiens, les laïcs ne peuvent pas pleinement percevoir la parole divine. Pourtant, entre le XIIIe et le XVe siècle, ils ont envahi la cathédrale. Les clercs ont dû s'isoler pour bien marquer leur différence, d'où la construction du jubé et de la clôture qui s'achèvent vers 1370. À l'inverse, des chapelles sur les bas-côtés agrandissent la nef où les fidèles peuvent se rassembler pour prier. La cathédrale contribue donc à approfondir le sentiment religieux des Parisiens.

Double page précédente : Façade de la cathédrale avec vue sur les deux tours qui, de leur hauteur de soixante-neuf mètres, dominaient la ville.

Une cathédrale pour enseigner aux clercs

À côté des prélats qui administrent la cathédrale, les clercs sont nombreux à fréquenter Notre-Dame. Au fur et à mesure que la ville s'étend et que sa population s'accroît, le nombre des paroisses augmente. Il se stabilise au début du XIVe siècle, avec trente-cinq églises paroissiales, au moment où la population de la ville, avec deux cent mille habitants, est à son zénith et en fait la plus grande ville d'Occident. Pour encadrer ces très nombreux fidèles, Paris compte un nombre important de membres du clergé, séculiers mais aussi réguliers, soit au moins quinze pour cent de la population totale. Mais la cathédrale doit surtout veiller sur les jeunes clercs qui sont juste tonsurés et entreprennent des études à Paris. Ils sont environ dix mille vers 1300. Leurs grades leur sont conférés sous responsabilité du chancelier, donc par le chapitre de Notre-Dame, qui a seul le droit d'accorder la licence d'enseigner, la *licencia docendi*.

Les étudiants des écoles parisiennes et leurs maîtres bénéficient aussi d'une grande autonomie. Ils sont rassemblés, depuis le début du XIIIe siècle, en une corporation qui les unit sous le nom d'Université de Paris. Ses statuts sont reconnus en 1215 par Robert de Courson, un ancien chanoine de la cathédrale, devenu légat du pape ; puis, en 1231, le pape Grégoire IX confère à l'Université un certain nombre de privilèges, en même temps que, par la bulle *Parens Scientiarum*, il la déclare « mère des sciences », et de ce fait réglemente les livres qui peuvent être étudiés à Paris. Au moment où se développe un certain nombre d'hérésies, en particulier l'hérésie cathare, le pape est soucieux que Paris montre l'exemple d'un enseignement théologique rigoureux. L'influence de la philosophie antique, sous la forme des écrits d'Aristote, n'est pas rejetée, mais elle est contrôlée.

Cet extrait du manuscrit d'un collège parisien à la fin du XIVe siècle, donne une idée de la jeunesse des étudiants, clercs portant la tonsure et l'habit long. Des statuts rigoureux réglementent leur vie placée sous la vigilance de la Vierge.

L'Université est alors divisée en quatre facultés, chacune dirigée par un recteur, celle des arts (lettres et sciences) qui rassemble les étudiants débutants entre treize et vingt ans, celle de théologie, la plus réputée, où les docteurs, peu nombreux, ont une quarantaine d'années, celle de médecine, et celle de droit où on n'enseigne que le *Décret* ou droit canon, celui de l'Église. La faculté des arts, où se déroule le premier stade des études, est particulièrement turbulente. De nombreux étudiants venus de toute la chrétienté s'y regroupent en « nations ». La plupart d'entre eux s'arrêtent à la maîtrise ès arts et ne poursuivent pas pour obtenir la licence et le doctorat. Mais les déviances peuvent y être nombreuses au contact de la philosophie, car les artiens pratiquent la méthode dialectique qui donne naissance à la scolastique, et, à côté des textes bibliques, étudient les écrits aristotéliciens, l'*Éthique* comme la *Politique*. La cathédrale porte dans la pierre la marque de cette obsession : les sept arts libéraux que sont la grammaire, la rhétorique, la dialectique pour le *trivium*, et l'arithmétique, la géométrie, la musique et l'astronomie pour le *quadrivium*, figurent au centre de la façade, sous le socle de la statue du Christ enseignant, au trumeau du portail du Jugement dernier. Pour les clercs, mais aussi pour les laïcs qu'ils sont amenés à encadrer, l'au-delà se joue donc dans la qualité d'un enseignement qui est affirmé comme fondateur.

La cathédrale n'est pas seule à encadrer l'enseignement qui se fait à Paris. Elle est concurrencée par les ordres mendiants qui sont très actifs au milieu du XIIIe siècle, en particulier grâce à Thomas d'Aquin pour les dominicains et à Bonaventure pour les franciscains. L'Université acquiert surtout une grande autonomie par rapport à l'évêque et au chapitre. Le pouvoir du chancelier tend à être concurrencé par celui du recteur de la faculté des arts. Au XIIIe siècle, Étienne Tempier, quand il occupe le poste de chancelier, entre en procès avec les régents des facultés au sujet de la concession des diplômes. Devenu évêque en 1268, il soutient les condamnations qui sont prononcées en 1270 et 1277 contre les artiens et certains théologiens, à propos de leur interprétation d'Aristote. Mais les étudiants n'hésitent pas à faire grève à plusieurs occasions pour se faire entendre aussi bien de

page 170 ▶

Although the cathedral was built partly for the edification of the faithful, its main purpose was the glorification of God and his Church, and of course of the clergy. Lay people, so the theologians claimed, could not fully experience the Divine Word; however, between the 13th and 15th centuries, the common people of Paris made free use of the cathedral. The rood screen was constructed in order to isolate the clerics from the lay people; it was completed by about 1370. At the same time, chapels added to the aisles increased the width of the nave, where the faithful could gather to pray. The cathedral thus helped to strengthen the religious feelings of the people of Paris.

Pages 162–163: A view of the two towers on the west façade of the cathedral. At 69 m (226 ft) high, they dominate the city.

Page 165: This extract from the manuscript of a Parisian college in the late 14th century gives an idea of the youth of the students, tonsured clerics in full habits. Strict laws govern their lives, which take place under the watchful care of the Virgin.

A cathedral for teaching the clergy

Besides the prelates who were responsible for administering the cathedral's affairs, many other clerics frequented Notre Dame. As the city and its population grew, the number of parishes increased; however, this growth stabilized by the beginning of the 14th century, when the population of Paris had reached a peak. With 200,000 inhabitants, it had become the largest city in the West. To manage the many faithful among the citizens, Paris appointed large numbers of clergy, sourced from the lay clergy as well as those in orders, probably amounting to at least 15 per cent of the total population. The cathedral therefore had care of many young clergymen, recently tonsured and taking up their studies in Paris; by 1300 there were 10,000 of them. The chancellor, a legal official of the Church and hence the chapter of Notre Dame, was responsible for conferring grades on the students, the chapter itself enjoying the sole right to grant the licence to teach, the *licencia docendi.*

The students and their masters in the Paris Schools enjoyed considerable autonomy. At the beginning of the 13th century they formed a corporation under the aegis of the University of Paris, whose statutes were recognized in 1215 by Robert de Courson, a former cathedral canon who had become a papal legate. In 1231 Pope Gregory IX conferred a certain number of privileges on the university, declaring it the 'mother of the sciences' in a papal bull known as *Parens Scientiarum*, and in so doing acquired the power to stipulate which books could be studied in Paris. At a time when heresy was spreading, in particular Catharism, the pope was anxious that Paris should set a standard of rigorous theological teaching. The influence of classical philosophy in the form of the writings of Aristotle may not have been wholly repudiated, but it was controlled. At that time, the university was divided into four faculties, each directed by a rector: the Faculty of Arts (sciences and letters) for undergraduate students

FOLLOWING DOUBLE PAGE: The Last Judgement portal contains a wealth of iconography. At the centre of the tympanum, Christ appears in judgement to announce the Apocalypse, but also as the redeemer with the stigmata of the Passion on his hands. Angels display the instruments (cross, nails, lance) responsible for these, while the crowned Virgin and St John kneel in intercession. This is the moment of salvation. On the upper lintel, St Michael is weighing souls, accompanied on one side by those chosen for salvation in the bosom of Abraham, at the bottom of the second arch. On the other side are the damned for whom the jaws of hell are looming. On the lower lintel, angels sounding the trumpet announce the Resurrection of the Dead. On the pier is the head of Christ the *Beau Dieu* reconstructed by Viollet-le-Duc. The message is clear: it shows what can happen after death, but that it is possible, through the sacrifice and teaching of Christ, to attain salvation.

between 13 and 20; the Faculty of Theology, the most prestigious, where those with doctorates, very few in number, were in their forties; the Faculty of Medicine; and the Faculty of Law, which taught solely canon, or Church, law. The Faculty of Arts, in which students began the first stage of their studies, was particularly troublesome. Large numbers of students, coming from all over Christendom, were grouped into 'nations'. The majority took their studies no further than Master of Arts, not continuing to the Baccalaureate or the doctorate. Nevertheless, many disagreements could arise once the students came into contact with philosophy, when they engaged in logic, the method of reasoning and argument that gave birth to scholasticism. Besides biblical texts, they also studied the writings of Aristotle, including *Ethics* and *Politics*. In fact, the cathedral has a permanent reminder of this in stone: the seven liberal arts – grammar, rhetoric and logic comprising the Trivium, and arithmetic, geometry, music and astronomy comprising the Quadrivium – are depicted in the centre of the Last Judgement portal in the west façade, on a pedestal beneath the standing figure of Christ preaching. For the clerics, and for the lay people they were trained to educate, the afterlife was a concept to be taught and the act of teaching was regarded as fundamental. However, the cathedral was not the only educational institution in Paris. There was competition from the mendicant orders, which were very active in the mid-13th century, thanks in particular to Thomas Aquinas for the Dominicans and Bonaventure for the Franciscans. The university gained considerable autonomy compared to the bishop and the chapter. The power of the chancellor was often challenged by the rector of the Faculty of Arts. In the 13th century Étienne Tempier, in his position as chancellor, became embroiled in legal proceedings with the regents of the faculties on the question of granting qualifications. Having become bishop in 1268, he supported the judgements pronounced in 1270 and 1277 against the *artiens* and certain theologians on account of their interpretation of Aristotle. However, on several occasions, the students had no scruples about going on strike to make themselves heard both by the bishop and by the king's representative, the provost, who both had great difficulty in containing this turbulent and sometimes irreverent group.

An angel praying, arms raised in supplication, on the Portal of St Anne. The faithful could say their prayers standing, especially in the nave, or kneeling, with their hands joined, in the chapels.

page 174 ▶

l'évêque que du représentant du roi, le prévôt de Paris, qui ont l'un et l'autre du mal à contenir cette population bruyante et parfois facétieuse.

PAGE 167 : Ange du portail Sainte-Anne en position de prière, les bras levés, sous la forme de l'orant. La prière des fidèles peut se faire debout, surtout dans la nef, ou à genoux, les mains jointes, dans les chapelles.

Une cathédrale pour chanter

La cathédrale est faite pour chanter : elle est aussi en ce sens fille des arts libéraux. La magnificence du bâtiment est conçue pour permettre d'accueillir les chants polyphoniques qui se développent à la fin du XIIe siècle. Les clercs de la nouvelle cathédrale veulent réformer les offices en donnant plus d'ampleur à la messe et aux vêpres, et plusieurs pièces musicales sont associées aux grandes fêtes des saints comme la Saint-Étienne ou la Saint-Denis, ainsi qu'aux fêtes de Noël, de Pâques ou de l'Assomption. Des chants, ou *organa*, à deux, trois et quatre voix sont alors inventés par les chantres de la cathédrale qui fondent l'École de Notre-Dame sous l'influence de Léonin et Pérotin qui ouvrent la voie au motet. Leurs vocalises sont réputées dans l'ensemble de l'Occident. Des traités définissent les principes de cette nouvelle musique au cours du XIIIe siècle, en particulier sous la plume de Jean de Garlande, vers 1240. Leurs auteurs sont des maîtres ès arts, à la fois musiciens, poètes et grammairiens. Ils s'inspirent de la rhétorique pour rédiger une musique mesurée fondée sur le rythme, la notation et le style. Ils mettent au point des techniques d'ornementation et d'embellissement, en particulier par le moyen de la répétition qui est conçue comme un ornement de style. Un petit orgue soutient le chant choral, puis, en 1240, un orgue plus important est placé au transept. Il est remplacé en 1403 par celui qu'offre le duc de Berry : la maîtrise des enfants de chœur de Notre-Dame est alors dans toute sa puissance pour célébrer l'*Ars nova* que Guillaume de Machaut a introduit au milieu du XIVe siècle depuis la cathédrale de Reims. Seuls des clercs virtuoses peuvent réaliser ces performances : ceux de Notre-Dame ont reçu la formation nécessaire. Ayant étudié à l'Université de Paris, ils connaissent parfaitement la langue latine et sont maîtres de leur mémoire. Ils dominent aussi la versification qui prévaut alors dans tous les domaines et sert d'appui à la mémorisation. Ils savent à la fois chanter et se souvenir. Dans quel but ? Il faut, comme l'écrit Jean de Garlande dans son traité *De la mesure de la musique*, rendre les passages musicaux attrayants et développer « la beauté du son par l'intermédiaire de quoi le sens de l'ouïe prend plaisir ». La beauté des sons rejoint alors celle des corps que magnifient les sculptures de la cathédrale. Adam et Ève, dont les statues ornent alors le transept intérieur sud, témoignent certes d'un paradis perdu, mais leurs corps suivent les critères de beauté qui prévalent dans le monde aristocratique médiéval : corps élancé, finesse des traits et blancheur de peau.

Double page précédente : Le portail du Jugement dernier est d'une grande richesse iconographique. Au centre du tympan, le Christ apparaît en juge comme l'annonce l'Apocalypse, mais il est aussi le rédempteur qui porte sur ses mains les stigmates de la Passion dont les anges montrent les instruments (croix, clous, lance), tandis que la Vierge couronnée et saint Jean sont agenouillés pour intercéder. C'est le moment du salut. Au linteau supérieur, saint Michel pèse les âmes, entouré d'un côté par les élus destinés au sein d'Abraham figurant au bas de la deuxième voussure, de l'autre par les damnés qu'attend la gueule de l'enfer. Au linteau inférieur, la résurrection des morts est annoncée par les anges sonnant de la trompette. Au trumeau apparaît la tête du Christ sous la forme du beau Dieu refait par Viollet-le Duc. Le message est clair : il montre ce qui peut arriver après la mort, mais il est possible, grâce au sacrifice et à l'enseignement du Christ, de gagner son salut.

Quel message pour les simples laïcs ?

Pour les simples laïcs, le message religieux que transmet la cathédrale n'est pas toujours facile à interpréter. N'imaginons pas que les sculptures soient faites pour simplifier leur compréhension. On a, à tort, pensé que la représentation des travaux des mois était une marque de réalisme qui aurait rapproché Dieu des profanes en imitant leur travail. Il est exact que Paris, au Moyen Âge, est encore une ville trouée de jardins et que bien des citadins sont encore des laboureurs. Mais les travaux des mois qui ornent la façade ou les vitraux de la cathédrale, ont d'abord un sens symbolique. Le temps y est voulu par Dieu et il s'y déroule de façon cyclique. Les feuilles de chêne, le plantain, le cresson, la chélidoine ne sont pas là pour copier la réalité mais pour montrer comment chaque détail de la nature concourt à l'œuvre divine. Les bourgeons des chapiteaux annoncent le renouveau qui prépare les fêtes de Pâques. Ce serait un contresens que de les interpréter pour eux-mêmes.

Homme à la viole figurant au portail Sainte-Anne : par la musique, il dompte les forces du mal.

Double page suivante : Anges annonçant la Résurrection des morts et le Jugement, réalisés vers 1220-1230, conservés au musée national du Moyen Âge.

Que peuvent alors saisir les laïcs du sens des images ? Par exemple de la hiérarchie céleste qui distingue autour de Dieu et de façon ordonnée, les Séraphins, les Chérubins, les Trônes, les Dominations, les Vertus, les Puissances, les Principautés, les Archanges et les Anges ? Ils savent que Dieu est lumière et ils accompagnent les rituels de mort d'un grand nombre de chandelles de cire. Et si le cierge refuse de s'éteindre au moment de l'enterrement, ils y voient une malédiction divine, le signe que le défunt risque d'être privé du salut éternel. Ils craignent aussi les éclipses de soleil qui les privent de lumière et ils les associent aux plus grands maux, la peste ou l'arrivée en masse de crocheteurs qui viennent pour voler les bonnes gens. Que peuvent-ils saisir de la symétrie des statues qui a, elle aussi, un sens symbolique et peut rester hermétique ? Aux douze patriarches et aux douze prophètes de l'Ancienne Loi répondent les douze apôtres de la Nouvelle. Le temps qui s'écoule dans les douze mois de l'année relie les hommes à cet enseignement de la Loi. Aux quatre principaux prophètes, Isaïe, Ézechiel, Daniel et Jérémie correspondent les quatre évangélistes, saint Matthieu, saint Jean, saint Marc et saint Luc. Les vingt-quatre vieillards

page 176 ▶

A CATHEDRAL MADE FOR SONG

The cathedral was designed for singing, another way in which it was involved in the liberal arts. The immense size of the building was deliberately intended to accommodate the polyphonic singing that developed towards the end of the 12th century, when the clerics of the new cathedral wanted to reform the services, extending Mass and vespers. Several compositions were associated with the feast-days of saints such as St Stephen or St Denis, as well as Christmas, Easter and Assumption. Hymns or *organa* (plainchant) for two, three or four voices were composed by the cathedral precentors, who founded the school of Notre Dame under the influence of Léonin and Pérotin, composers who paved the way for the development of the motet (a short piece of choral music), the melodic form of which became famous throughout the West. During the 13th century, various treatises, particularly those by Jean de Garlande in 1240, laid down the principles for this new music. Written by Masters of Arts, skilled in music, poetry and grammar, they exploited the skills of rhetoric with the aim of creating music that was founded on rhythm, notation and style. They perfected techniques of musical ornamentation and embellishment, in particular by using repetition. A small organ used to accompany choral singing was replaced in 1240 by a larger one, situated in the transept. This in turn was replaced in 1403 by the organ donated by the Duc de Berry. By this time, the choir school of Notre Dame was at its height, and well prepared for the *Ars nova*, or New Art, that was brought to Paris from Rheims cathedral by Guillaume de Machaut in the mid-14th century. Only the most skilled among the clergy, the *virtuosi*, could attempt to perform in the new style, but the clergy from Notre Dame received the necessary training. Having mastered Latin in their studies at the University of Paris, they were also trained in memory skills; and they dominated in the writing of verse, which at that time was common in all fields, as verse was an aid to memorizing.

Scenes of grape harvesting taken from illuminations in *The Rohan Hours*, *c.* 1430. This takes place under the sign of Scorpio and provides an example of one of October's activities.

So the clergy were skilled at both singing and feats of memory, but to what end? As Jean de Garlande explained in his treatise 'Measure in Music', it was important to make music more attractive and to develop 'the beauty of those sounds in which the sense of hearing takes pleasure'. 'The beauty of sounds' was a concept also linked to the material beauty so evident in the cathedral's sculptures. The statues of Adam and Eve, at that time located in the south transept, certainly do evoke Paradise lost, but at the same time they

PAGE 171: Man playing a viol on the Portal of St Anne. By playing music, he subdues the forces of evil.

PRECEDING DOUBLE PAGE: Angels announcing the Resurrection of the Dead and the Last Judgement, created around 1220–30, kept at the Musée de Cluny.

epitomize the type of beauty revered in the medieval aristocratic world: elongated bodies, fineness of line, whiteness of skin.

Aquarius as depicted on the west rose window, along with other signs of the Zodiac.

WHAT MESSAGE WAS INTENDED FOR THE COMMON PEOPLE?

The religious message that the cathedral conveyed to ordinary people is not always easy to interpret. Firstly, we should not assume that the cathedral sculptures were created to help with this message. It has sometimes been thought, incorrectly, that the rural activities depicted in the Labours of the Months are examples of realism, intended to bring God closer to ordinary people by portraying their work. It is true that the Paris of the Middle Ages was studded with gardens and that many of its citizens still worked on the land; but the Labours of the Months that decorate the cathedral façade or the stained-glass windows are primarily symbolic. Stemming from God's will, Time had a cyclical character. The representations of beech leaves, plantains, cress and celandine in the cathedral were designed not to reflect reality but to illustrate how every detail of the natural world was in harmony with God's plan. The buds on the capitals herald the renewal of life in preparation for Easter. To see them as being depicted purely for their own sake would be a misinterpretation.
What then could the common people gather from these images? An image of the celestial hierarchy surrounding God, distinguishing orders of Seraphim, Cherubim, Thrones, Dominions, Virtues, Powers, Principalities, Archangels and Angels? The ordinary people knew that God is Light, and would have seen funeral rites conducted with numerous wax candles. And if the candle refused to be blown out at the moment of burial, they would have seen in that a divine curse, a sign that the dead person would not be admitted to heaven. They also feared eclipses of the sun, which deprived the world of light and which they associated with the worst evils, plague, or thieves who would abduct good people and carry them off. What would these people have understood from the ordered symmetry of the statues in the cathedral with their symbolic and sometimes esoteric meanings? The twelve patriarchs and the twelve prophets of the Old Testament mirror the twelve Apostles in the New. Time is measured by the twelve months of the year, linking men to the

page 180 ▶

de l'Apocalypse sont le pendant des douze prophètes et des douze apôtres réunis. Cela tient en grande partie à la place qu'occupent les nombres dans la symbolique médiévale, depuis les interprétations les plus anciennes du christianisme par les Pères de l'Église. Saint Augustin explique que le chiffre douze sert de fondement à l'Église universelle, car il est le produit de trois par quatre, la rencontre de la Trinité avec les quatre éléments. Isidore de Séville, qui écrit au VIIe siècle le *Livre des nombres* et sert de référence aux penseurs médiévaux par l'intermédiaire de son encyclopédie, reprend ces théories qui sont largement diffusées. Les Parisiens, en passant par le portail de la Vierge, pensent-ils par exemple que leur être est ordonné par le chiffre sept ? La vie se divise en sept âges qui sont illustrés sur le côté gauche, et pour obtenir le salut, il faut réciter les sept demandes du *Pater* et pratiquer les sept sacrements. Que savent-ils de ce chiffre douze qui court au travers des signes du zodiaque représentés par les travaux des mois au portail de la Vierge, comme des médaillons supérieurs du portail central du Jugement sous la forme des Vertus et des Vices ?

Les Parisiens disposent cependant de clés susceptibles d'ouvrir cet univers invisible. Le chrétien du Moyen Âge, à Paris, est plus familier des nombres qu'on a pu le penser, étant donné que la ville possède des petites écoles qui ne sont pas seulement destinées à la formation des clercs, et que les marchands et artisans parisiens, très nombreux, se forment aussi aux mathématiques par la transmission d'un savoir familial. La plupart des Parisiens connaissent leur *Pater* et certains, parmi les bourgeois ou encore les nobles qui fréquentent la cour royale, sont familiers des horoscopes et des prédictions qui supposent de difficiles calculs. Ce sont-là choses indispensables pour envisager l'avenir. D'ailleurs, les théologiens de l'Université veillent à ce qu'il n'y ait pas de dérive et ceux qui utilisent la magie à mauvais escient sont sévèrement punis. Lorsque, au début du XVe siècle, des tsiganes arrivent à Paris, les Parisiens se précipitent pour les voir et écouter leurs prédictions. L'un des chanoines de Notre-Dame, qui a laissé un journal anonyme, se moque de la crédulité de ses compatriotes, mais l'évêque de Paris prend soin de faire un grand sermon public dans la cathédrale, excommunie ceux qui ont fait lire leur avenir dans les lignes de la main, expédie les bohémiens vers Pontoise, et organise une grande procession pénitentielle.

Les Parisiens utilisent aussi des livres d'heures qui scandent les prières et qui sont copiés en grand nombre. Ces copies de manuscrits ne sont pas toujours soignées et elles comportent beaucoup de fautes. C'est peut-être le signe que leurs destinataires ne sont pas capables de s'en offusquer mais aussi que ces livres sont populaires ! Leur contenu montre que les clercs

PAGE 174 : Scènes de vendanges extraites des enluminures des *Heures de Rohan*, vers 1430. Elles se déroulent sous le signe du Scorpion et illustrent les activités du mois d'octobre.

PAGE 175 : Signe du Verseau figurant dans la rose occidentale avec les autres signes du zodiaque.

Double page suivante : Chapiteaux de la première travée de la nef, ornés de feuilles de chêne.

emploient des moyens de mémorisation assez simples pour inciter les laïcs à la dévotion. Saint Vincent protège la vigne parce que son nom comporte le mot « vin » ; saint Clair rend la vue et devient de ce fait le patron des miroitiers et des émailleurs ; saint Jean l'Évangéliste périt bouilli et les fabricants de chandelles se réclament de son patronage… Ce message simple s'accorde bien avec ce qu'enseignent les sculptures de la cathédrale : la douceur est associée à l'agneau, la patience aux bœufs, l'humilité à la colombe, la paix à l'olivier, etc. L'encadrement paroissial assure aussi la vulgarisation des sacrements. Il est tout à fait significatif que la décoration de la clôture du chœur de Notre-Dame insiste sur cet aspect : au moment où elle est réalisée, près de cent ans se sont écoulés depuis que s'est tenu le concile de Latran IV en 1215, qui a mieux défini la pratique des sacrements. La communion est devenue obligatoire une fois l'an, le jour de Pâques ; la vie du chrétien doit être encadrée par le curé de la paroisse où il doit être baptisé et où il doit se marier, puis être enterré. Notre-Dame de Paris enseigne ces préceptes, soit de façon explicite, soit de façon allégorique, et participe d'une dévotion parisienne qui reste, malheureusement, encore mal connue.

Les sept sacrements, représentés par Rogier Van der Weyden, sont désormais bien définis: à gauche, baptême, confirmation, confession, à droite, mariage, ordination, extrême-onction, au centre, l'eucharistie qui découle naturellement de la crucifixion.

page 184 ►

Calendar of months from the sidewall of the Portal of the Virgin. A reaper sharpening a large scythe represents the month of July, which comes under the sign of Leo.

teachings of the law. The four major Prophets, Isaiah, Ezekiel, Daniel and Jeremiah, mirror the four Evangelists, St Matthew, St Mark, St Luke and St John. The 24 Ancients of the Apocalypse correspond to the twelve Prophets and the twelve Apostles combined. This is all closely tied up with the role of numbers in medieval symbolism, dating from the earliest interpretations of Christianity proposed by the Fathers of the Church. St Augustine explains that the number twelve is the foundation of the universal Church, since it is the result of multiplying three by four, the number of the Trinity and the number of the four elements of which the world is composed. Isidore of Seville, who wrote the Book of Numbers in the 7th century, and who served as an authority for medieval thinkers, exerted a wide influence through his writings. As they passed through the Portal of the Virgin, did ordinary Parisians really reflect that their existence was governed by the number seven, as portrayed in the seven ages of man carved on the portal, and that to obtain salvation they must recite the seven petitions of the Lord's Prayer and practise the seven sacraments? What did the number twelve mean to them? Did they appreciate the significance of the twelve signs of the zodiac, or the twelve Labours of the Months shown on the Portal of the Virgin, or in the medallions representing the virtues and their corresponding vices at the feet of the Apostles on the Last Judgement portal?

Nevertheless, ordinary Parisians did possess some keys that could open the doors to the world of the invisible. Christians in Paris in the Middle Ages were more familiar with number symbolism than might be thought – some small schools were not dedicated exclusively to the education of the clergy, and merchants and craftsmen were trained in mathematics, often passing their mathematical skills down through the family. The majority of Parisians knew the Lord's Prayer and some of the bourgeoisie and even some of the nobility were familiar with horoscopes and predictions involving difficult calculations, skills that were necessary for contemplating the future. Furthermore, the university theologians were responsible for ensuring no one deviated from the correct doctrine and anyone who resorted to 'magic' was punished severely. When, at the beginning of the 15th century, gypsies arrived in Paris, the people flocked to see them and to hear their predictions. An anonymous diary written by a canon of Notre Dame has survived; in it

PRECEDING DOUBLE PAGE: Capitals in the first bay of the nave, embellished with oak leaves.

PAGE 177: The seven sacraments, represented by Rogier van der Weyden, are now well defined: on the left, baptism, confirmation and confession; on the right, marriage, ordination and extreme unction; in the centre, the Eucharist, which follows naturally from the Crucifixion.

FOLLOWING DOUBLE PAGE: Thirteenth-century stained glass in the ambulatory in the St Guillaume chapel. Donated by the butchers of Paris, one of the richest guilds in the city, it highlights their trade.

Thirteenth-century head of a prelate, Musée de Cluny.

he mocks the credulity of his fellow countrymen, while the bishop took care to warn of the dangers in his sermon. He excommunicated those who had had their palms read, had the gypsies expelled to Pontoise, and organized a penitential procession. Parisians also used Books of Hours for their devotions. The manuscripts were copied in large numbers, although they were not always carefully made and contained numerous errors. Perhaps that is a sign that their users were tolerant, but it also proves that the books were popular! Their content shows that the clergy used fairly simple memory techniques such as association to encourage devotion among the laity. St Vincent protects vines because his name includes the word 'vin' (in English, wine); St Clair gives the gift of sight and thus becomes the patron saint of mirror-makers and enamellers; St John the Evangelist was thrown into a vat of boiling oil, so the candle-makers claim him as their patron saint… Such simple messages fit well with the teachings associated with the sculptures in the cathedral: gentleness is associated with the lamb, patience with the ox, humility with the dove, peace with the olive tree, etc. The way in which parishes were run also contributed towards the popularity of the sacraments. It is very significant that the decoration of the choir screen in Notre Dame emphasizes this aspect: at the time it was made, almost a hundred years had passed since the Fourth Lateran Council held in 1215, which carefully defined how the sacraments were to be practised. Communion once a year at Easter became obligatory; the life of Christians was to take place within the framework of the parish, where they would be baptized, married and buried. The cathedral also taught these precepts, sometimes explicitly and sometimes by means of allegory, playing a part in the popular devotional practices of the townspeople, which, unfortunately, are still little known.

THE ASSEMBLED FAITHFUL

From the 13th century, the faithful throughout the western Christian world, both clerics and laity, gathered into fraternities. Rouen, with a large population of 40,000 inhabitants towards the end of the Middle Ages, had as many as one hundred such fraternities. No exact figure can be given for Paris, but

page 186 ►

Les fidèles rassemblés

Les fidèles, clercs ou laïcs, se rassemblent en confréries. Le phénomène se développe dans toute la chrétienté occidentale à partir du XIIIe siècle. Rouen, forte de quarante mille habitants à la fin du Moyen Âge, compte une centaine de confréries. À Paris, aucune étude exhaustive ne permet d'en donner le chiffre exact, mais on en compte plus de cent cinquante au moment où, aux deux derniers siècles du Moyen Âge, la ville ne renferme plus que cent mille habitants. Les pouvoirs se sont inquiétés de leur prolifération, de leur poids social, et de leur possible subversion. En effet, les confréries rassemblent des hommes et des femmes qui s'entraident comme des frères, se réunissent, partagent des repas, prient et font dire des messes en commun. Le droit d'entrée dans la confrérie sert à financer ces manifestations communes ainsi que les dévotions que font les confrères au saint protecteur de la confrérie, honoré dans une chapelle. Les confrères sont souvent membres d'un même métier. Leurs dons assurent la solidarité au sein du métier et servent à entretenir la chapelle, à y faire dire des messes et surtout à prier pour les morts. Certaines confréries ont fait construire leur chapelle dans la cathédrale. On connaît les confréries Saint-Sébastien, Saint-Augustin, Saints-Crépin-et-Crépinien, Notre-Dame des Ardents, Notre-Dame-aux-Prêtres-et-aux-bourgeois (de 1257 à 1729), celle des feutriers, qui ont laissé des archives. L'une des plus célèbres est la confrérie Saint-Anne et Saint-Marcel des orfèvres qui apparaît dans les documents à partir de 1449, mais qui existait sans doute avant cette date et qui dure jusqu'en 1712. À l'occasion du Ier mai qui devient bientôt la fête des artisans, les orfèvres composent les premiers « chants royaux » pour accompagner l'offrande du May à Notre-Dame, c'est-à-dire un cadeau à la Vierge sous la forme d'un arbre de vie richement décoré qui est planté devant le maître-autel. Il est remplacé en 1481 par une pièce d'orfèvrerie, puis à partir de 1630 par un tableau. Les vers qui accompagnent cette fête sont inscrits dans le *Mémorial* de la confrérie. Les chanoines règlent le bon fonctionnement des confréries dans la cathédrale, comme le montrent les registres de délibération du chapitre. Et il s'agit parfois de broutilles, comme c'est le cas en 1422 quand le secrétaire de l'évêque ose s'emparer de quatre torches appartenant à la confrérie Saints-Crépin-et-Crépinien !

Page 180 : Calendrier des mois au piédroit du portail de la Vierge. Pour illustrer le mois de juillet, qui correspond au signe du Lion, un moissonneur aiguise une grande faux.

Page 181 : Tête de prélat, XIIIe siècle, musée national du Moyen Âge.

Double page précédente : Vitrail du XIIIe siècle conservé dans la chapelle St Guillaume, dans le déambulatoire. Offert par les bouchers parisiens, l'une des plus riches corporations de la ville, il magnifie leur travail.

Prédication, pénitence et bonnes mœurs

La cathédrale est surtout le lieu d'une intense prédication et les fidèles, debout, installés dans la nef, peuvent écouter le dimanche la parole des clercs. Nous n'avons malheureusement pas conservé le témoignage écrit des laïcs pendant ces sermons, comme c'est le cas en Italie, mais les clercs, en particulier les étudiants en théologie de l'Université, ont pris des notes et les ont ensuite recopiées dans des manuscrits. Avec les jours de fête, ils peuvent ainsi assister à une centaine de sermons dans l'année. Parfois, le sermon commencé le matin se poursuit l'après-midi. Certains sont exclusivement destinés aux clercs, d'autres s'adressent aussi aux simples gens. Au cours du XIIIe siècle, la forme du sermon devient particulièrement soignée. Le prédicateur ne se contente plus de s'entretenir familièrement sur le texte de l'évangile du jour. Il choisit un thème extrait d'un texte liturgique et il en propose un commentaire. Le verset est en latin, le commentaire le plus souvent en langue vulgaire. Tout est fait, de l'introduction à la conclusion, pour retenir l'attention de l'auditoire. Il faut, comme le dit dans l'un de ses traités l'évêque de Paris, Guillaume d'Auvergne (1228-1249), connu pour ses qualités de théologien et de prédicateur, parler d'abondance. Il ne faut pas hésiter à raconter des histoires et à utiliser des métaphores. Les images empruntent aux objets les plus poétiques de la Bible, l'huile, le miel, le froment, le baume, l'encens et les matières précieuses. Et l'évêque de Paris n'hésite pas à écrire que le prédicateur est un marié qui doit épouser l'esprit de ses auditeurs de façon à ce qu'ils « donnent leur consentement et par les étreintes amoureuses deviennent les parents des bonnes œuvres ». Il faut aussi s'adapter à l'auditoire, car tous les fidèles n'ont pas le même savoir. On ne prêche pas à un paysan comme à un chevalier, à un marchand comme à une prostituée. Le but est que chacun, selon son état, puisse atteindre aux réalités invisibles et se les remémorer.

Chapelle latérale sud du déambulatoire isolée par des colonnes engagées, ornées de colonnettes monolithes. Construite comme les autres chapelles au début du XIVe siècle pour répondre aux dévotions privées, elle accueillait reliques et ex-voto et était le lieu d'une liturgie intense, messes et prières étant commandées par de riches familles, des confréries ou des corporations.

Les thèmes évoqués par les prédicateurs montrent une étroite correspondance entre la parole et les images, donc encore une fois entre l'ouïe et la vue. Contrairement aux idées reçues, la peur n'est pas le ressort sur lequel repose l'enseignement religieux à Notre-Dame. L'image de l'enfer est en effet largement contrebalancée par l'espoir de la vie éternelle et par le giron d'Abraham où s'engouffrent les élus du tympan du Jugement. L'ensemble que présente le portail central est très équilibré et on sait qu'à Paris, les fidèles reçoivent le message comme tel. En témoigne la mère de Villon qui, si elle dit qu'elle a peur de l'enfer « où damnés sont bouillus », ajoute que le paradis lui « donne joie et

page 190 ▶

during the last two centuries of the Middle Ages, when the population was in excess of 100,000, there were more than 150. The authorities were perturbed by this proliferation, by the social importance of the fraternities and by their capacity for undermining the social order. The fraternities brought men and women together to help each other, meet socially, share meals, pray together and attend communal masses. The entrance fee to the fraternity was used to finance communal events and in the worship of the fraternity's patron saint, who was honoured in a chapel. The members of the fraternity were often practitioners of the same trade. Their gifts cemented solidarity within the trade, serving to maintain the chapel, to have masses said, and above all to pray for the dead. Some fraternities had their own chapels built in the cathedral; archives have survived from the fraternities of St Sebastian, St Augustine, Sts Crépin and Crépinien, Our Lady of the Flames, Our Lady of the Priests and the bourgeois (from 1257 to 1729), and of the felt-makers. One of the best known was the goldsmiths' fraternity of St Anne and St Marcel, which first appears in documents from 1449, but which almost certainly existed at an earlier date and lasted until 1712. On 1 May, which was soon to become a festival for craftsmen, the goldsmiths composed the first 'royal songs' to accompany the May offering to Our Lady, a present to the Virgin in the form of a richly decorated Tree of Life, which was positioned before the high altar. In 1481 it was replaced by a piece worked in gold, which was in turn replaced by a painting in 1630. The verses that accompanied the festival were inscribed in the fraternities' annals. We know from the records of chapter meetings that the canons were responsible for the workings of the fraternities in the cathedral. Occasionally, fairly trivial disputes arose, as when, in 1422, the bishop's secretary went so far as to seize four torches belonging to the fraternities of St Crépin and St Crépinien!

PAGE 185: A side chapel in the south ambulatory, demarcated by clustered columns decorated with monolithic small pillars. Built like the other chapels in the early 14th century to cater for private devotions, it housed relics and votive offerings and was the site of frequent liturgical ceremonies, prayers and masses controlled by wealthy families, guilds or corporations.

FOLLOWING DOUBLE PAGE: The organ pipes partially hide the West Rose, but along with the huge range of perfectly proportioned small pillars, they endow the cathedral with a grandiose style, like some kind of virtual forest.

Preaching, penitence and good conduct

The cathedral's most important role was on Sundays when the clergy would preach intensively, with the laity standing nearby in the nave, still able to hear the priests but segregated from them. Unfortunately there is no written evidence originating from the laity describing these occasions, such as exists in Italy, but some clerics, and in particular the university's theology students, took notes, often copying them into manuscripts. Together with holy days, the ordinary people of Paris could attend a hundred sermons a year. Sometimes sermons would begin in the morning and recommence in the afternoon, while some were only for clerics, but others were addressed to the

The Baptism of Christ, on the north choir screen, is clearly visible to the faithful from the side chapels. The scene represents the Bible story in pictures, perfectly matching the contents of the Gospels.

ordinary people. During the 13th century, the form of the sermon was developed and refined. The preacher no longer restricted himself to talking in a familiar way about the Evangelist's text of the day. He would select a subject from a liturgical text and then give a commentary. The verse commented upon would be in Latin, but the commentary itself was usually given in the vernacular. Everything was designed, from the introduction to the conclusion, to hold the attention of the congregation. The Bishop of Paris William of Auvergne (1228–49), well known as a preacher and theologian, states in one of his treatises that sermons should be given without notes. The preacher should have no hesitation in telling stories or making use of metaphors. Images were taken from notable objects in the Bible – honey, oil, wheat, balm, incense, precious stones and metals. The Bishop of Paris was even prepared to state that the preacher should be thought of 'as a husband who must embrace the souls of his listeners, so that they would give their consent and by this loving embrace become the parents of good works'. Preaching had to be adapted to suit the congregation, since not all the faithful had the same levels of knowledge or understanding. A peasant should not be preached to in the same manner as a knight, a merchant or a prostitute. The aim was that each person should become acquainted with the spiritual world beyond the senses, as far as they were able, and keep it in mind.

The subjects covered by the preachers show that imagery played an important role in conveying the correct message to the faithful. Contrary to common belief, fear was not the basis of the religious teaching at Notre Dame. The image of hell was amply counterbalanced by the hope of eternal life and by the bosom of Abraham into which were gathered the chosen, as depicted on the tympanum of the Last Judgement portal. The message of the image on the portal is in fact carefully balanced, and we can be sure that the Paris faithful understood its significance. Take, for example, the words of the mother of the poet Villon who, although admitting that she was frightened of hell 'where the damned are boiled', also stated that Paradise made her 'joyful and jubilant'. The devil's power was circumscribed. Or look at several of the legends concerning Theophilus, considered good examples and retold by the preachers.

page 192 ►

Vices représentés au portail central. L'Orgueil sous la forme d'un homme tombant d'un cheval fougueux.

liesse ». L'action du diable est circonscrite. À l'épisode de Théophile répond un certain nombre de petites histoires racontées par les prédicateurs et considérées comme exemplaires. Elles montrent comment le diable tourmente uniquement ceux qui lui prêtent hommage. Certes, ces mécréants peuvent devenir riches en volant draps et argent dans les foires et, une fois mis en prison par les autorités, ils peuvent être aussitôt délivrés par l'Ennemi d'enfer, jusqu'au jour où celui-ci les abandonne… Pis, il leur donne la corde avec laquelle ils seront pendus ! Surtout, la prédication valorise l'intention des fidèles et leur sentiment de pénitence. Là encore, la cathédrale de Paris reprend l'enseignement du concile de Latran IV qui a mis la pénitence individuelle au cœur de ses préoccupations en l'imposant aux fidèles une fois l'an, avant la communion pascale. La pénitence publique n'est pas pour autant abandonnée et elle peut avoir lieu solennellement sur le parvis de la cathédrale, étroitement associée à l'amende honorable : le chrétien s'y présente en public, en tenue de pénitent, c'est-à-dire en chemise, pieds nus, sans ceinture et sans chaperon, et crie merci à ceux qu'il a offensés. Mais la pénitence individuelle progresse et elle concourt au salut. Chacun peut être tenté, mais il peut individuellement se repentir.

Dans ces conditions, il importe d'enseigner la différence entre le bien et le mal, les Vices et les Vertus. Il importe de donner aux fidèles le sens de ce qu'est vivre en chrétien, avoir une bonne renommée et une « honnête conversation ». Cet enseignement commence par dégager ce qu'est la responsabilité individuelle face au mal : il devient peu à peu impossible de croire que la parenté peut compenser le mal qu'a pu faire l'un de ses membres. La vengeance doit être bannie. Quant au fils, il n'est pas responsable du mal qu'a pu faire son père, et inversement. L'une de ces petites histoires qu'affectionnent les prédicateurs parisiens raconte d'ailleurs comment, en enfer, un père et son fils se frappent et se mordent comme des chiens en se maudissant dans les tourments des flammes, parce que chacun d'eux a fait le malheur de l'autre. Il existe donc des écueils à éviter qui sont autant de maux. La cathédrale les stigmatise en son tympan et en ses vitraux, qu'il s'agisse de l'impiété que représente un homme adorant une idole, du désespoir qui conduit au suicide, l'un des crimes les plus atroces pour les hommes du Moyen Âge, de l'avarice, de l'orgueil ou de la colère.

Page 187 : Le Baptême du Christ, sur la clôture nord du chœur, est nettement visible par les fidèles quand ils se rendent dans les chapelles latérales. La scène traduit la Bible en images, car elle illustre parfaitement le contenu des Évangiles.

Double page précédente : Les orgues cachent en partie la rose occidentale, mais unies à la profusion des colonnettes à la taille parfaite, elles confèrent à la cathédrale un caractère grandiose et la transforment en une forêt idéale.

Pourtant, Dieu peut tout pardonner et cette extrême confiance vient de l'enseignement de la Passion. Les anges en apportent les instruments au Christ du Jugement sous la forme des clous, de la lance et de la croix, tandis que les scènes de la Passion se succèdent sous les yeux des fidèles qui longent la clôture pendant que se déroulent les offices dans un chœur dont ils sont exclus. Les mérites des saints et l'intervention de la Vierge qui, disent les prédicateurs, n'a jamais refusé une requête à celui qui sait dire *Ave Maria*, ajoutent à cet espoir.

Une fréquentation spontanée ?

Les activités religieuses sont, dans la cathédrale, rigoureusement encadrées et peu de place semble laissée à la spontanéité. Pourtant, la nef de Notre-Dame bruit de monde qui va et vient à son gré. Ici, deux hommes viennent prêter serment sur les reliques des saints pour se jurer entraide et fidélité ou encore pour mener à bien leurs affaires, car la mise en place d'un contrat s'accompagne nécessairement de la foi jurée. Là, c'est un criminel qui, poursuivi par celui qu'il vient de blesser ou par les sergents que sa victime a rameutés, trouve asile en son sein. Il lui a suffi de toucher la porte de la cathédrale pour être sauvé. Il doit ensuite y attendre que les deux familles s'entendent, ce qui peut prendre plusieurs jours, voire plusieurs semaines selon la gravité des faits. La population qui pèlerine le long des bas-côtés, prend souvent une allure interlope. On a vu que les voleurs à la tire ne se gênent pas sur le parvis. Ils peuvent faire irruption dans l'église, comme le révèle, en 1412, ce petit épisode. Un aveugle a sa place attitrée en bordure du chœur où il mendie pour subvenir à ses besoins et à ceux de sa femme, car il est marié et installé. Connu de tous et mendiant autorisé comme peut l'être un « pauvre pour Dieu », il a en quelque sorte pignon sur rue. Survient un mendiant valide, sans feu ni lieu, que les textes officiels disent « demeurant partout », donc marginal. Plusieurs fois, il profite du handicap de l'aveugle pour le tromper sur le change des monnaies. Le stratagème est finalement dénoncé et l'affaire se termine au Châtelet, dans la prison du roi ! Nul doute que l'intrus a été poursuivi avec l'accord des fidèles.

On discute dans la cathédrale, on échange les nouvelles, on commente celles qui sont affichées à la porte ou qui sont annoncées en chaire au moment de la prière du prône, car la cathédrale est aussi une église paroissiale pour une partie des habitants de la cité. La liste des excommuniés est donnée haut et fort pour que l'opprobre rejaillisse sur eux et leurs parents. Or, les listes montrent que le nombre des excommuniés est élevé, y compris pour dettes. La cathédrale sert de relais à l'information. Lors du sermon, l'officiant a du mal à faire taire les fidèles. Notre-Dame est bien un lieu vivant. Les sergents

page 195 ▶

The Vices portrayed on the central portal. Despair is represented as a woman stabbing herself with her sword.

They show how the devil tormented only those who paid homage to him. It was true that medieval sinners could become rich by stealing cloth and money at fairs, for example, and once imprisoned by the authorities could be saved from hell by the devil – until the day he abandoned them. Then, worst of all, the devil gave them the rope with which they would be hanged! Above all, however, the preachers valued the good intentions of the faithful, and their readiness for penitence. In this, too, Notre Dame de Paris followed the teaching of the Fourth Lateran Council by imposing individual penitence on the faithful once a year, before Easter Communion. Public penitence was not neglected; it would take place in a solemn ceremony on the square in front of the cathedral, and was closely associated with the *amende honorable*: the unaccompanied Christian, dressed as a penitent in a smock, without shoes or belt, who kneels in public, and begs for mercy from those he has offended. But personal penitence was gaining ground, and could contribute to salvation. Every man or woman may be tempted, but individually can also repent.

Given this, it was necessary to teach the difference between good and evil, the Vices and the Virtues. It was important to give the faithful a sense of what it is to live a Christian life, to have a good reputation and 'honest conversation'. The teaching began with showing the nature of individual responsibility when confronted with evil: gradually, it became ever more difficult to believe that a relative could compensate for the evil done by his or her family members. Vengeance must be rejected. A son must not be held responsible for evils committed by his father, or vice versa. One tale much loved by the Paris preachers tells how in hell a father and son fight and bite each other like dogs, cursing each other even in the flames' torments, because each of them has made the other unhappy. There are pitfalls to be avoided, which are various sins. The tympanum in the Last Judgement portal and the stained-glass windows condemn these sins: impiety in the form of a man adoring an idol, despair leading to suicide, one of the most appalling crimes to the people of the Middle Ages, avarice, pride or anger.

Nevertheless, drawing upon the teaching of the Passion, medieval men and women were confident that God would pardon all their sins. Crowding before the scenes of the Passion depicted on the rood screen that separated

PAGE 190: The Vices portrayed on the central portal. Pride is represented as a man falling from a spirited horse.

them from the choir, the faithful could see angels bearing the instruments of the Passion to Christ in Judgement in the form of the nails, the lance and the cross. The virtues of the saints and the intercession of the Virgin, said the preachers, never failed to help the sinner who could recite the Ave Maria, thus increasing his hopes of salvation.

To what extent was participation spontaneous?

Religious activities in the cathedral were rigorously organized, so one might conclude that there was little room for spontaneity. Yet the nave of Notre Dame would have resounded with the noise of people coming and going. Here are two men swearing on the relics of a saint to help each other and to have faith, or perhaps to improve their business affairs, since a business contract had to be accompanied by a solemn oath. Over there is a criminal who has been pursued by the person he has just wounded or by the watchman and who has sought sanctuary within the sacred confines of the cathedral. Sanctuary is granted from the moment he touches the cathedral door. There he will have to stay until the families of the criminal and the victim have reached an understanding, which could take several days or even weeks depending on the seriousness of the crime. Some of the people ambling up and down the aisles look a bit suspicious. Thieves and muggers do not hesitate to operate in the cathedral square and their dishonest activities could even spill over into the cathedral itself, as illustrated by the following episode, which occurred in 1412: a blind man was standing in his usual place at the edge of the choir, where he would beg for alms in order to provide for himself and his wife. Known by everyone, and begging with official authorization as a man who is 'poor for the sake of God', he has what amounts to his own shop front. A homeless able-bodied beggar comes on the scene, however, whom the official record describes as a 'vagrant'. On a number of occasions, he has taken advantage of the blind man's handicap by stealing his alms. Someone informs the authorities, and the vagrant ends up in the Châtelet, in the king's prison. Legal action would almost certainly have been taken against the intruder with the approval of the faithful.

The cathedral was also a place where information was given out, and people discussed, negotiated and exchanged news. Announcements posted on the cathedral door were talked about and commented upon. Other news was announced with the sermon, as the cathedral also served as a parish church for some of the townsfolk. A list of those who had been excommunicated was read aloud, much to their shame and that of their families. The number of excommunicated was

page 196 ▶

Gliosi cofessoris Verani solēnia celebrem⁹ Venerates cū suma leti

PAGE 192 : Vices représentés au portail central. Le Désespoir, sous celle d'une femme se transperçant d'une épée.

CI-CONTRE : Cette enluminure de Jean Fouquet, vers 1460, prend pour cadre l'intérieur de Notre-Dame de Paris, ici le bas-côté nord, afin d'illustrer un exorcisme opéré par saint Véran, évêque de Cavaillon. Les possédés étaient nombreux au Moyen Âge et leur délivrance du démon attirait la foule.

PAGE 197: Cet ange veille sur le transept nord et rappelle la fin du monde et la nécessité du salut aux chanoines qui se rendent au cloître, en même temps qu'il les convie aux offices.

peinent à y faire régner l'ordre. Il faut même en chasser les animaux qui circulent librement, les chiens, les chats, et parfois les porcs.

Mais la liberté des fidèles est surtout grande sur le parvis, là où sont les marchés au lard, aux livres, aux chandelles. On a longtemps cru que le peuple y avait joué miracles et mystères. Nous n'en n'avons aucune preuve et on peut penser qu'il s'agit d'une invention des érudits du XIXe siècle. L'espace du parvis est trop petit pour accueillir un aussi grand nombre de personnages. Certes, les représentations des mystères se multiplient à la fin du Moyen Âge, en particulier sous l'impulsion des confréries, qu'il s'agisse de la confrérie de la Passion ou de celle des cordonniers en l'honneur de leurs saints patrons, Crépin et Crépinien. De toute façon, la plupart de ces pièces sont élaborées par des clercs, tel le *Mystère de la Vengeance Notre-Seigneur* du doyen de la faculté de Décret, Eustache Marcadé, vers 1440, ou le *Mystère de la Passion* et le *Mystère des Actes des Apôtres* d'Arnoul Gréban. Maître ès arts, ce dernier obtient son baccalauréat en théologie en 1458 et devient organiste et maître de grammaire à Notre-Dame où il dirige les enfants de chœur de la cathédrale de 1451 à 1456. Mais son œuvre est d'abord jouée à Abbeville. Le contenu des mystères peut être d'une extrême violence et d'une grossièreté caricaturale. On se moque des autorités, juges ou maris, prélats ou prévôts, le temps d'une représentation théâtrale. Et cette inversion, symboliquement rejetée en dehors de la cathédrale, renforce la hiérarchie que proclame la construction intérieure de l'édifice. Pendant le temps de la représentation, se crée un cercle magique qui transporte les spectateurs près de Dieu et des saints et les éloigne des pestes et des guerres.

On ne saura jamais quelle place occupaient exactement les laïcs dans la cathédrale. Notre-Dame de Paris est d'abord construite pour former les clercs et les préparer à leur enseignement : les vices en son tympan le prouvent. La révolte y est celle de l'homme contre son évêque, l'inconstance, celle d'un moine fuyant son monastère. Surtout la femme y est vue comme la tentatrice par excellence, et cela de façon récurrente. La colère n'est-elle pas représentée par une femme qui bat un moine ? La dureté, par une femme qui renverse un serviteur ? L'avarice, par une femme qui garde jalousement son coffre ? La discorde, par la dispute d'un homme et d'une femme ivres, ce qui est le pire des comportements pour une femme ? La morale qui se dégage de la cathédrale tend à nier la valeur morale des femmes que pourtant les textes de la fin du Moyen Âge décrivent assidues aux offices tandis que les hommes restent trop longtemps à la taverne… Il s'agit bien du langage des clercs et d'un langage destiné aux clercs plus que de la réalité vécue. Mais, de ce fait, la cathédrale émet un discours fort qui définit l'ordre social.

very high, and even included people who had defaulted on debts. Notre Dame was full of life and during the sermon the officiating priest had difficulty in keeping the congregation quiet. The watch also had difficulty in keeping order. Animals – dogs, cats, even pigs – had to be chased out of the church.

But the faithful enjoyed the greatest freedom outside in the cathedral square, among the stalls selling pig fat, books and candles. For a long time it was thought that miracle and mystery plays were performed here. There is no proof of this, however, and the story was probably invented by 19th-century scholars. In fact, the square would have been too small to accommodate large crowds. It is true that plays devoted to the mysteries became increasingly common towards the end of the Middle Ages, in particular as a result of patronage by the fraternities, such as the fraternity of Christ's Passion, or the leather workers' fraternity in honour of their patron saints, St Crépin and St Crépinien. However, the majority of plays, such as the *Mystery of Our Lord's Revenge*, written by the Dean of Law, Eustache Marcadé, in around 1440, or the *Mystery of the Acts of the Apostles* by Arnoul Gréban, were written by members of the clergy. Gréban, a Master of Arts, was awarded his Baccalaureate in 1458, and became the organist and master of grammar at Notre Dame; he also conducted the children in the cathedral choir from 1451 to 1456. Mystery plays could be extremely violent and often featured gross caricatures of common figures. In the plays, people in authority – judges, husbands, prelates, provosts – were frequently mocked. But, significantly, in not taking place in the cathedral itself, this reversal of the normal order of things reinforced the hierarchy that was symbolized in the imagery inside the cathedral. During the performance, a 'magic' circle was drawn, inside which the audience was brought spiritually closer to God and his saints, and for a time they could forget disease, wars and other problems.

As for the common people, we shall probably never know much about their role with regard to Notre Dame. The cathedral was initially built for training the clergy and preparing them as teachers: the Vices portrayed in the tympanum show this clearly. Rebellion is portrayed as a man turning against his bishop, inconstancy as a monk fleeing his monastery. Women are often seen in the role of temptress, though anger is represented by a woman beating a monk, harshness by a woman knocking over a male servant, and avarice by a woman jealously guarding a chest. A drunken man and woman fighting show discord, drunkenness being the worst kind of conduct for a woman. The imagery used in the teaching of morals in the cathedral tends to dismiss any moral quality in women, in spite of the fact that texts from the later Middle Ages describe them as assiduous in their attendance at services, while the men are said to waste their time in the taverns.

PAGE 194: This illumination by Jean Fouquet, *c.* 1460, uses the interior of Notre Dame, here showing the north aisle, as a backdrop to depict an exorcism performed by St Veran, Bishop of Cavaillon. There were many cases of possession in the Middle Ages and their exorcism from such demonic possession drew crowds.

OPPOSITE: This angel watches over the north transept and acts as a reminder to the canons on their way to the cloister of the end of the world and the need for salvation, while encouraging them to perform their offices.

Notre-Dame et le royaume

Notre Dame and the kingdom

L'évêque et les chanoines jouent un grand rôle dans les événements politiques, et la cathédrale est elle-même un lieu symbolique qui constitue un enjeu de pouvoir. À la fin du Moyen Âge, elle sert de référence au royaume de France.

Du fait de leur recrutement et de leur position sociale, évêques et chanoines de Paris sont au cœur de la vie politique. Ils sont en effet étroitement liés aux rois et aux grands du royaume quand, à partir du XIIIe siècle, Paris devient la capitale d'un État de plus en plus centralisé. Puis la guerre de Cent Ans, les rivalités entre les princes, Armagnacs et Bourguignons au début du XVe siècle, l'occupation de Paris par les Anglais entre 1420 et 1436, et, dans l'Église, le Grand Schisme qui divise la chrétienté entre 1378 et 1418, accroissent les tensions et favorisent l'ingérence du politique dans la vie des clercs.

Les prélats de Notre-Dame entre l'Église et l'État

Mais le phénomène est d'abord structurel. Il tient à la façon dont les clercs deviennent chanoines et évêques au sein de l'Église. L'origine sociale des chanoines de Notre-Dame n'est pas toujours facile à cerner : au XIVe siècle, moins de la moitié est d'origine noble et certains sont issus de milieux modestes. Aussi, pour accéder à leur bénéfice, presque tous ces chanoines parisiens sont obligés d'appartenir à des réseaux qui constituent de véritables clientèles, celles d'un cardinal, d'un prince, voire d'un pape qui

La prédication de Jean Gerson, telle qu'elle est décrite dans cette enluminure du XVe siècle, attire une foule nombreuses et d'origine sociale variée, qui écoute, assise et surtout debout, ce sermon sur la Passion. Gerson s'est aussi rendu au palais du roi pour prêcher.

Double page précédente : Têtes des rois d'Israël et de Juda conservées au musée national du Moyen Âge. Ce ne sont pas des portraits des rois de France, mais ces derniers puisent en eux l'origine de leur pouvoir et les prennent comme modèles.

favorisent leur promotion. Dans la première moitié du XIVe siècle, ils sont plus de quinze pour cent à venir du Limousin au moment où Clément VI, Innocent VI et Grégoire XI, trois papes de cette province, occupent le trône pontifical, ces deux derniers étant, comme on l'a vu, d'anciens chanoines de Notre-Dame. Pendant le Grand Schisme, quand s'imposent à Avignon des papes qui ne sont plus originaires de langue d'oc, les chanoines de Paris sont plutôt originaires du nord tandis qu'apparaissent au chapitre des protégés et des familiers de Robert de Genève devenu Clément VII… Il n'en reste pas moins que la majorité des chanoines de Notre-Dame vient de langue d'oïl, de Picardie ou d'Île-de-France et connaît la langue de Paris, selon les principes des théoriciens du moment qui souhaitent les voir « de pays nés et nourris » plutôt que d'être des « bêtes vêtues et ânes transportés, soit de Limoges ou d'Auvergne, ou de Guyenne, sans lettres et sans aucune discipline… et qui ne sont pas du même langage que le peuple qui leur est donné à gouverner ».

On compte parmi les chanoines plusieurs familles nobles ou anoblies car elles sont liées au service du roi, comme la famille Marigny, de petite noblesse normande, qui donne au début du XIVe siècle trois chanoines au chapitre, Jean, Pierre et Robert, demi-frères du conseiller de Philippe le Bel, Enguerrand de Marigny. La famille de Dormans, de moyenne noblesse et originaire de Brie, tient aussi une belle place au milieu du XIVe siècle. Jean de Dormans est nommé chanoine de Paris en 1350, évêque en 1358, puis cardinal en 1363. Il mène parallèlement une carrière au service du roi puisqu'il devient président du Parlement de Paris et chancelier de France. Il place alors ses quatre neveux comme chanoines à Notre-Dame : l'un d'entre eux, Bernard, abandonne bientôt son canonicat pour une carrière militaire, mais les trois autres servent à la fois l'Église et l'État. Puis, à leur tour, ils assurent l'entrée au chapitre des neveux qu'ils ont de leurs sœurs, si bien qu'il existe au sein du chapitre d'importants liens de cousinage, car les Dormans sont apparentés avec une autre famille influente, celle des d'Orgemont. Pierre d'Orgemont, fils aîné du chancelier du roi Charles V, est conseiller au Parlement de Paris, puis président de la Chambre des comptes avant de devenir évêque en janvier 1384. Entre 1380 et 1388, il est parmi ceux dont le nom figure le plus souvent au bas des chartes royales, signe que son rôle politique est particulièrement actif.

Les évêques et les chanoines sont donc des serviteurs de l'État. Ils conseillent le roi et occupent des offices importants à la cour. Ils ne sont pas pour autant dociles ! Ils veillent à ce que le roi ne soit pas un tyran et la sculpture, à Notre-Dame, s'inscrit dans un long courant politique qui dessine le roi idéal.

page 204 ▶

The bishop and canons played a key role in political affairs, and the cathedral itself was a symbolic site of considerable importance to those in authority. By the end of the Middle Ages it had become a touchstone for the French kingdom. As a result of their social position and the way in which they were appointed, the bishops and canons in Paris were at the heart of political affairs. In effect, they became closely linked with the kings and nobility from the 13th century onwards, when Paris was developing into the capital of an increasingly centralized state. A number of events encouraged the interference of politics in the lives of the clergy – the Hundred Years' War between 1337 and 1453, which prompted rivalries between princes, the Armagnac party (a political faction) and the Burgundians at the beginning of the 15th century and the occupation of Paris by the English between 1420 and 1436; and, within the Church, the Great Schism that divided Western Christendom between 1378 and 1418.

The prelates of Notre Dame caught between the Church and the State

However, the link between clergy and politics was primarily structural, relating to the way in which clerics became canons and bishops within the Church. The social origins of the canons of Notre Dame are not always easily traceable: in the 14th century, fewer than half were of noble origin and some came from humble backgrounds. In order to obtain their livings, almost all Parisian canons had to belong to networks of patronage, which included cardinals, princes and on occasions even the pope himself, and which could be used for their promotion. In the first half of the 14th century, more than 15 per cent came from the Limousin over a period during which Clement VI, Innocent VI and Gregory XI, three popes from that province, sat on the papal throne; as we have seen, two of these three popes were former canons of Notre Dame. During the Great Schism, when popes who did not speak *langue d'oc*, the language of southern France, were ruling from Avignon, the Paris canons tended to come from the north, while members of the chapter tended to be protégés and relatives of Robert of Geneva, later Clement VII. Nevertheless, the majority of the canons of Notre Dame spoke northern dialects from Picardy or Île-de-France, and knew the language current in Paris. This was in accordance with the principles promoted by thinkers of the time who wished to see canons 'born and bred in the country of their faithful' rather than 'undisciplined farmyard animals in human clothing and

PAGES 198–199: Heads of the kings of Israel and Judah, now on display at the Musée de Cluny. These do not portray the kings of France, but the latter used them as role models and a source of power.

PAGE 200: A 15th-century illumination depicting Jean Gerson, here preaching a sermon on the Passion. He has a large audience from a variety of social backgrounds, some seated but mainly standing. Gerson also visited the palace of the king to preach.

illiterate donkeys from Limoges or the Auvergne or Aquitaine... who do not even speak the same language as the people they are called upon to rule'.

Several noble or ennobled families linked to the service of the king, such as the Marigny family, originally minor nobility from Normandy, were noted for providing canons for the cathedral. At the beginning of the 14th century, Jean, Pierre and Robert, half-brothers of Enguerrand de Marigny, counsellor to Philip the Fair, were all canons in the chapter. The Dormans, also minor nobility, originating from Brie, were equally important in the mid-14th century. Jean de Dormans was appointed canon in Paris in 1350, bishop in 1358, then cardinal in 1363. He pursued a parallel career in the service of the king, since he became President of the Parlement de Paris and later Chancellor of France. He then appointed his four nephews as canons at Notre Dame: one of them, Bernard, left his position as canon to pursue a military career, but the remaining three continued to serve both Church and State. They then ensured that the sons of their sisters became members of the chapter. Family relationships within the chapter became important, even more so because the Dormans were related to another influential family, the Orgemonts. Pierre d'Orgemont, the eldest son of Charles V's chancellor, was a councillor in the Parlement de Paris, then President of the Chamber of Accounts before becoming bishop in January 1384. Between 1380 and 1388, he was among those whose name appears most frequently at the end of Royal Charters, a sign that he was particularly active in his political role.

The arches of the Last Judgement portal, where all the kings and prelates are turning to face Christ of the Apocalypse.

The bishops and canons had in effect become servants of the state. They gave advice to the king and occupied important positions at court. However, that did not mean that they were always compliant. They watched over the monarchy with the aim of preventing tyranny: indeed, the sculpture of Notre Dame can be seen as part of a long political tradition in which the Church drew a picture of the ideal king. Some prelates did not hesitate to air their views, and wished to reform the state as much as they wished to reform the Church. An example is Jean Gerson, who dominated religious, intellectual and

page 206 ▶

Certains prélats n'hésitent pas à donner leur avis et à vouloir réformer l'État comme ils veulent réformer l'Église. C'est le cas de Jean Gerson dont la personnalité domine la vie religieuse, intellectuelle et politique du règne de Charles VI (1380-1422). Jean Charlier dit Gerson car il est né en 1363 à Gerson, près de Rethel, est l'aîné des douze enfants d'une famille de paysans. Il reçoit de ses parents une première éducation religieuse, puis il est remarqué par les moines de Saint-Remi de Reims qui l'envoient au collège de Navarre comme boursier. Devenu maître ès arts, il est docteur en théologie en 1392 et professeur régent. Prêtre, il acquiert en même temps un certain nombre de bénéfices ecclésiastiques qui lui permettent de vivre comme curé de Champeau-en-Brie et chanoine du chapitre de Saint-Donatien de Bruges dont il est nommé doyen. En 1395, il devient chancelier de l'Université. Il souhaite alors réformer cette dernière, mais aussi l'Église. Il se préoccupe également de résoudre le Grand Schisme et appelle à un concile général qui donnera la parole aux évêques et aux universitaires. Il est enfin à la pointe du mouvement intellectuel parisien qui s'inspire des auteurs antiques, en particulier de Cicéron, et tel l'orateur romain, il pense pouvoir changer le monde par la parole. En vain ! Malgré d'importants sermons destinés aux différentes autorités de la vie politique et religieuse, il s'avoue vaincu et démissionne en 1399. Mais il est rappelé en 1401 à son poste de chancelier et il reprend sa tâche de professeur et de prédicateur, tout en participant au chapitre de Notre-Dame. Les événements politiques ont finalement raison de sa carrière : il condamne l'action du duc de Bourgogne qui a commandité l'assassinat du duc d'Orléans en 1407 et, après avoir joué un grand rôle au concile de Constance, il s'exile de Paris en 1418 quand les Bourguignons se sont emparés de la ville et ont, dans le sang, supprimé leurs adversaires. Réfugié à Lyon chez les célestins, il meurt en juillet 1429, non sans s'être montré favorable à la mission de Jeanne d'Arc.

Evêques et chanoines de Paris affichent ouvertement leurs inclinaisons politiques. C'est ainsi que nous avons conservé une lettre de l'évêque Gérard de Montaigu qui, en 1419, à la veille du traité de Troyes qui fonde la double monarchie, incite les habitants de la ville de Paris à soutenir le parti du dauphin, le futur Charles VII. D'obédience armagnaque comme ses deux frères qui ont servi Charles VI (l'un a été grand maître de l'Hôtel du roi et condamné par les Bourguignons à être décapité pour lèse-majesté en 1409, l'autre archevêque de Sens, tué à la bataille d'Azincourt en 1415), il écrit que son office d'évêque consiste à leur dire ce qu'est le « bien de ce royaume » pour faire « ce que bons sujets doivent faire », et à les prévenir contre les « damnables persuasions » des Anglais, « ennemis de ce royaume ». En 1426

Page 203 : Aux voussures du portail du Jugement dernier tous, rois et prélats, se tournent vers le Christ de l'Apocalypse.

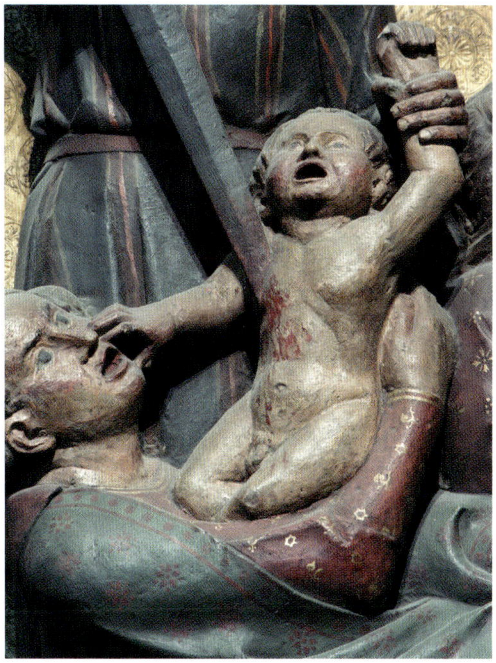

Scène violente du *Massacre des Innocents*, sur le mur de clôture nord du chœur. Elle peut être lue comme un message politique adressé aux rois. Hérode, prototype du tyran, est celui qui, comme l'ogre de la légende, tue les enfants, et, en interdisant à la société de se reproduire, la voue à la stérilité.

cependant, Nicolas Fraillon est élu évêque. C'est un chanoine de Notre-Dame d'obédience bourguignonne, très actif, qui convient bien au gouvernement anglo-bourguignon qui domine la ville. Son successeur, l'année suivante, Jacques du Châtelier, appartient à la même obédience. Mais, quand la ville est reprise par Charles VII en 1436, c'est un maître des requêtes de son Hôtel, membre de son Grand Conseil et chargé de nombreuses missions diplomatiques, Denis du Moulin, qui devient évêque en 1439. Les revirements politiques ne nuisent pas à la qualité intellectuelle de ces prélats. Guillaume Chartier, élu évêque en 1447 et fervent compagnon de Charles VII, est le frère du poète Alain Chartier et il est lui-même docteur dans les deux droits. Conseiller clerc au parlement de Poitiers où se sont exilés les partisans du dauphin, il participe activement à la paix d'Arras en 1435. Chanoine de Notre-Dame de Paris, il en devient le chancelier puis le doyen avant d'en être l'évêque. Pour ces hommes, servir l'État, c'est aussi avoir une haute idée de la nature du pouvoir royal et ils élaborent une véritable théorie politique de la majesté du roi.

La justice de l'évêque : concurrente ou alliée du roi ?

L'évêque est doublement un juge. Il exerce la haute justice dans sa seigneurie au même titre que les grands seigneurs de la ville et il juge des affaires ecclésiastiques. C'est la raison pour laquelle il dispose de deux types de tribunaux : le tribunal de justice seigneuriale pour les causes qui relèvent de son temporel, et le tribunal ecclésiastique ou officialité, pour les causes spirituelles.

En tant que seigneur, l'évêque peut exercer la justice de sang comme tous les seigneurs qui détiennent la haute justice. Mais, à la différence du roi, il ne dispose pas de gibet à Paris et dans sa banlieue, ce qui est un signe d'infériorité. Mais il a « connaissance de pendre et ardoir (brûler) hors la banlieue de Paris », et, à Paris même, il peut « bannir et faire couper oreilles ». Les fourches patibulaires de l'évêque sont donc situées à Saint-Cloud, considérée comme étant hors banlieue. Pour rendre la justice, l'évêque est aidé par un prévôt, par un bailli et par plusieurs sergents. Le bailli tient trois audiences

page 210 ▶

political life during the reign of Charles VI (1380–1422). Jean Charlier, known as Gerson after his place of birth (1363) near Rethel, was the eldest son of a peasant family including twelve children. He received his first religious education from his parents, until his talents came to the notice of the monks of Saint Remigius of Rheims, who sent him to the College of Navarre as a scholar. After receiving his Master of Arts, qualifying him to teach philosophy and the humanities, he became a doctor of theology and Regent Professor in 1392. He acquired various ecclesiastical livings as priest in Champeau-en-Brie and canon in the chapter of Saint Donatian of Bruges, where he was also appointed dean. In 1395 he became chancellor of the university. His goal was to reform both the university and the Church. A further aim was to resolve the Great Schism, the division of Christianity in medieval times into the Eastern Orthodox and Roman Catholic Churches. He called for a general synod to give a voice to the bishops and the members of the universities. At the same time, he led the field in the Parisian intellectual movement, which sought inspiration in the authors of classical antiquity, particularly in Cicero: like the Roman orator, he believed that the world could be changed by the power of the word. In vain! In spite of major sermons preached to various authorities on the political scene, he admitted defeat and resigned in 1399. However, in 1401 he was recalled to his post as chancellor and took up once more his role as a teacher and preacher, continuing to take part in the deliberations of the chapter of Notre Dame. In the end, political events gave justification to his career: he condemned the actions of the Duke of Burgundy in ordering the assassination of the Duke of Orleans in 1407. Later, he played an important role in the Council of Constance, but fled Paris in 1418 when the Burgundians seized the town and massacred their enemies. He sought (and found) refuge in the Celestine Order in Lyons. He died in July 1429, but not before expressing his support for the mission of Joan of Arc.

Many other Parisian bishops and canons openly expressed their political views. For example, we know from a surviving letter from Bishop Gérard de Montaigu that in 1419, on the eve of the Treaty of Troyes which established that Henry V of England would inherit the French crown on the death of French king Charles VI, he was encouraging Parisians to support the faction of the dauphin, the future Charles VII. Like his two brothers in the service of Charles VI (one had been a grand master of the king's household but was condemned to death by the Burgundians in 1409, while the other had been Archbishop of Sens and was killed at the Battle of Agincourt in 1415), he was a supporter of the Armagnac party. He wrote that his duty as a bishop was to state 'the good of the realm' and to warn against the 'damnable inducements'

PAGE 205: A violent scene from the Massacre of the Innocents, on the north choir screen wall. It can be read as a political message to the kings. Herod, the archetypal tyrant, like the ogre of legend, kills the infants, and by forbidding society from reproducing, renders it sterile.

FOLLOWING DOUBLE PAGE: Angels in the arches of the Last Judgement portal, who look with surprise, admiration and humility at the spectacle of salvation they are witnessing.

of the English, 'enemies of this kingdom'. However, in 1426 Nicolas Fraillon was elected bishop. A canon of Notre Dame who actively supported the Burgundians, his appointment suited the Anglo-Burgundian government ruling the city. His successor, Jacques du Chatelier, elected the following year, also supported the Burgundians. However, when Charles VII retook the city in 1436, it was a master of petitions in the king's household and a member of his Great Council, Denis du Moulin, who became bishop in 1439. Such political twists and turns, however, did not lead to any lowering in the intellectual level of such prelates. Guillaume Chartier, elected bishop in 1447 and a fervent supporter of Charles VII, was the brother of the poet Alain Chartier and a doctor in both canon and civil law. A clerical counsellor to the Parliament in Poitiers, the temporary home of many of the exiled supporters of the dauphin, he took an active part in the Peace of Arras in 1435. Canon of Notre Dame in Paris, he became chancellor and then dean before becoming bishop. For such men, serving the state involved an elevated vision of the nature of royal power, and in fact they developed an elaborate political theory justifying royal authority.

A prophet from the west rose window, restored in the 16th century.

THE BISHOPS AND THE LAW: THE KING'S COMPETITOR OR ALLY?

Bishops were also judges on two counts. They exercised judicial authority over their estates, as did other great noblemen in the city, but they were also judges in ecclesiastical cases. This explains why bishops could make use of two types of court: the manorial courts for cases arising under their temporal jurisdiction, and the ecclesiastical court for those arising under their spiritual jurisdiction.

As a temporal lord, the bishop could exercise the death penalty, in parallel with other lords holding similar judicial powers. But, unlike the king, the bishop did not have a gallows at his disposal, either in Paris or its immediate vicinity. Nevertheless, he had 'the right to hang and burn' outside that jurisdiction, and in Paris itself he had the right to 'banish and cut off ears'. The bishop's gallows,

page 212 ▶

par semaine et il s'occupe de la police des fours appartenant à l'évêque, et de la police de la foire au lard qui se tient sur le parvis de la cathédrale. Les prisons seigneuriales de l'évêque sont situées au For-l'Evêque : les cachots connus par leur nom, les Marmousets, la Souris, le Lièvre, la Brune, ont mauvaise réputation et on peut y recourir à la torture ou question.

L'officialité épiscopale, que vient compléter celle des deux archidiacres, juge les délits commis par les clercs et les causes qui relèvent du dogme ou de la morale chrétienne. Les clercs peuvent se montrer violents et ils n'hésitent pas à porter les armes dans les rues de Paris. Pris dans des rixes, ils font couler le sang. C'est la principale cause de leur passage à l'officialité. Quant aux laïcs, ils y sont surtout jugés pour avoir enfreint les règles du mariage, soit en contractant des mariages clandestins, soit en étant bigames, soit en commettant l'adultère... Les jugements de l'officialité de Paris sont en général très modérés, y compris pour des causes sévères comme la sorcellerie. Il s'agit surtout d'amendes ou de peines empreintes de pénitence, sous forme de messes ou de pèlerinages. De toute façon, l'évêque ne peut pas condamner à mort pour les causes spirituelles car l'Église ne doit pas répandre le sang. Les délits les plus graves donnent lieu à une exposition du coupable sur l'échelle, ou pilori, que l'évêque possède sur le parvis de la cathédrale, devant le grand portail de Notre-Dame. Il peut, au pire, condamner à la prison perpétuelle, ce qui revient de fait à condamner à mort étant donné les conditions difficiles de l'emprisonnement en cachot fermé, « au pain de douleur et à l'eau d'angoisse ». Les cas sont rares et ils sont le plus souvent liés à des affaires politiques pour lesquelles l'évêque agit à la demande du roi.

En 1344, accusé de trahison, Henri de Malestroit, gentilhomme breton et maître des requêtes de l'Hôtel du roi, est jugé par le tribunal de l'évêque car il est diacre. Il est condamné à être exposé par trois fois à l'échelle, sur le parvis ; soumis à la dérision de la foule, il est couvert de boue et, malgré la défense des juges, il reçoit des pierres qui le blessent gravement. Il est ensuite transporté à la prison de l'évêque où il finit ses jours. En 1416, Nicole d'Orgemont, chanoine de Notre-Dame et maître des comptes, frère de l'ancien évêque de Paris, Pierre d'Orgemont (1384-1409), est convaincu de complot pour avoir voulu livrer la ville aux Bourguignons. Il est condamné par la justice du roi pour lèse-majesté, livré comme clerc au tribunal ecclésiastique qui décide de le faire prêcher sur l'échafaud dressé sur le parvis de Notre-Dame en présence d'une foule nombreuse, et de l'enfermer à vie. Les chanoines intercèdent pour qu'il soit transporté dans les prisons de l'évêque d'Orléans, mais elles sont aussi redoutables que celles de Paris et il y meurt six mois plus tard.

PAGE 207 : Prophète de la rose ouest, restauré au XVIe siècle.

DOUBLE PAGE PRÉCÉDENTE : Anges dans les voussures du portail du Jugement, à la fois étonnés, admiratifs et humbles devant la scène du salut qu'ils contemplent.

C'est également devant l'échelle située sur le parvis de la cathédrale que, le 18 mars 1314, Jacques de Molay, le Grand Maître de l'ordre du Temple, et Geoffroy de Charnay, le précepteur de Normandie, emprisonnés depuis sept ans, sont amenés pour écouter leur sentence, la prison à vie. C'est là qu'ils se sont rétractés solennellement en disant : « Nous ne sommes pas coupables des choses dont on nous accuse, mais nous sommes coupables d'avoir bassement trahi l'Ordre pour sauver nos vies. L'Ordre est pur, il est saint : les confessions sont absurdes, les confessions menteuses. » Des remous s'étant élevés de la foule qui se montre prête à sauver les deux hommes, l'évêque les livre sans tarder au bras séculier qui les condamne au bûcher dressé le soir même dans l'île aux juifs, en face du quai des Augustins.

Scène enfermée dans un quadrilobe situé sur le mur extérieur du portail Saint-Étienne, illustrant le supplice de l'échelle qui expose le coupable en hauteur, à la dérision du public venu assister au spectacle et proclamer son infamie.

Malgré ces alliances spectaculaires, les conflits de juridiction sont nombreux entre la justice de l'évêque et celle du roi. Le prévôt de Paris, dont le siège est au Châtelet, voit son pouvoir s'accroître. Il prétend contrôler la justice et la police dans la ville de façon à en faire un lieu exemplaire. Il accroît la juridiction du roi dans les rues de la capitale, aux dépens des seigneurs, et en particulier de l'évêque. De nombreux conflits s'ensuivent, car, pour échapper à la justice du roi réputée plus dure, les criminels prétendent souvent être clercs, donc relever de la justice de l'évêque. S'ils sont reconnus incorrigibles ou s'ils ont commis un crime grave qui suppose la peine de mort, le prévôt peut les fait pendre. L'évêque riposte et obtient parfois gain de cause. Ainsi, en 1408, le prévôt Guillaume de Tignonville doit faire amende honorable pour avoir fait pendre indûment deux clercs. Au milieu du XVe siècle, un certain Philippe Calvet, ancien homme d'armes accusé de sorcellerie voit son procès porté en cour de Parlement, sous prétexte qu'il s'agit d'un crime énorme et que les cas de ce type « pullulent », ce qui est au déshonneur du roi. L'évêque réclame le cas. On ne sait pas s'il obtient gain de cause, mais l'affaire est étouffée. Le roi est donc devenu un concurrent redoutable des privilèges épiscopaux, tout simplement parce qu'il a pour mission de conduire ses sujets au salut, et veut, pour ce faire, contrôler leur comportement.

page 214 ▶

therefore, were in Saint-Cloud, a western suburb of modern-day Paris, but then outside the boundaries of the city. The bishop was aided in his judicial tasks by a provost, a bailiff and several sergeants. The bailiff held three hearings a week, and was also responsible for keeping order in the bishop's bakeries and in the bacon market, which took place on the cathedral square. The bishop's secular prison was the For-l'Evêque, and the dungeons were known by particular names: 'the Gargoyles', 'the Mouse', 'the Hare' and 'the Dark' – all had a bad reputation since interrogation and torture were permitted.

The bishop's court, which had been established as an addition to the two archdeacon's courts that were already in existence, was responsible for judging crimes committed by the clergy and cases relating to Christian dogma or morality. Members of the clergy were by no means always peaceful in their conduct and showed no compunction about carrying weapons in the Paris streets. Involved in brawls or scuffles, they often caused bloodshed. This was the most frequent reason for bringing them before the ecclesiastical court. As far as the common people were concerned, the most frequent convictions were for infringing marriage laws – contracting clandestine marriages, bigamy or adultery… The judgements made by the ecclesiastical court in Paris were often very lenient, even in very serious cases such as those for witchcraft. Punishments were in the form of fines or penitence, such as paying for masses or going on pilgrimages. In any event, the bishop could not give the death penalty for a spiritual offence, since the Church could not shed blood. The most serious offences were punished with the bishop's 'ladder' or pillory on the cathedral square in front of the Great Door of Notre Dame. At the very worst, the bishop could condemn a man to life in prison, in practice a death sentence given the terrible nature of imprisonment in a confined cell, living on 'the bread of pain and the water of anguish'. Such cases were infrequent, and were usually associated with political cases in which the bishop acted at the request of the king.

In 1344 Henri de Malestroit, a gentleman from Brittany and master of petitions in the king's household, was tried and judged for treason in the bishop's court because he was also a deacon. He was condemned to three sessions in the pillory on the cathedral square: exposed to the derision of the crowd, he was pelted with mud and, in spite of a ban by the judges, was stoned and badly injured. He was then taken to the bishop's prison, where he died.

In 1416 Nicole d'Orgemont, canon of Notre Dame and master of accounts, and brother of the former Bishop of Paris, Pierre d'Orgemont (1384–1409), was convicted of plotting to deliver the town to the Burgundians. He was condemned by the king's courts for *lèse majesté* but, because he was a cleric,

Page 211: Scene from a quatrefoil located on the outer wall of the St Étienne portal, depicting punishment by being tied to a ladder, where the guilty person was hoisted up to be derided by the public who came to watch the spectacle and shout abuse.

he was delivered to the ecclesiastical court, which ruled that he should be made to preach from the scaffold on the cathedral square, in the presence of the crowd. He was sentenced to life imprisonment. The canons interceded on his behalf and he was sent to the prisons that belonged to the Bishop of Orléans, but conditions were just as dreadful as those in Paris. Six months later he was dead.

Stoning and crucifixion were punishments that were both forbidden. This scene from the south portal shows the martyrdom of St Stephen. It illustrates the violence of the mob carrying out the death sentence, but the saint remains impervious to the pain.

On 18 March 1314 Jacques de Molay, Grand Knight Templar, and Geoffroy de Charnay, the Preceptor of Normandy, who had both been in prison for seven years, were also brought to the pillory on the cathedral square to hear their sentence of life imprisonment. There they made a solemn retraction in the following words: 'We are not guilty of those things of which we are accused, but we are guilty of having basely betrayed the Order to save our own lives. The Order is pure and holy: the confessions are absurd and lying.' Protests from the crowd, which appeared to be on the point of rescuing the two men, led the bishop to deliver them to the secular arm with alacrity. They were condemned to death by fire that same evening on the Island of the Jews, opposite the Quai des Augustins.

In spite of these occasional judicial alliances, conflicts of jurisdiction between the bishop and the royal courts were very common. For example, the Paris provost, who was based at Châtelet, saw his powers increase. Attempting to broaden his control over the law, he extended the king's jurisdiction in the streets of the capital, eating away at the powers of the Church and of the bishop in particular. Numerous conflicts ensued, partly because criminals attempting to escape from the king's justice, which was reputed to be more severe, often tried to pass themselves off as clerics, who came under the jurisdiction of the bishop. If it was judged that they were hardened criminals or if they had committed serious crimes punishable by death, the provost could have them hanged. But the bishop opposed these developments, counter-attacking and often claiming the provost's cases in the courts. For example, in 1408 the provost, Guillaume de Tignonville, was ordered to endure public humiliation and beg for pardon for having had two clerics hanged without just cause. In the mid-15th century, the case of Philippe Calvet, a former soldier accused of witchcraft, was taken to the king's court of parliament, on

page 216 ▶

La lutte des Vertus et des Vices fait de la cathédrale un miroir pour les princes et les nobles. Ici, la Lâcheté est illustrée par un chevalier qui, effrayé par un lièvre, s'enfuit en ayant perdu son épée, donc sa dignité.

Le roi et Notre-Dame de Paris

Les rois de France sont liés à la cathédrale, mais ils se méfient fortement de la puissance de l'évêque et du chapitre. Ils sont sacrés à Reims. Seul le jeune Henri VI, un Lancastre, qui est désigné comme roi à la mort de Charles VI, est sacré à Notre-Dame, le 16 décembre 1431. Mais le sacre en ce lieu rend son pouvoir fragile : Charles VII, son rival, a la force d'avoir été sacré à Reims, le 17 juillet 1429, preuve qu'il est le vrai roi.

L'abbaye de Saint-Denis est un autre lieu royal. Elle détient dès le XIIe siècle les insignes de la royauté, couronne, sceptre et main de justice, ainsi que l'oriflamme qui accompagne le roi à la guerre. Les rois y sont aussi enterrés. Entre l'abbaye de Saint-Denis et la cathédrale de Paris, les occasions de conflits sont nombreuses. Elles portent entre autres sur la possession du chef de saint Denis, en particulier depuis que le roi Philippe Auguste, en 1217, a donné – avec les cheveux de la Vierge, trois dents de saint Jean-Baptiste et des pierres de la lapidation de saint Étienne – la partie haute du crâne du martyr qui aurait été décalotté, disent les chanoines, et non décapité comme le prétendent les moines de l'abbaye, qui affirment posséder la tête entière. En 1406, s'ouvre un long conflit qui se termine par un procès en 1410, dont on ne connaît malheureusement pas l'issue. Prêts à donner au duc de Berry un morceau de cette relique insigne en échange du chef entier de saint Philippe apôtre, les chanoines sont attaqués par les moines qui prétendent que le morceau de crâne conservé à Notre-Dame est un faux, vont jusqu'à investir la cathédrale et taxer leurs rivaux d'idolâtrie. Moines et chanoines cherchent des textes pour justifier leurs prétentions. Dans son mémoire, le chapitre de Notre-Dame, soutenu par l'évêque Pierre d'Orgemont, invoque la représentation de saint Denis au portail de la Vierge, contribuant ainsi indirectement à donner des indications très précieuses sur l'iconographie primitive de l'entrée de la cathédrale. Il semble que Viollet-le-Duc, dans sa reconstitution, n'en ait pas tenu compte, car, comme on l'a vu, il fait représenter saint Denis avec sa tête entière décapitée alors que, primitivement, dit le mémoire des chanoines, le saint « porte son chef demi-tranché » et que sont à ses côtés « les images de Notre-Dame, de saint Étienne, de saint Jean

Page 213 : La lapidation comme la crucifixion sont des peines interdites. Cette scène du martyre de saint Étienne, au portail sud, montre la force du lynchage dont l'exercice sous-tend la peine de mort, mais le saint reste insensible à la douleur.

Baptiste », tous ces saints étant présentés par un roi « Philippe le Conquérant, figuré en jeune âge pour ce qu'il fut couronné au XIIIIe an de son âge ». Il s'agit bien des saints dont les reliques sont entrées dans la cathédrale en 1217 grâce à Philippe Auguste. Leurs statues primitives ont disparu, mais la pierre sculptée de Notre-Dame conserve encore le souvenir de cet épisode : au-dessous de la niche que devait occuper la statue de Philippe Auguste que Viollet-le-Duc a remplacé par l'empereur Constantin, figure un petit bas-relief où se trouve un roi agenouillé, déroulant une longue banderole aux pieds d'une femme assise, voilée, couronnée, nimbée, un bout de palme ou de sceptre à la main. Le sens de la figuration est clair : la banderole reproduit l'acte de donation royale des reliques au sanctuaire de la Vierge en 1217. Enfin, il est possible que le dernier personnage qui figurait alors, avec une tiare mais sans nimbe, donc un pape qui n'a pas été canonisé, soit Alexandre III qui passe pour avoir posé la première pierre de la cathédrale en 1163 lors de son exil parisien. En ce cas le portail de la Vierge, par ces références implicites aux dates de 1163 et 1217, affirme pour l'éternité et face aux églises concurrentes, la double mémoire d'une fondation de l'église cathédrale, à la fois pontificale et royale.

Mais, dès le milieu du XIIIe siècle, saint Louis crée un troisième lieu concurrent au cœur même de la Cité. Il fait construire la Sainte-Chapelle pour accueillir les reliques de la Passion, et les rois successifs présentent eux-mêmes ces reliques au peuple une fois par an.

Le *Couronnement de la Vierge* figure aussi au tympan de la porte des Chanoines, dite porte Rouge, que les prélats utilisaient quotidiennement pour accéder au chœur. Les personnages agenouillés sont sans doute saint Louis, à gauche, et Marguerite de Provence, son épouse, à droite, qui montrent ainsi leur attachement à Notre-Dame et à la cathédrale. Ce programme iconographique, probablement réalisé par Pierre de Montreuil vers 1260, réunit l'Église et l'État dans une volonté commune de mener les hommes au salut.

page 218 ▶

The solemn entry of Queen Isabeau of Bavaria, wife of King Charles VI, into Paris on 22 August 1389. This illumination is from a manuscript of the *Chronicles* of Jean Froissart. The queen, like the Blessed Sacrament, is covered by a canopy and carried by prelates. Sainte-Chapelle and Notre Dame can be seen facing and rivalling each other.

the pretext that the crime of which he was accused was very serious, and that such crimes were proliferating, to the shame of the king. The bishop claimed jurisdiction over the case. It is not known whether he won, but certainly no more was heard of the affair. The king had become a redoubtable opponent of episcopal privileges, simply because his mission was to lead his subjects to salvation, and to do that, he needed to control their behaviour.

The king and Notre Dame

The French kings were closely linked with the cathedral, although they were hostile to the power of the bishop and the chapter, but they were crowned in Rheims. Only the young Henry VI, a Lancastrian who was chosen as king after the death of Charles VI, was crowned in Notre Dame, on 16 December 1431. But coronation in Paris weakened his authority: Charles VII, his rival, claimed the advantage of having been crowned in Rheims on 17 July 1429, proof that he was the genuine king.

The abbey of Saint-Denis was also important for the monarchy. Since the 12th century, it had held the royal insignia: the crown, the sceptre and the rod, as well as the standard, which the king carried in war. The kings of France were also buried there. There were many cases of conflict between the abbey of Saint-Denis and Notre Dame, one of which concerned the head of Saint Denis. In 1217 the king, Philip Augustus, had donated – together with the hair of the Virgin, three teeth of St John the Baptist and several stones used to pelt St Stephen – the upper part of the martyr's skull. The canons believed that the skull had originally been cut in two; however, the abbey monks maintained that it had been cut off completely, claiming that they had the whole head. In 1406 a lengthy conflict began, which ended in a trial in 1410, though unfortunately we do not know the outcome. About to donate a piece of this famous relic to the Duke of Berry in exchange for the complete head of St Philip the Apostle, the canons were attacked by the monks, who claimed that the piece of the skull kept in Notre Dame was a fake, going so far as to besiege the cathedral and describe their rivals as idolaters. Both sides searched for texts to justify their claims. In its report, the chapter of Notre Dame, supported by the bishop, Pierre d'Orgemont, cited the representation of St Denis on the Portal of the Virgin, in so doing giving

Page 214: The struggle between the Virtues and Vices is the cathedral reflecting the behaviour of princes and nobles. Here, Cowardice is depicted as a knight who, frightened by a hare, flees, losing both his sword and his dignity.

Page 215: *The Coronation of the Virgin* is also shown on the tympanum of the door of the Canons, also known as the Red Door, used daily by the prelates to enter the choir. The kneeling figures, probably St Louis on the left and Marguerite de Provence, his wife, on the right, are displaying their devotion to Our Lady and the cathedral named after her. The iconography, probably the work of Pierre de Montreuil around 1260, brings together Church and State in a common desire to guide mankind towards salvation.

us some valuable information on the original iconography of the cathedral door. It seems that, when carrying out his restoration of Notre Dame, Viollet-le-Duc had no knowledge of this – he portrays St Denis carrying his whole head in his hands, whereas originally, according to the canons' report, the saint was shown with his head cut in two, with 'the images of Notre Dame, St Stephen and of St John the Baptist' at his side, all these saints being presented by a king, 'Philip the Conqueror, pictured as a young man for he was crowned in his thirteenth year'.

The original statues may have disappeared, but a reminder of this episode remains: below the niche that should have been occupied by the statue of Philip Augustus, and which Viollet-le-Duc replaced with the Emperor Constantine, there is a small bas-relief showing a kneeling king unwinding a long banner at the feet of a seated woman, veiled, crowned and holding a palm branch or a sceptre in her hand. The meaning of the image is clear: the banner symbolizes the king's gift of the relic to the sanctuary of the Virgin in 1217. Finally, it is possible that the last figure, who is shown with a papal tiara but no halo and is therefore a pope who had not been canonized saint, may be Alexander III, who was believed to have laid the first stone of the cathedral in 1163 during his period of exile in Paris. If so, bearing in mind that other churches competed with Notre Dame for status, the references to 1163 and 1217 that are implicit in the Portal of the Virgin could mean that it is evidence that the foundation of the cathedral was both royal and pontifical, as had long been claimed.

The king's banner is now the base for the statue of St Andrew on the Last Judgement portal. The presence of the kings of France at Notre Dame remains very discreet, especially as the statue of Philip Augustus, destroyed during the Revolution, was replaced by one of Constantine in the 19th century.

However, in the mid-13th century St Louis (King Louis IX, the only canonized king of France) created a third competing site in the heart of the city. The Sainte-Chapelle (Holy Chapel) was built to house the relics of the Passion, which it was customary for the French kings to present to the people each year. Efforts made to house the relics in Notre Dame had not succeeded. Was it because the cathedral did not have enough relics of its own, or because those that it did have were not sufficiently prestigious? The number of relics that the cathedral held at that time is not known, due to damage caused during the Revolution. Nor are the medieval inventories dating from 1343 and 1416 any help, as these were restricted to priestly vestments and jewels. The

page 222 ▶

Le roi Louis IX est représenté, peu de temps après sa mort (1270), en adoration devant les plus prestigieuses reliques conservées à la Sainte-Chapelle, la couronne d'épines et la Vraie Croix. Sa prière, considérée comme exemplaire par les moines et les frères mendiants qui assistent à la scène, contribue à la sainteté du roi, canonisé dès 1297. Saint Louis devient ainsi un modèle politique.

La cathédrale ne réussit pas à s'imposer. Est-ce parce que, finalement et malgré ses efforts, elle ne possède pas des reliques assez nombreuses et prestigieuses ? On en connaît mal le nombre, étant donné que le trésor de la cathédrale a été détruit à la Révolution. Par ailleurs, les inventaires médiévaux de 1343 et 1416 concernent surtout les vêtements sacerdotaux et les joyaux, lesquels ont été fondus à plusieurs occasions, par exemple pour payer la rançon du roi Jean en 1360, ou lors du retour du roi Charles VII en 1436, car les chanoines ont eu la prudence de se séparer des objets précieux que leur avait donnés le duc de Bedford ! Pour les reliques, les deux châsses principales sont celles de la Vierge et de saint Marcel. En 1416, un gardien spécial veille sur les reliques insignes que sont le haut du chef de saint Denis, si controversé, le bras de saint Siméon, celui de saint André, et une petite croix d'argent contenant un fragment de la Vraie Croix que la cathédrale possède depuis 1108 grâce à Ansel, chantre de l'église du Saint-Sépulcre de Jérusalem, « laquelle on met quotidiennement sur le grand autel quand on dit la grand messe ». Par ailleurs, de nombreuses statues orfévrées représentant la Vierge contiennent soit des cheveux, soit un peu de lait marial. Un humérus de sainte Ursule, un doigt de saint Thomas l'Apôtre, une épine de la couronne du Christ, un bras de saint Blaise s'ajoutent à ces trésors, mais ne peuvent pas concurrencer la Sainte-Chapelle qui possède la couronne d'épines en entier, le chef de saint Blaise et celui de saint Siméon, et devient, à Paris, à la fois monument et reliquaire.
D'autres sujets de concurrence apparaissent. Le couronnement des reines est l'objet de rivalités entre Saint-Denis et la Sainte-Chapelle. Notre-Dame obtient cependant que l'entrée solennelle de la reine à Paris soit marquée par

PAGE 216 : Cette entrée solennelle de la reine Isabeau de Bavière, épouse du roi Charles VI, à Paris le 22 août 1389, illumine un manuscrit des *Chroniques* de Jean Froissart. La reine, comme le Saint-Sacrement, est protégée par un dais que portent les prélats, et on aperçoit, se faisant face et concurrence, la Sainte-Chapelle et Notre-Dame.

PAGE 217 : Ce roi déroulant sa banderole sert actuellement de socle à la statue de saint André, au portail du Jugement. La présence des rois de France reste, à Notre-Dame, très discrète, d'autant que la statue de Philippe Auguste, détruite à la Révolution, a été remplacée par celle de Constantin au XIXe siècle.

DOUBLE PAGE SUIVANTE : Au tympan du Jugement dernier, ce soldat endormi se réveille pour participer au salut. Les clercs mettent en garde les chevaliers qui sont victimes de mort violente : se sont-ils préparés à la mort ?

une prière à la cathédrale, comme l'est celle des rois. Mais, en 1389, l'accueil de la ville à Isabeau de Bavière semble éclipser la cérémonie à la cathédrale. Aux principaux carrefours, jaillissent, de fontaines artificielles, le lait et le vin tandis que des spectacles tirés des Saintes Écritures attirent la foule des spectateurs. Pourtant, en raison de sa joyeuse entrée, la reine octroie un certain nombre de privilèges à l'évêque et au chapitre, en particulier en matière de justice. Mais le procureur du roi au Parlement les réfute sous prétexte que ces dons lèsent les droits royaux ; un long procès s'ensuit, qui se termine par une transaction entre les différents protagonistes.

Les dons que les rois font à la cathédrale marquent leur présence. À partir du XIVe siècle, ils sont soigneusement consignés dans les registres que tient le chapitre. Il peut s'agir de sommes d'argent comme celles que Louis VII donna pour fonder la cathédrale, de reliquaires ou encore de reliques, comme celles qu'offrit Philippe Auguste en 1217. Les dons de reliques sont les signes tangibles de la dévotion royale. Or, chez les Capétiens, ils se font tardivement en faveur de la cathédrale, et de façon discontinue. Jusqu'au XIIe siècle, les rois avantagent plutôt Saint-Denis. Il faut attendre le règne de Philippe Auguste pour que la dévotion du souverain se tourne aussi vers Marie et la cathédrale. À l'âge de quatorze ans, Philippe part chasser en forêt de Compiègne et s'égare. Il se recommande alors à Dieu, à la sainte Vierge et à saint Denis : aussitôt un charbonnier apparaît qui lui montre son chemin et le sauve. L'Assomption devient pour lui une fête de reconnaissance. Saint Louis, par contre, malgré son intense dévotion à la Vierge, n'agit guère en faveur de la cathédrale. On sait seulement qu'en recevant la couronne d'épines, la procession à laquelle il participe, pieds nus, s'arrête à Notre-Dame avant de se rendre à la Sainte Chapelle, au palais, où l'insigne relique est déposée. Puis, au moment de son dernier départ en croisade, le 15 mars 1270, il se rend en habit de pèlerin à Notre-Dame pour prier. Philippe le Bel, sans doute après sa victoire de Mons-en-Pévèle le 18 mars 1304 – une victoire qui le venge du désastre qui a eu lieu à Courtrai deux ans plus tôt – donne à la cathédrale 300 livres parisis de rente et une statue de bois peint représentant un roi à cheval et en armes. Une autre statue équestre est donnée de la même façon par Philippe VI après sa victoire de Cassel, le 23 août 1328. Puis, ce même roi offre une image d'argent à la Vierge pour obtenir la guérison de son fils, Jean, le futur Jean le Bon. Ces ex-voto sont alors déposés en face de la statue de la Vierge qui se dresse à l'extrémité droite du jubé. Ils marquent l'importance que prend la cathédrale dans la dévotion monarchique, une importance que l'abbaye de Saint-Denis est obligé de reconnaître quand elle doit partager le corps de saint Louis avec la cathédrale et avec la Sainte-Chapelle, même si Notre-Dame ne possède finalement qu'une côte du saint roi.

page 224 ▶

latter were melted down on several occasions, such as to pay a ransom for King John II during the Hundred Years' War with England in 1360, or on the return of King Charles VII in 1436, when the canons prudently divested themselves of precious objects donated to them by the English Duke of Bedford, who had been Regent of France. As for the relics, the two main shrines in the cathedral were those of the Virgin and St Marcel. In 1416 a special guard was placed over its relics: the upper part of St Denis' head, which had led to so much controversy, St Simon's arm, the arm of St Andrew, and a small silver cross containing a fragment of the True Cross, which had been in the cathedral's possession since 1108 thanks to Ansel, a precentor in the Church of the Holy Sepulchre in Jerusalem. The cross was placed on the high altar every day during Mass. There were also a number of statues of the Virgin, worked in gold, containing pieces of the Virgin's hair or a small quantity of her milk. Other relics included St Ursula's upper arm-bone, St Thomas the Apostle's finger, a thorn from the Crown of Thorns, and an arm belonging to St Blase – but they could not compete with those of the Sainte-Chapelle, which had the entire Crown of Thorns and the heads of St Blase and St Simon. The Sainte-Chapelle was both chapel and reliquary.

Other controversies arose. Saint-Denis and the Holy Chapel competed for the coronation of Isabeau of Bavaria, wife of Charles VI of France. Notre Dame, however, managed to ensure that the queen's solemn entry into the city would be marked by prayers in the cathedral, as was already the case with French kings. But in 1389 Isabeau of Bavaria's entry into Paris eclipsed the ceremony in the cathedral. At all the main crossroads, artificial fountains ran with milk and wine as performances based on Holy Scripture attracted crowds of spectators. Nevertheless, the queen granted a number of privileges to the bishop and chapter, especially certain legal privileges. However, the king's prosecutor in parliament contested these on the pretext that the gifts infringed royal prerogatives; a long legal case ensued, which finally ended in a formal settlement between the parties.

Donations made by the kings of France demonstrate their involvement with the cathedral. From the 14th century onwards, gifts were carefully recorded in the chapter's records. They included sums of money, such as given by Louis VII for the foundation of the cathedral, reliquaries or even relics, such as those donated by Philip Augustus in 1217. Gifts of relics were tangible signs of royal devotion. The Capetian kings, however, dragged their heels somewhat and their donations were few and far between. Up until the 12th century, the French monarchy tended to favour St Denis.

PAGE 218: King Louis IX is shown shortly after his death (1270), venerating the most prestigious relics kept in Sainte-Chapelle, the Crown of Thorns and the True Cross. His prayer, regarded as exemplary by the monks and friars present at the scene, contributes to the holiness of the king, who was canonized in 1297. St Louis became a political model.

PREVIOUS DOUBLE PAGE: In the tympanum of the Last Judgement a sleeping soldier awakes to share salvation. Clerics warned knights who were victims of violent death: were they prepared for death?

The Battle of Formigny on 15 April 1450 marked the recovery of Normandy already initiated by the solemn entry of Charles VII into Rouen on 10 November 1449. The French troops were commanded by Jean de Clermont and the Constable de Richemont, facing the English commanded by Kyriell. The illumination is contemporary and the story of the event was widely circulated.

It was not until the reign of Philip Augustus that royal devotion began to redress the balance, turning to the Virgin Mary and her cathedral. At the age of 14, on a hunting expedition in the forest of Compiègne, Philip lost his way. He prayed to God, to the Holy Virgin and to St Denis, at which point a charcoal burner appeared from among the trees and showed him the way out, so saving his life. The Feast of the Assumption was a special day for Philip Augustus. Louis IX, on the other hand, had scant involvement with the cathedral, in spite of his devotion to the Virgin. When receiving the Crown of Thorns, he took part in a procession, in bare feet, and the procession halted at Notre Dame before proceeding to Sainte-Chapelle. Later, at the time of his departure for the Crusade, on 15 March 1270, he went to Notre Dame to pray, dressed as a pilgrim. In contrast, Philip the Fair, probably after his victory against the Flemish at Mons-en-Pévèle on 18 March 1304 – revenge for the disaster that had occurred at Courtrai two years before – gave the cathedral 300 livres a year in income and a wooden statue showing the armed king on horseback. Similarly, Philippe VI donated an equestrian statue after his victory in Cassel on 23 August 1328, and later an image in silver to the Virgin as a plea to cure his son, John, the future John the Good. These votive offerings were placed in front of the statue of the Virgin, which stood at the extreme right of the

page 226 ▶

Cette procession de clercs et de prélats portant un reliquaire entre à Notre-Dame de Paris. Elle illustre un livre de prières à l'usage du diocèse de Paris, destiné sans doute à l'héritier du roi Charles VI, le dauphin Louis de Guyenne, avant sa mort en 1415.

La dévotion royale à Notre-Dame, dans la cathédrale de Paris, est surtout le fait de Charles V (1364-1380) puis de Charles VI (1380-1422). En 1367, Charles V fonde deux messes basses par jour, six messes par an au grand autel et une septième, la plus solennelle, le 21 janvier, jour de la sainte Agnès et de son anniversaire. Ces messes s'accompagnent de prières que le roi fait en personne dans la cathédrale, et de dons à la fabrique. Il prie pour avoir un fils et son vœu est exaucé le 3 décembre 1368. Aussi, par la suite, pour répondre au vœu qu'il avait fait, le roi se rend chaque premier dimanche de l'Avent à Notre-Dame de Paris. Les chanoines dressent alors un autel en bois devant la statue de la Vierge pour que Charles V puisse faire ses dévotions, agenouillé sur un escabeau et peut-être sous un dais. Outre de larges aumônes, il offre à chaque fois de l'argent à la fabrique et des objets somptueux, objets liturgiques en or ou en argent, nappes d'autel, reliquaires tel celui qui renferme « des cheveux de Notre-Dame, des os de sainte Agnès et sainte Constance ». Cette dévotion, interrompue pendant les premières années du règne de Charles VI, reprend quand celui-ci est atteint de sa première crise de folie, en 1392. Le roi remercie la Vierge de sa guérison et le dimanche Ier décembre 1392, il est reçu avec faste à Notre-Dame de Paris. La cloche Marie sonne pendant toute la messe qui est dite non plus seulement devant l'autel de la Vierge, mais dans le chœur. Suivent des dons somptueux et réguliers qu'interrompent seulement les accès de folie. Mais, après chaque crise, le roi vient prier dans la cathédrale en signe de remerciement.

Charles VII et Louis XI n'ont pas totalement délaissé Notre-Dame de Paris même si leurs résidences en Val de Loire les éloignent de la capitale. Ainsi, le 12 octobre 1467, quand Louis XI fait l'honneur de venir dans la ville, il va écouter les Vêpres à Notre-Dame de Paris, ce qui n'est pas étonnant étant donné le culte qu'il porte à la Vierge. Puis, « après icelles dites, fut faite procession par l'évêque et chanoines du dit lieu », jusqu'à ce que le roi retourne à son hôtel. Et, autre présage favorable à la royauté, le soir même une étoile suit le roi tandis qu'il marche dans les rues. Pour le chroniqueur et pour les Parisiens, le ciel et le clergé de Notre-Dame sont unis dans le même hommage fait au souverain.

Page 223 : La bataille de Formigny, le 15 avril 1450, marque le recouvrement de la Normandie déjà amorcé par l'entrée solennelle de Charles VII à Rouen le 10 novembre 1449. Les troupes françaises sont commandées par Jean de Clermont et par le connétable de Richemont, face aux Anglais aux ordres de Kyriell. L'enluminure est contemporaine de l'événement dont le récit a été largement diffusé.

La cathédrale et les processions politiques

Reliquaire de saint Louis, œuvre d'orfèvrerie par Viollet-le-Duc. Reliques et reliquaires de Notre-Dame ont été détruits à la Révolution. Parmi les reliques insignes, la cathédrale conserve la couronne d'épines, un fragment de la Vraie Croix et le Saint Clou que Napoléon a ordonné de transférer du trésor de la Sainte-Chapelle, en 1804, après que Notre-Dame a été rendue au culte le 18 avril 1802.

Le clergé de Notre-Dame a la charge d'organiser de nombreuses processions qui suivent le calendrier liturgique. La cathédrale quadrille ainsi l'espace de la ville, affirme son pouvoir sur les autres églises et monastères et s'assure de l'obéissance des fidèles. Par exemple, le jour des Rameaux, en souvenir de l'entrée du Christ à Jérusalem, une procession va de Sainte-Geneviève jusqu'à Notre-Dame. En passant devant le Châtelet, les chanoines de la cathédrale chantent l'hymne *Gloria laus et honor*. Alors la porte de la prison s'ouvre et un prisonnier sort, libéré. De la même façon, le chapitre peut libérer deux prisonniers lors d'une procession à Saint-Martin-des-Champs au moment du Carême et le jour de la translation de Saint-Martin. D'autres processions conduisent le clergé de la cathédrale en bateau, jusqu'à l'abbaye Saint-Victor sur la rive gauche, le 21 juillet, jour de la Saint-Victor, ou encore à Saint-Gervais, le jour de la Saint-Gervais et Saint-Protais, le 19 juin, où les chanoines reçoivent des moutons et les enfants de chœur des cerises. À la fin du Moyen Âge, la Fête-Dieu est l'objet d'une procession somptueuse où le Saint-Sacrement est porté sous un dais tandis que la foule jette des pétales de roses.

À ces processions traditionnellement organisées, s'ajoutent les processions expiatoires, pour remercier Dieu, la Vierge et les saints d'avoir exaucé les vœux des fidèles, mais surtout pour les supplier. Il peut s'agir de sécheresse ou d'inondations, de pestes ou de famines, mais le plus souvent de « demander à Dieu de délivrer son peuple du danger ». Les processions prennent alors une coloration nettement politique. Il en est ainsi plus de cent fois entre 1380 et 1422. Ainsi, le dimanche 30 août 1383, quand le jeune roi Charles VI part chasser les Anglais de Flandre, accompagné de vingt mille hommes d'armes, les chanoines organisent une procession qui les conduit jusqu'à l'abbaye Sainte-Geneviève, puis reviennent à Notre-Dame avec les moines pour écouter un sermon prononcé dans le cloître, auquel assistent un grand nombre de Parisiens. De façon générale, à la fin du Moyen Âge, quand se multiplient les pestes, les famines, les guerres et les divisions

page 228 ▶

rood screen. They show the increasingly important role the cathedral played in royal devotion, which the abbey of Saint-Denis was forced to recognize when it was obliged to share the body of Louis IX with Notre Dame and the Sainte-Chapelle, though in the end Notre Dame received just one of St Louis' ribs.

However, during the reigns of Charles V (1364–80) and Charles VI (1380–1422), Notre Dame's role in royal worship strengthened even further. In 1367 Charles V established two Low Masses per day, six masses a year at the high altar, and a seventh, the most solemn of all, every 21 January, on his birthday, the Feast of St Agnes. These masses were to be accompanied by prayers offered by the king in person, as well as by gifts for the upkeep of the cathedral. He prayed for a son, a prayer that was answered on 3 December 1368 when his son, who would become Charles VI, was born. In addition, to give thanks for the birth of his son, he made a visit to Notre Dame every first Sunday of Advent. The canons had a wooden altar dressed before the statue of the Virgin so that Charles V could make his devotions, kneeling on a stool and perhaps beneath a dais. Besides quantities of alms, at every visit he also donated items in silver, sumptuous gifts, liturgical objects in gold or silver, altar cloths and reliquaries such as the one containing 'a lock of Our Lady, and bones of St Agnes and St Constance'. This practice continued throughout the early years of Charles VI's reign, and was resumed in 1392 after his first spell of madness (possibly schizophrenia) was over. The king gave thanks to the Virgin for his cure, and on 1 December 1392 he was received in the cathedral with great pomp. The Marian Bell was rung during the entire Mass, which was said not only before the altar of the Virgin, but also in the choir. Further gifts followed at regular intervals, interrupted only by the attacks of madness suffered by the king; yet after each crisis the king returned to the cathedral to give thanks. The two subsequent kings, Charles VII and Louis XI, did not totally abandon Notre Dame, even if their residences in the Loire valley kept them away from the capital. For example, on 12 October 1467, when Louis XI returned to the city, he heard vespers in Notre Dame, unsurprisingly given his devotion to the Virgin. Then 'the prayers having been said, the bishop and canons of the said place' went in procession until the king returned to his residence.

Significantly, in the evening, as the king walked through the streets, a star is said to have followed him – another favourable sign. For the chronicler and the people of Paris, heaven and the clergy of Notre Dame were united in paying homage to the sovereign.

PAGE 224: A procession of clerics and prelates carrying a reliquary into Notre Dame. It illustrates a prayer book for use by the diocese of Paris, probably intended for the heir of King Charles VI, the dauphin Louis de Guyenne, before his death in 1415.

PAGE 225 : Reliquary of St Louis in silverwork by Viollet-le-Duc. Relics and reliquaries of Notre Dame were destroyed during the Revolution. Relics preserved in the cathedral include the Crown of Thorns, a fragment of the True Cross and the Holy Nail that Napoleon ordered to be transferred from the treasury of Sainte-Chapelle in 1804, after Notre Dame was reopened for worship on 18 April 1802.

The cathedral and religious processions

The clergy of Notre Dame were responsible for organizing numerous processions throughout the liturgical year. As they made their way across the city, they drew in the faithful in an assertion of the cathedral's power over other churches and monasteries. On Palm Sunday, in remembrance of Christ's entry into Jerusalem, a procession would make its way from Sainte-Geneviève to Notre Dame. As it passed by the Châtelet, where the city provost was based and where prisoners were detained, the canons would sing a hymn, *Gloria laus et honor*, the door would open and a prisoner would be set free. Similarly, the cathedral chapter could free two prisoners during Lent and on the Ascension of St Martin, during a procession from Saint Martin of the Fields. Some processions were by river, such as on 21 July, the day of St Victor, when the clergy travelled as far as the Abbey Saint-Victor (destroyed during the Revolution) on the left bank. On 19 June (sacred to St Protais and St Gervais), the clergy would process to the church on the right bank that was dedicated to both saints, where the canons received gifts of sheep and the children of the choir were given cherries. Towards the end of the Middle Ages, the feast of Corpus Christi was marked by a sumptuous procession in which the Holy Sacraments were carried beneath a panoply as the crowd scattered rose petals in the streets.

In addition to these customary processions, others were undertaken for atonement, or to thank God, the Virgin and the saints for hearing the prayers of the faithful. The most numerous of these were to make an appeal, such as for rain, or for protection against plague or famine; or, as was often the case, simply to beg the Lord to deliver his people from danger. On such occasions, the processions could take on a marked political aspect. Between 1380 and 1422, there were more than a hundred such processions. For example, on Sunday 30 August 1383, when the young King Charles VI left the city accompanied by 20,000 armed men to drive the English out of Flanders, the canons organized a procession to the abbey of Sainte Geneviève, returning to Notre Dame with the monks to hear a sermon preached in the cloister, also heard by a large Parisian crowd. Towards the end of the Middle Ages, as plagues, famines, wars and religious divisions increased, the processions tended to take on the purpose of atonement, as the people of Paris sought explanations for the ills that afflicted them. As a result, the rituals became more flamboyant, and were accompanied by singing and the lighting of candles, with the cathedral one of the most active participants in this field.

By the end of the Middle Ages, people would assemble in the cathedral 'to pray to God for the health and prosperity of the kingdom'. Certainly, Notre

page 231 ▶

religieuses, les processions se font expiatoires, car les Parisiens cherchent une explication à ces fléaux. Un rituel flamboyant de chants et de lumière leur répond, dont la cathédrale est l'un des grands ordonnateurs.
À la fin du Moyen Âge, on se rassemble dans la cathédrale « pour prier Dieu pour le salut et prospérité du roi et du royaume ». Notre-Dame de Paris est bien liée au roi, mais en matière de religion royale, elle n'est pas chef de file. Plus original est le lien qu'elle entretient désormais avec le royaume, au fur et à mesure que celui-ci devient une entité politique solide. Elle prétend être alors devenue la cathédrale de l'ensemble des sujets du roi. En 1302, elle les réunit symboliquement, puisque sa nef accueille les premiers états généraux du royaume que Philippe le Bel a convoqués. Au milieu du XVe siècle, en célébrant les victoires de Charles VII contre les Anglais, elle devient la cathédrale du recouvrement du royaume. Les processions générales se succèdent pour que Rouen capitule et que le roi reprenne la Normandie. Celle du 13 octobre 1449 réunit plusieurs milliers d'enfants entre sept et dix ans, garçons ou filles, tout de blanc vêtus, tenant en leur main un cierge allumé, tandis que deux cloches majeures, la Marie et la Jacqueline, mêlent leur son à celui des orgues et au chant des enfants et de la maîtrise. Après sa victoire à Formigny, le 15 avril 1450, Charles VII décide alors que toutes les cathédrales du royaume célèbreront la recouvrance de la Normandie, ce qui est fait à Notre-Dame le 12 août suivant, sur ordre de l'évêque Guillaume Chartier. Cette commémoration sous forme de processions et de *Te Deum* s'est poursuivie à Paris jusqu'à la Révolution, ravivée par le vœu que Louis XIII fit à la Vierge et la fête du 15 août. La cathédrale de Paris est ainsi devenue le chantre d'un premier essai de fête nationale.
Certes, le temps n'est plus où les chanoines étaient enterrés dans l'église, choisissant avec soin leur pierre tombale aujourd'hui disparues ; où les grands, princes ou bourgeois, la dotaient facilement de reliques et d'orfèvreries précieuses. Mais la cathédrale résonne encore des voix qui ont choisi la solennité de sa nef pour se faire entendre, de la mère de Jeanne d'Arc, simple paysanne, ouvrant en 1455 le procès en nullité de sa fille, jusqu'à Bossuet y prononçant, en 1687, l'éloge funèbre du Grand Condé. Messes, actions de grâces, *Te Deum* s'y sont succédé et y prennent place pour accompagner les grands événements, ceux du royaume puis de la République, autant de cérémonies qui lient la cathédrale Notre-Dame de Paris à l'Histoire de la France.

CI-CONTRE : Un double déambulatoire nécessaire à la liturgie des processions enveloppe le sanctuaire et le chœur. Conçu dès 1160 par le premier architecte de la cathédrale, il est voûté d'arcs diagonaux de hauteur identique, qui retombent sur des piliers massifs.

PAGE 230 : Notre-Dame vue du chevet, depuis la rive gauche de la Seine.

PAGE 229: A double ambulatory, which is required for liturgical processions, surrounds the sanctuary and choir. Designed in 1160 by the first architect of the cathedral, it consists of diagonal vaulted arches of equal height, which rest on massive pillars.

OPPOSITE: View of the *chevet* of Notre Dame, from the left bank of the Seine.

Dame was closely associated with the king, but as far as the king's devotions were concerned it was not the principal church. The link binding the cathedral to the kingdom, which developed as France became a more solidly based political entity, was of greater long-term importance. The aim was for Notre Dame to become the principal church of France. In 1302 an important symbolic step was taken in that direction, as the first 'Estates General' (meeting of the estates) was called by Philip the Fair and took place in the nave. (The three 'estates' were the broad classes into which French society was divided, comprising the clergy, the nobility and the commoners.) In the mid-15th century Notre Dame symbolized the recovery of the kingdom when it celebrated the victories of Charles VII over the English. Many more processions followed, all praying for the capitulation of Rouen and the retaking of Normandy by the king. On 13 October 1449, for example, a procession took place including several thousand children, boys and girls, all dressed in white, holding lighted altar candles in their hands, as the two great bells, 'Marie' and 'Jacqueline', tolled to the sound of the organs and to the singing of the children and the choir school. After his victory at Formigny on 15 April 1450, Charles VII decided that all the cathedrals in the kingdom should celebrate the return of Normandy to French control. The celebration in Notre Dame took place on 12 August 1450, on the orders of the bishop, Guillaume Chartier. The ceremony was subsequently repeated every year until the Revolution, in the form of processions and the singing of the Te Deum, revitalized by the vow made by Louis XIII on the Feast of 15 August to dedicate himself and his kingdom to the Virgin. Notre Dame had thus effectively played the main role in what would become the first 'national day' in France.

The days when the canons could carefully choose their own memorials and were buried within the cathedral itself have long gone, as have the days in which the great men of France, aristocrat or *bourgeois*, would donate precious relics and objects in gold. Nevertheless, the cathedral still resounds to the voices of those who have chosen its imposing nave as the place in which to make their voices heard, from the mother of Joan of Arc, a humble peasant, opening the procedure for the rehabilitation of her daughter in 1455, to Jacques-Bénigne Bossuet in 1687 speaking the funeral elegy of Louis de Bourbon, military general and Prince of Condé. The masses, prayers and Te Deums have continued, accompanying the great events of France, both under the monarchy and the Republic, in ceremonies that link the cathedral of Notre Dame enduringly to the history of France.

Plan de Notre-Dame, tiré
du *Dictionnaire raisonné de l'architecture*
de Viollet-le-Duc, 1854-1868

Plan of Notre Dame, taken from the
Dictionnaire raisonné de l'architecture
by Viollet-le-Duc, 1854–68

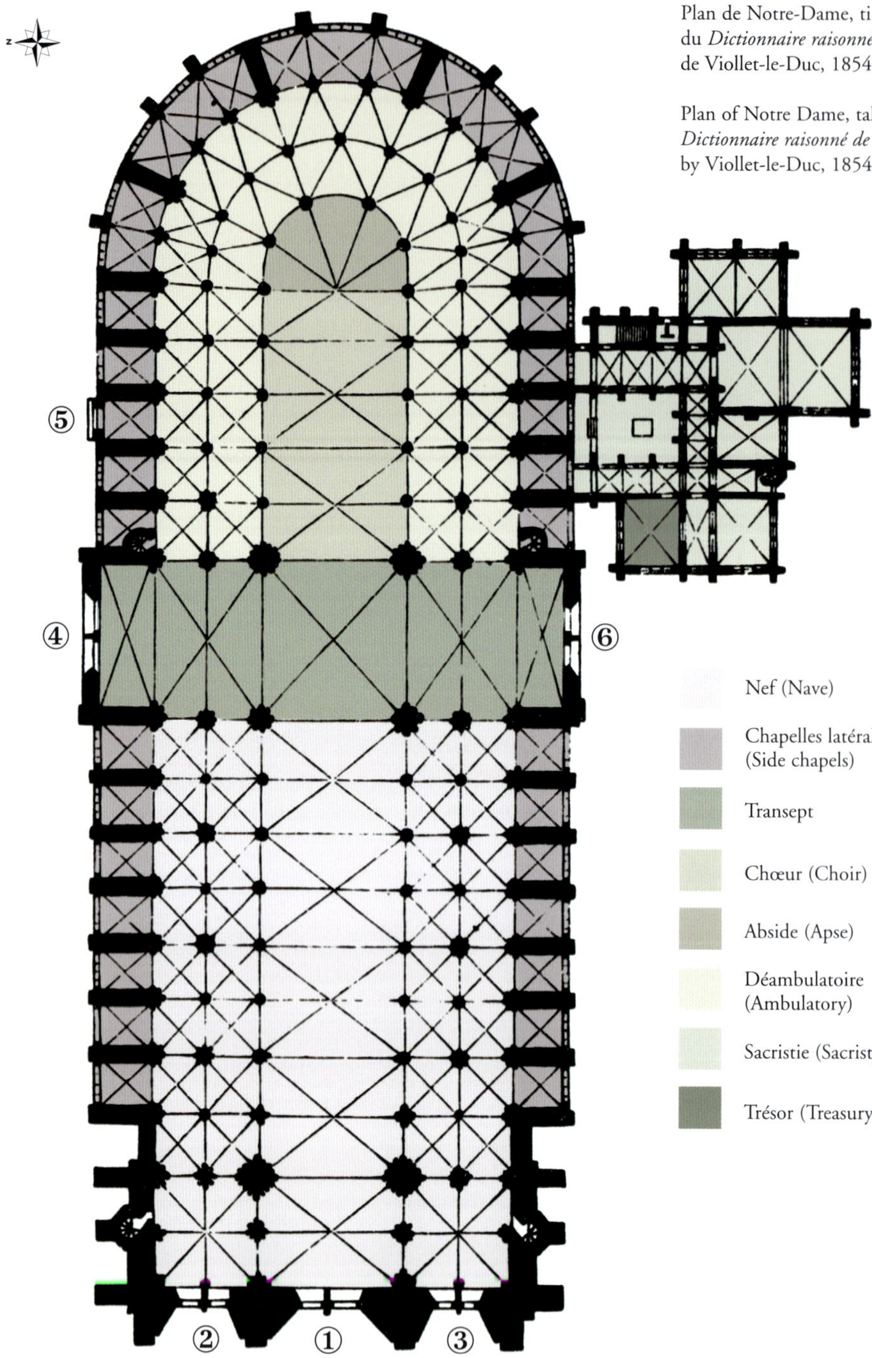

① Portail du Jugement dernier (Last Judgement portal)

② Portail de la Vierge (Portal of the Virgin)

③ Portail Sainte-Anne (Portal of St Anne)

④ Portail du Cloître (Cloister portal)

⑤ Porte des Chanoines, dite porte Rouge (Canons' Door, also known as the Red Door)

⑥ Portail Saint-Étienne (St Stephen's portal)

0 5 10 m

- Nef (Nave)
- Chapelles latérales (Side chapels)
- Transept
- Chœur (Choir)
- Abside (Apse)
- Déambulatoire (Ambulatory)
- Sacristie (Sacristy)
- Trésor (Treasury)

Glossaire

Abbé : chef d'un monastère appelé abbaye.

Abside : partie extrême du chœur de l'église.

Apocalypse : révélation sur le Jugement dernier et l'avènement du règne de Dieu, précédée du combat contre l'Antéchrist, d'après l'Évangile de saint Jean.

Apôtres : disciples que Jésus chargea de prêcher l'Évangile (Simon, dit Pierre, André, Jacques, Jean, Philippe, Barthélemy, Matthieu, Thomas, Jacques, fils d'Alphée, Judas, fils de Jacques, et Judas Iscariote, qui le trahit).

Arc-boutant : arc extérieur en pierre, prenant appui sur un contrefort pour épauler la partie haute d'un mur et réduire la poussée des voûtes.

Archidiacre : dignitaire ecclésiastique exerçant une juridiction au nom de l'évêque.

Ars nova : S'oppose à *Ars antiqua* et désigne toute la musique du XIVe siècle. Les innovations concernent surtout la notation du rythme car on ajoute au système ternaire un mode de division binaire et les pièces deviennent d'une virtuosité technique très complexe.

Arts libéraux : ensemble de sept matières qui composent l'enseignement de la faculté des arts. On distingue deux groupes : le *trivium* (grammaire, rhétorique, dialectique) et le *quadrivium* (arithmétique, géométrie, astronomie, musique).

Aumusse : sorte de veste garnie d'un capuchon et généralement fourrée.

Bas-côté : vaisseau latéral de la nef d'une église, d'une hauteur plus petite que le vaisseau central. La nef de Notre-Dame de Paris comporte quatre bas-côtés.

Bénéfice : de façon générale, bien foncier concédé à un homme en échange de services. Dans l'Église, charge ecclésiastique à laquelle sont attachés des biens et des revenus qui constituent la prébende. On distingue les bénéfices majeurs (évêché et abbatiat) et les bénéfices mineurs (canonicat, cure, chapellenie, etc.).

Bible : texte sacré contenant l'Ancien et le Nouveau Testament.

Bourgeois : habitant de la ville ayant acquis le privilège de bourgeoisie dont la nature varie selon les statuts urbains.

Bulle : décret du pape authentifié par le sceau de la chancellerie pontificale ou *bulla*, et désigné par les premiers mots du texte.

Cathédrale : église où siège l'évêque, qui constitue le chef du diocèse.

Cardinal : titre donné aux collaborateurs immédiats du pape, qui sont chargés de l'élire depuis le XIe siècle et constituent, à partir du XIIIe siècle, le Sacré Collège (20 à 30 membres).

Cathares : hérétiques qui, à partir du XIIe siècle, croient que le monde est fondé sur deux principes antithétiques, le mal, qui crée la matière, et le bien, qui crée l'esprit.

Glossary

Abacus: a flat slab on top of a capital, supporting the architrave.

Abbot: the head of an abbey.

Abutment: vertical stonework structure that resists the lateral pressure of a flying buttress.

Aisle: the side nave of the main nave of a church; the height of the aisle is lower than that of the central nave. The nave of Notre Dame de Paris includes four aisles.

Almuce: a hooded cape, usually lined with fur.

Apocalypse: the revelation of the Last Judgement and the coming of the Kingdom of God, preceded by a conflict with the Antichrist, as described in the Gospel according to Saint John.

Apostles: the disciples chosen by Jesus to preach of the Gospel (Simon, called Peter, Andrew, James the Greater, James the Lesser, John, Philip, Bartholomew, Matthew, Thomas, Thaddeus, Simon, and Judas Iscariot, who betrayed him).

Apse: the far end of the choir in a church.

Archdeacon: an ecclesiastical dignitary who exercises jurisdiction on behalf of the bishop.

Archivolt: an arch surrounding a door or window, which may be sculpted.

Ars nova: a term referring to music of the 14th century, in contrast to 13th-century *Ars antiqua*. Innovations in the field of rhythmic notation were particularly important, since a binary subdivision was added to the ternary form, making it possible to achieve complex and highly technical levels of virtuosity.

Bible: the Christian sacred text consisting of the Old and New Testaments.

Bishop: member of the secular clergy holding a major living who exercises all the powers of the priesthood (cure of souls, pastoral care, ordination of priests) and is responsible for a diocese.

'Book of Life': the register of a church's donors or benefactors for whom prayers were to be said on the anniversaries of their deaths.

Bull: papal edict authenticated by the *bulla*, or seal, of the papal chancery. The titles of the bulls are the first few words of their Latin texts.

Burgher: an inhabitant of a town holding a burgher's privileges. The privileges vary depending on the town's charter or statutes.

Buttress: a pillar or other projection supporting a wall.

Canon: a member of a body known as the chapter. There were two types of canon: lay canons belonged to the cathedral chapter, and were responsible for aiding the bishop in celebrating services and managing the cathedral. Canons in holy orders followed a form of monastic rule, usually that of Saint Augustine; for example, the canons of the abbeys of Saint Geneviève or Saint Victor in Paris.

Censive : terre sur laquelle un seigneur prélève des revenus, dont le principal est le cens, payé annuellement en nature ou en argent.

Chambre des comptes : organe financier de la cour du roi ou des princes.

Chancelier : celui qui dirige la chancellerie. Dans la cathédrale, dignité canoniale dont le responsable est chargé des écoles et de délivrer la licence d'enseigner. À Paris, le chancelier de l'Université est un dignitaire du chapitre, représentant l'autorité ecclésiastique. Il préside les jurys d'examen de la licence et confère les grades.

Chancellerie : organe chargé de rédiger les actes et de les authentifier.

Chanoine : membre d'une communauté appelée chapitre. On distingue les chanoines séculiers qui sont ceux du chapitre cathédral, chargés d'aider l'évêque pour célébrer les offices et gérer la cathédrale, et les chanoines réguliers, qui suivent une règle de type monastique, en général celle de saint Augustin ; par exemple les chanoines de l'abbaye Sainte-Geneviève ou de Saint-Victor à Paris.

Chantre : dignitaire du chapitre responsable des chants.

Chapelain : clerc desservant une chapelle, qui n'est pas obligatoirement prêtre.

Chapitre : communauté de **chanoines**.

Chéneau : gouttière.

Chevalier : combattant à cheval qui a été adoubé.

Chevet : extérieur de l'abside. Par extension, désigne toutes les constructions qui sont au-delà du transept à l'est de l'église.

Chimère : monstre fantastique servant à la décoration.

Chœur : partie de l'église située entre le transept et l'**abside**, réservée au clergé.

Chronique : récit historique des événements disposé par ordre chronologique.

Cisterciens : moines bénédictins (suivant la règle de saint Benoît) qui appartiennent à l'ordre de Cîteaux fondé en 1098 par Robert de Molesme et illustré au XIIe siècle par saint Bernard.

Clerc : toute personne qui a reçu la tonsure, possède en principe une lettre de cléricature, bénéficie des privilèges attachés à la cléricature, mais qui ne remplit pas pour autant un office dans l'Église. Certains clercs peuvent être mariés. S'oppose à laïc.

Clergé : ensemble des **clercs** qui détiennent un office dans l'Église. Tous les clercs ne sont pas membres du clergé. On distingue le clergé séculier, qui vit dans le siècle (évêques, chanoines, curés, chapelains, etc.) et le clergé régulier qui suit une règle de type monastique.

Collège : fondation universitaire destinée à accueillir les étudiants pauvres.

Concile : assemblée des évêques réunis pour régler la vie de l'Église. Dans le cadre du diocèse ou de la province ecclésiastique, le concile s'appelle un synode.

Confrérie : association dont les membres s'appellent « frères », s'entraident et développent des célébrations religieuses communes.

Contrefort : pilier ou saillie qui renforce le mur.

Corporation : appelée au Moyen Âge métier. Association des artisans d'une même profession qui comprend les maîtres du métier, les compagnons ou valets, qui sont salariés, et les apprentis.

Canon law: the laws of the Church, which were compiled and published in a number of works, including the *Decretum*, written by Gratian in 1140, the *Decretals* of Gregory IX, dated about 1230, and, from the 14th century, the *Libra Sextus*, the *Clementines* and the *Extravagantes*.

Canonical hours: the division of the day into sung services or 'offices', as follows: Matins (before sunrise), Lauds (praise for sunrise), Prime (at first light, or 6 a.m.), Terce (at 9 a.m.), Sext (at midday), None (at 3 p.m.), Vespers (in the evening, at about 5 p.m.) and Compline (at the end of the day). The Hours were set out in Books of Hours, which could also be used by lay people for their prayers.

Cardinal: title given to the closest counsellors of the pope, who since the 11th century have been charged with electing a new pope and since the 13th century have formed the Sacred College of Cardinals (20 to 30 members).

Cathars: a heretical sect that flourished around the 12th century and believed that the world was founded on two opposing principles: Good, created by spirit, and Evil, created by matter.

Cathedral: the principal church of a diocese, housing the bishop's throne.

Chamber of Accounts: the financial department of the king's or prince's Court.

Chancellor: director of the chancery. In the cathedral, the chancellor was a canon who was responsible for the Schools and for issuing a licence to teach. In Paris, the chancellor of the university was a member of the chapter, representing ecclesiastical authority. He presided over the examination juries for the teaching licence and awarded grades.

Chancery: the organization charged with drawing up and authenticating deeds.

Channel: a gutter.

Chaplain: a cleric attached to a chapel, not necessarily a priest.

Chapter: a collective body made up of the canons.

Chevet: exterior part of the apse. By extension, the word refers to any construction beyond the transept at the east end of the church.

Chimera: a monstrous hybrid creature, often appearing as ornamentation.

Choir: the area of the church between the transept and the apse, reserved for the clergy.

Chronicle: a historical narrative of events in chronological order.

Cistercians: monks following the rule of Saint Benedict, who belong to the Cistercian Order founded in 1098 by Robert de Molesme and made famous in the 12th century by Saint Bernard.

Civil law: Roman law codified around 534 on the orders of the Eastern Emperor Justinian, consisting of the Code, the Digest, the Institutes and the Additions. Used in the West from the 11th century.

Clergy: the body of clerics who hold official positions in the Church. Not all clerics were members of the clergy. Secular clergy who live in the world, such as bishops, canons, priests, chaplains, etc., are distinguished from clergy in orders who follow a particular monastic rule.

Cleric: a man who has been tonsured, who possesses a letter authenticating his status, and who benefits from the privileges attached to the clergy, but does not hold an official position in the Church. Some clerics are permitted to marry.

College: university foundation for educating poor students.

Coronation: ceremony during which the king receives the crown

Cour du roi : formée par l'entourage du roi et par ses officiers, elle se scinde au XIIIe siècle en organes spécialisés : Conseil, Chambre des comptes, Parlement.

Crochet : ornement de chapiteau.

Culée : maçonnerie verticale située au-dessus du contrefort qui absorbe la poussée des arcs-boutants.

Curé : clerc qui doit être prêtre et qui est chargé du soin des âmes (la cure) dans le cadre de la paroisse.

Curie : ensemble des organes du gouvernement central de la papauté.

Déambulatoire : espace de circulation entourant le chœur et relié aux bas-côtés.

Décret ou droit canon : droit de l'Église consigné dans un ensemble d'ouvrages, le *Décret*, composé en 1140 par Gratien, les *Décrétales* de Grégoire IX vers 1230, puis à partir du XIVe siècle, le *Sexte*, les *Clémentines* et les *Extravagantes*.

Denier : monnaie définie par rapport à l'unité de poids qu'est la livre et par rapport à l'unité de compte qu'est le sou. Une livre = 20 sous = 240 deniers.

Droit civil : droit romain rassemblé vers 534 sur ordre de l'empereur d'Orient, Justinien, composé du *Code*, du *Digeste*, des *Institutes* et des *novelles*, et utilisé en Occident à partir du XIe siècle.

Duel judiciaire : mode de preuve de type ordalique qui oppose les protagonistes en armes.

Écolâtre : maître qui, choisi parmi les chanoines, dirige l'école dans la cathédrale.

Évêque : membre du clergé séculier détenant un bénéfice majeur, qui exerce tous les pouvoirs du sacerdoce (soin des âmes et ordination des prêtres) et dirige un diocèse.

Excommunication : sentence qui exclut un chrétien de la communion des fidèles et lui interdit d'être enterré en terre chrétienne.

Ex-voto : objet déposé dans une église en remerciement de la réalisation d'un vœu.

Fabrique : groupe de clercs et laïcs chargés d'entretenir les bâtiments religieux de la paroisse.

Fleuron : ornement sculpté au sommet d'un ouvrage pointu.

Immunité : privilège par lequel un domaine ecclésiastique est soustrait à l'autorité des agents laïcs, en particulier en matière de justice et de finances.

Gâble : fronton de pierre de forme triangulaire, ajouré et décoré, au sommet d'une voûte ou d'une ouverture.

Gargouille : monstre évacuant les eaux de pluie hors des murs.

Hagiographie : écrit sur la vie des saints.

Hôtel-Dieu : hôpital dépendant de la cathédrale, chargé d'accueillir les malades, les voyageurs et les pèlerins.

Heures : moment de prière célébré par les moines et les chanoines sous la forme d'un office chanté, divisant la journée en matines (avant le lever du jour), laudes (louanges au lever du jour), prime (à la première heure soit vers 6 heures), tierce (vers 9 heures), sexte (vers 12 heures), none (vers 15 heures), vêpres (le soir vers 17 heures) et complies (en fin de journée). Elles sont rassemblées dans des livres d'heures que peuvent aussi utiliser les laïcs pour prier.

Investiture : dans l'Église, mise en possession d'un bénéfice ecclésiastique. Dans la vie civile, don du fief au vassal. Les deux cérémonies suivent un important rituel.

and other regalia, in particular the sceptre and the rod, and is anointed with holy oil, which confers on him a religious role and involves duties towards his subjects.

Council: an assembly of bishops summoned to rule on the life of the Church. In the context of a diocese or an ecclesiastical province, a council is known as a synod.

Crocket: an ornament on a capital.

Curia: the papal court responsible for the central government of the Church.

Denier: a French coin whose value is defined in terms of the pound (*livre*) weight and of the unit, known as a *sou*. One *livre* (pound) = 20 *sous* = 240 deniers.

Ecclesiastical court: the bishop's court for judging ecclesiastical cases.

Ecclesiastical orders: positions in the hierarchal structure of the clergy. There are four minor orders (porter, reader, exorcist and acolyte) and three major orders (subdeacon, deacon and priest).

Escheat: the right of the king to receive the income from certain ecclesiastical livings when they were vacant.

Excommunication: the exclusion of a Christian from the community of the faithful and the prohibition of burial in consecrated ground.

Fabrique: a group of lay people and clerics responsible for maintaining religious buildings in the parish.

Fathers of the Church: authorities in the Christian world whose doctrines became the rule as a result of their orthodox thinking and the saintliness of their lives. In the West, the main examples are St Ambrose, St Augustine, St Jerome, St Gregory the Great, St Isidore of Seville and St Bernard, who is considered as the last of the 'Fathers'.

Finial: a sculpted ornament at the apex of a vertical pointed construction.

Flying buttress: an arched masonry support to take transmitted thrust from a roof or vault away from the main structure to an outer pier.

Fraternity: an association consisting of members called 'brothers' who provide mutual aid and organize shared religious celebrations.

Gable: a triangular stone pediment with a decorated openwork design, at the top of a vault or opening.

Gargoyle: a grotesque carving projecting from the gutter of a building to carry water away from the wall.

Guild: known in the Middle Ages as a trade. An association of skilled craftsmen in the same profession, including Masters in the Guild, Journeymen, who received wages, and Apprentices.

King's Court: formed by the king's entourage and his officials, in the 13th century it developed into a number of specialized bodies: the Council, the Chamber of Accounts, the Parliament.

Living: generally, a landed property granted in exchange for services. In the Church, an ecclesiastical office to which property and revenue are attached, forming a stipend. Major livings such as bishoprics and abbeys are distinguished from minor livings, such as canonries, parishes, chaplaincies, etc.

Hagiography: an account of the lives of the saints.

Hôtel-Dieu: the hospital of Notre Dame cathedral, for the use of the sick, travellers and pilgrims.

Immunity: a privilege by which an ecclesiastical estate is removed from

Jubé : clôture séparant la nef du chœur.

Justice : on distingue : la haute justice, qui juge des délits graves, au civil comme au criminel et peut entraîner de grosses amendes, le bannissement ou la mort (justice de sang) ; la basse justice, qui juge des délits entraînant des amendes inférieures à 60 sous.

Moine : **clerc** vivant en communauté dans un monastère où il suit une règle. La principale règle monastique est celle de saint Benoît que suivent les clunisiens et les cisterciens.

Motet : chant superposant plusieurs voix, qui apparaît avec le développement de la musique polyphonique à la fin du XIIe siècle et devient de plus en plus complexe.

Mystère : drame liturgique comportant un très grand nombre de personnages joués par des amateurs à l'occasion de fêtes religieuses et dans le cadre de leur corporation ou de leur confrérie. Nombreux au xve siècle, ils succèdent à des pièces plus courtes comme les jeux et les miracles des XIIIe-XIVe siècles (*Jeu de la feuillée d'Adam* de la Halle, *Miracle de Théophile* de Rutebeuf) et sont surtout consacrés à la Passion et aux vies des saints.

Obituaire : registre des bienfaiteurs d'une église chargée de célébrer l'anniversaire de leur mort.

Officialité : tribunal de l'**évêque** jugeant des causes ecclésiastiques.

Ordres ecclésiastiques : degrés dans les fonctions du clergé. On distingue quatre ordre mineurs (portier, lecteur, exorciste et acolyte) et trois ordres majeurs (sous-diacre, diacre et prêtre).

Ordres mendiants : ordres religieux fondés au XIIIe siècle, dont les membres sont des frères regroupés dans des couvents et installés en ville où ils prêchent. Les principaux sont les dominicains, les franciscains, les carmes et les augustins.

Parlement : organe de la cour du roi spécialisé dans la justice à la fin du XIIIe siècle, dont la composition est fixée en 1345 par une ordonnance et qui comprend des **clercs** et des laïcs. Il juge en appel pour l'ensemble du royaume.

Paroisse : circonscription religieuse du diocèse, dirigée par un **curé**.

Patriarches : nom donné aux chefs de famille dont la vie, décrite dans l'Ancien Testament, est un modèle de longévité et de sagesse (Moïse, Abraham par exemple).

Pères de l'Église : nom donné à des autorités du monde chrétien qui s'imposent par l'orthodoxie de leur pensée et par la sainteté de leur vie. En Occident, les principaux sont saint Ambroise, saint Augustin, saint Jérôme, saint Grégoire le Grand, saint Isidore de Séville et saint Bernard qui est considéré comme le dernier des « Pères ».

Piédroit : montant vertical d'un arc ou d'un linteau.

Polyphonie : mentionné dans les écrits théoriques dès le IXe siècle, le chant polyphonique consiste à ajouter à la voix principale ou ténor une seconde voix à la quinte, puis à la quarte et à l'octave. Ce sont les *organa*.

Prévôt de Paris : nom donné au chef de la circonscription administrative que constitue la prévôté de Paris. Il est directement nommé par le roi et exerce des pouvoirs judiciaires, administratifs et financiers.

Prieuré : communauté religieuse qui n'est pas tenue par un abbé, mais par un prieur.

Prophète : homme qui, dans l'Ancien Testament, est inspiré par

the jurisdiction of the lay authorities, in particular in relation to justice and finance.

Investiture: in the Church, a ceremony in which a person is made an incumbent of an ecclesiastical living. In a secular context, it is the gift of a fief to a vassal. Both ceremonies were important rituals.

Justice: there were two levels of justice – high justice, concerned with serious offences, whether civil or criminal, and which could lead to heavy fines, banishment or death (blood justice); and low justice, dealing with offences punishable with fines of less than 60 *sous*.

Knight: an armed man on horseback who has been knighted.

Liberal Arts: the seven subjects in the Faculty of Arts curriculum. Divided into two parts it comprises: the Trivium (grammar, rhetoric and logic) and the Quadrivium (arithmetic, geometry, astronomy and music).

Lord: the superior to a vassal or to a person holding land and power over the people who worked it.

Mendicant orders: religious orders founded in the 13th century. Their members were brothers (friars) living in monasteries situated in the towns where they preached. The largest orders were the Dominicans, Franciscans, Carmelites and Augustinians.

Monk: a cleric living in a monastic community under a code of practice known as a 'rule', usually the Rule of St Benedict. The largest monastic order was the Benedictines, followed by the more rigidly disciplined Cluniac and Cistercian orders.

Motet: singing that superimposes several voices, which appeared with the development of polyphony at the end of the 12th century and became increasingly complex.

Mystery: a liturgical drama with a large number of characters played by lay people on religious feast-days celebrated by a guild or fraternity. Mystery plays became widespread in the 15th century, developing from miracle plays of the 13th and 14th centuries (*Jeu de la feuillée* by Adam de la Halle, *Miracle* by Théophile de Rutebeuf). Such dramas usually dealt with the Passion and with the lives of the saints.

Oath: a solemn promise, made in public and sworn on sacred objects, binding the person making the oath to honour it.

Parish: an administrative district within the diocese, run by a priest.

Parish priest: a clergyman responsible for the pastoral care of his parishioners.

Parlement **(parliament):** at the end of the 13th century, a body within the king's Court specializing in justice. Its structure was laid down by a ruling in 1345.
It included both clerics and lay members and served as a court of appeal for the whole kingdom.

Patriarchs: the name given to the heads of families in the Old Testament, who were long-lived and wise (Moses or Abraham, for example).

Pier, jamb: a vertical section of wall from which an arch or a lintel emerges, respectively.

Pier: a pillar supporting the centre of a lintel.

Polyphony: appearing in theoretical writings from the 9th century, polyphonic singing added one or more voices to the main or tenor voice, at the fifth interval, then at the fourth and at the octave. The result was known as the *organum*.

Precentor: the chapter dignitary responsible for choral services.

Dieu, parle en son nom et annonce en particulier la venue du Christ (Isaïe, Jérémie, Ézéchiel, Daniel).

Régale : droit du roi à percevoir les revenus de certains bénéfices ecclésiastiques quand ils sont vacants.

Reliques : restes d'un saint conservés dans un reliquaire. Il peut s'agir d'ossements ou d'objets ayant appartenu au saint. Les reliques sont l'objet d'une grande vénération et d'un important trafic.

Rinceau : motif d'ornement végétal, sculpté ou peint.

Rose : vitrail circulaire dont le tracé ressemble à une fleur.

Sacre : cérémonie au cours de laquelle le roi reçoit la couronne et les attributs royaux, en particulier le sceptre et la main de justice, ainsi que l'onction d'huile sainte qui lui confère un caractère religieux et lui donne des obligations vis-à-vis de ses sujets.

Sacristie : annexe de l'église où sont conservés les vêtements et les objets liturgiques.

Scolastique : méthode de raisonnement fondée sur la logique et appliquée à l'étude critique des textes, qui se développe à l'école cathédrale de Paris à partir du XIIe siècle.

Seigneur : le mot a deux sens. Il désigne celui qui est le supérieur du vassal et celui qui détient la terre et le pouvoir sur les hommes qu'il exploite.

Sergent : personne qui est chargée de faire exécuter les ordres de l'administration seigneuriale ou royale.

Serment : promesse solennelle, faite en public sur des objets sacrés, qui engage le corps de celui qui la prête.

Séraphin : ange de la première hiérarchie céleste, doté de trois paires d'ailes, qui a pour fonction de louer et d'adorer Dieu.

Sexpartite : voûte composée de trois arcs en ogive qui permettent de voûter les travées de plan carré.

Tailloir : partie supérieure du chapiteau qui supporte l'entablement.

Transept : partie transversale de l'église qui forme une croix dont les bras sont plus ou moins saillants.

Tribune : étage au-dessus des collatéraux épaulant le mur de la nef.

Trumeau : pilier supportant un linteau en son milieu.

Tympan : espace, souvent sculpté, entre le linteau et l'arc d'un portail.

Université : terme général qui désigne tout regroupement d'individus qui cherchent à s'associer par des statuts et obtiennent à ce titre des privilèges. À partir du XIIIe siècle, le terme s'applique surtout à l'association des maîtres et des étudiants, et par extension au centre d'études lui-même.

Vassal : homme qui est lié à un seigneur par l'hommage et qui reçoit de ce seigneur un ensemble de biens appelé fief.

Voussure : arc entourant une porte ou une fenêtre, qui peut être sculpté.

Voûte : maçonnerie dérivée du demi-cylindre qui couvre un espace entre deux murs. On distingue la voûte en berceau ou plein cintre, typique de l'art roman, et la voûte en berceau brisé, ou ogive, typique de l'art gothique. La voûte sur croisée d'ogives est constituée par deux nervures de pierre diagonales qui se croisent en son centre.

Priory: a religious community ruled by a prior instead of an abbot.

Prophet: a character in the Old Testament who is inspired by God, speaks in his name and who in particular foretells the coming of Christ (Isaiah, Jeremiah, Ezekiel and Daniel).

Provost of Paris: the title given to the head of the administrative area of Paris. He was nominated directly by the king and exercised judicial, administrative and financial powers.

Quit rent: land from which a lord takes revenue, the main part of which is the cens, paid annually in money or in kind.

Relic: part of a saint's body, such as a bone, or an object that once belonged to the saint. Relics were kept in a container called a reliquary and were much venerated; they were also often the subject of illicit trade.

Rinceau: a decorative motif consisting of stylized foliage, either sculpted or painted.

Rood screen: screen separating the nave from the choir.

Rose window: a circular window whose shape resembles a flower.

Sacristy: the annex to the church where vestments and liturgical objects are stored.

Scholaster: the master of a cathedral school selected from among the canons.

Scholasticism: a method of reasoning founded on logic and applied to the critical study of texts. Scholasticism developed in the cathedral school in Paris from the 12th century.

Seraphim: angels of the highest order in the celestial hierarchy possessing three pairs of wings. The function of a seraph was to praise and adore God.

Sergeant: person responsible for enforcing the orders of the royal or seigneurial administration.

Sexpartite vault: a rib vault divided into six bays by four diagonal ribs and two transverse ribs.

Transept: the transverse part of a church in the form of a cross whose arms project at right angles from the nave.

Trial by combat: method of determining the outcome of a dispute through physical combat between the parties.

Tribune: a raised area above the supporting wall of the nave.

Tympanum: a recessed triangular space, often sculpted, between the lintel and the arch of a portal.

Vassal: a man who holds land by feudal tenure and who receives benefits, known collectively as the *fief*, from the lord, to whom he pays homage and owes allegiance.

Vault: a complex arched structure of masonry that forms a roof or ceiling over the space between two walls. A distinction is made between a barrel vault, typical of Romanesque architecture, and the pointed or ogival vault characteristic of Gothic architecture. A vault over an ogive crossing is made up of two diagonal stone ribs that cross over the centre.

Votive offering (ex-voto): an object placed in a church in thanks for the fulfilment of a wish.

Voussure: an archivolt surrounding a door or window, which may be sculpted.

Bibliographie

Marcel Aubert, *La cathédrale Notre-Dame de Paris* (The Cathedral of Notre Dame in Paris), Paris, Firmin-Didot, 1945

John W. Baldwin, *Paris 1200*, "La forme de l'église selon Pierre de Roissy" (The layout of the church according to Pierre de Roissy), Paris, Aubier, 2006 (pp. 243–244)

Jérôme Baschet, *La chrétienté médiévale. Représentations et pratiques sociales*, "Le Jeu d'Adam" (Medieval Christianity, Representations and Social Practices, "The Play of Adam") (translated from Norman English), Paris, La documentation française, Dossier 8047 of Documentation photographique, 2005, (p. 39)

Nicole Bériou, *L'avènement des maîtres de la parole. La prédication à Paris au XIIIe siècle*, "Sermon de Maurice de Sully" (The Coming of the Masters of the Word. Preaching in Paris in the XIII century, "Sermon by Maurice de Sully"), (translated), 2 vols., Paris, Institut d'Études augustiniennes, 1998, (p. 27)

Thierry Crépin-Leblond, Paris. *La cathédrale Notre-Dame* (The Cathedral of Notre Dame), Paris, Éditions du patrimoine, Cathédrales de France, 2000

Georges Duby, *Le temps des cathedral. L'art et la société* (980–1420) (The Age of the Cathedrals. Art and Society (980–1420)), Paris, Gallimard, 1976

Alain Erlande-Brandenburg, *Notre-Dame de Paris*, Paris, Nathan/CNMHS, 1991

Id., *La Cathédrale* (The Cathedral), Paris, Fayard, 1989

Id., *Quand les cathédrales étaient peintes* (When the Cathedrals were Painted), Paris, Gallimard, « Découvertes », 1993

Claude Gauvard, *La France au Moyen Âge, V–XV siècle* (France in the Middle Ages, 5th–15th century), new ed., Paris, PUF, Quadrige, 2004.

Claude Gauvard, Alain De Libera, Michel Zink (editors), *Dictionnaire du Moyen Âge* (Dictionary of the Middle Ages), Paris, PUF, 2002

Dominique Iogna-Prat, La Maison Dieu. *Une histoire monumentale de l'Église au Moyen Âge*, (The House of God: A monumental History of the Church in the Middle Ages), Paris, Seuil, 2006

Emile Mâle, *L'art religieux du XIIIe siècle en France* (Sacred art in the 13th century in France), 2 vol., Paris, Livre de poche, 1969

Simone Roux, *Paris au Moyen Âge* (Paris in the Middle Ages), Paris, Hachette, 2003

Crédits photographiques

Toutes les photographies publiées dans cette ouvrage ont été réalisées par Joël Laiter.

LISTE ET CRÉDITS DES ILLUSTRATIONS :
AKG-images
L'évêque de Paris bénit la foire du Lendit, 1450, enluminure, Bibliothèque nationale de France, Ms. lat. 962, fol. 264 (p. 85)
La Foire du Lendit, enluminure (p. 130)
Jan van Eyck, *Madone van der Paele*, 1436, huile sur bois, Bruges, Groeningemuseum (p. 139, © Erich Lessing)
Initiale D, 1350, enluminure tirée d'un bréviaire, Londres, British Library, Ms. Harley 4664, fol. 145v (p. 156, © British Library)
« Entrée d'Isabeau de Bavière à Paris », 1450, enluminure tirée des *Chroniques* de Jean Froissart, Londres, British Library, Ms. Harley 4379, fol. 3 (p. 216)
« Bataille de Formigny », 1450, enluminure tirée des *Chroniques de Charles VII* de Jean Chartier dit Gerson, Paris, Bibliothèque nationale de France, Ms. fr. 2691, fol. 183 (p. 223, © Jérôme da Cunha)

Bibliothèque nationale de France, département des manuscrits
Jean Fouquet, « La construction du temple de Salomon à Jérusalem », 1475, enluminure tirée des *Antiquités hébraïques (Antiquitatum Iudaicarum)* de Flavius Josèphe, Ms. fr. 247, fol. 163 (p. 53)
Atelier du Maître de Rohan, « Les vendanges », vers 1430, enluminure tirée des *Heures de Rohan*, Lat. 9471, fol. 14v (p. 174)

The Bridgeman Art Library
« Les dragons vomissant des grenouilles », détail de la *Tapisserie de l'Apocalypse*, Angers, musée des Tapisseries (p. 33)
Carte de Paris, vers 1572, gravure tirée du *Civitates Orbis Terrarum* de Georg Braun et Frans Hogenberg, d'après Joris Hoefnagel, The Stapleton Collection (p. 55)

Photographic credits

All photographs were taken by Joël Laiter.

LIST AND CREDITS FOR ILLUSTRATIONS:
AKG-images
L'évêque de Paris bénit la foire du Lendit (The Bishop of Paris blessing the Lendit Fair), 1450, illuminated manuscript (Bibliothèque nationale de France, Ms. lat. 962, fol. 264 (p. 85)
La Foire du Lendit (The Lendit Fair), illuminated manuscript (p. 130)
Jan van Eyck, *Madone van der Paele*, 1436, oil on wood, Bruges, Groeningemuseum (p. 139, © Erich Lessing)
Initiale D, 1350, illuminated manuscript from a breviary, London, British Library, Harley Ms. 4664, fol. 145v (p. 156, © British Library)
"Entrée d'Isabeau de Bavière à Paris", 1450, illuminated manuscript from the Chroniques of Jean Froissart, London, British Library, Harley Ms. 4379, fol. 3 (p. 216)
"Bataille de Formigny" (The Battle of Formigny), 1450, illuminated manuscript from the *Chroniques de Charles VII* by Jean Chartier dit Gerson, Paris, Biblio-thèque nationale de France, Ms. fr. 2691, fol. 183 (p. 223, © Jérôme da Cunha)

Bibliothèque nationale de France, département des manuscripts (National Library of France, Manuscripts Dept.)
Jean Fouquet, "La construction du temple de Salomon à Jérusalem" (The Building of Solomon's Temple in Jerusalem), 1475, illuminated manuscript from *Antiquités hébraïques (Antiquitatum Iudaicarum)* by FlaviTitus Flauius Josephus, Ms. fr. 247, fol. 163 (p. 53)
Workshop of the Master of Rohan, "Les vendanges" (The Grape Harvest), *c.* 1430, illuminated manuscript from the *Heures de Rohan*, Lat. 9471, fol. 14v (p. 174)

The Bridgeman Art Library
"Les dragons vomissant des grenouilles" (Dragons vomiting Frogs), detail of the *Tapisserie de l'Apocalypse* (Tapestry of the Apocalypse), Angers, musée des Tapisseries (Tapestry Museum) (p. 33)

« La construction de l'abbaye Sainte-Geneviève », 1270, enluminure tirée du *Censier de Sainte-Geneviève*, Paris, Centre historique des Archives nationales, Ms 1626/1, fol. 20 (p. 122)
Rogier van der Weyden, *Les Sept Sacrements*, vers 1445-1450, huile sur bois, Anvers, Koninklijk Museum voor schone Kunsten (p. 177)
Jean Fouquet, *Saint Véran exorcisant un possédé dans la cathédrale Notre-Dame de Paris*, 1452-1460, Paris, musée Marmottan (p. 194)
« Jean Gerson prêchant la Passion », vers 1480, enluminure tirée des *Sermons sur la Passion et traités divers*, Valenciennes, Bibliothèque municipale, Ms. 230, fol. 25 (p. 200)

Centre des monuments nationaux
Petites gargouilles, par E.-E. Viollet-le-Duc (p. 14-15, © Patrick Cadet)
Statue de la Vierge, vers 1854, photographie attribuée à Mestral (p. 23, © Patrick Cadet)
Détail de rosace, tirée du *Projet de restauration de Notre-Dame de Paris*, par E.-E. Viollet-le-Duc et J.-B. Lassus, 1843, planche 32 (p. 30, © Patrick Cadet)
Projet de la flèche, par E.-E. Viollet-le-Duc (p. 37, © Philippe Berthé)
Projet de restauration de la façade de Notre-Dame, tiré du *Projet de restauration de Notre-Dame de Paris*, par E.-E. Viollet-le-Duc et J.-B. Lassus, 1843 (p. 39, © Patrick Cadet)
Gargouilles des chapelles du chœur, par E.-E. Viollet-le-Duc (p. 90, © Patrick Cadet)
Portail de la Vierge, photographie de Louis-Auguste et Auguste-Rosalie Bisson, tirée du *Projet de restauration de Notre-Dame de Paris*, par E.-E. Viollet-le-Duc et J.-B. Lassus, 1843 (p. 125, © Patrick Cadet)

Médiathèque Équinoxe de Châteauroux
« Saint Denis prêchant à Paris », vers 1414, enluminure tirée du *Bréviaire à l'usage de Paris*, du Maître de Bedford et du Maître de Boucicaut, ms. 0002, fol. 367v (p. 121, © Philippe Fuzeau)
« Procession de la croix d'Anseau à Notre-Dame », vers 1414, enluminure tirée du *Bréviaire à l'usage de Paris*, du Maître de Bedford et du Maître de Boucicaut, ms. 0002, fol. 265 (p. 224, © Philippe Fuzeau)

The Metropolitan Museum of New York
Jean Fouquet, « La descente du Saint-Esprit », enluminure tirée des *Heures d'Étienne Chevalier*, collection Robert Lehmann, 1975, inv. 1975.1.2490 (p. 83, © 1984 The Metropolitan Museum of Art)

Réunion des musées nationaux (RMN)
Flanc sud de la cathédrale Notre-Dame de Paris, vers 1857, photographie de Louis-Auguste et Auguste-Rosalie Bisson, (p. 20-21, © René-Gabriel Ojéda)
« Évêque célébrant la messe retirant l'hostie d'un ostensoir devant des moines, chanoines et prêtres », vers 1490, enluminure tirée du *Livre de bonnes mœurs* de Jacques Legrand, Chantilly, musée Condé (p. 137, © René-Gabriel Ojéda)
Livre des statuts du Collège de Hobant, 1387, manuscrit, Paris, musée de l'Histoire de France (p. 165, © Bulloz)

Rue des Archives
« Louis IX adorant les reliques », vers 1330-1340, enluminure tirée de *Vie et miracle de saint Louis* de Guillaume de Saint-Pathus, Paris, Bibliothèque nationale de France, Ms. fr. 5716, fol. 67 (p. 218)

Map of Paris, *c.* 1572, engraving from *Civitates Orbis Terrarum* by Georg Braun and Frans Hogenberg, after Joris Hoefnagel, The Stapleton Collection (p. 55)
"La construction de l'abbaye Sainte-Geneviève" (The building of the Abbey of Saint Genevieve), 1270, illuminated manuscript from the *Censier de Sainte-Geneviève*, Paris, Centre historique des Archives nationals (National Archives), Ms 1626/1, fol. 20 (p. 122)
Rogier van der Weyden, *Les Sept Sacrements* (The Seven Sacraments), *c.* 1445–50, oil on wood, Antwerp, Koninklijk Museum voor schone Kunsten (p. 177)
Jean Fouquet, *Saint Veran exorcisant un possédé dans la cathédrale Notre-Dame de Paris* (Saint Veran excorcising a Man Possessed in the Cathedral of Notre Dame), 1452–60, Paris, musée Marmottan (p. 194)
"Jean Gerson prêchant la Passion" (Jean Gerson preaching the Passion), *c.* 1480, illuminated manuscript from *Sermons sur la Passion et traités divers* (Sermons on the Passion), Valenciennes, Bibliothèque municipale, Ms. 230, fol. 25 (p. 200)

Centre des monuments nationaux (Centre for National Monuments)
Small gargoyles, by E.-E. Viollet-le-Duc (p. 14-15, © Patrick Cadet)
Statue of the Virgin, c. 1854, photograph attributed to Mestral (p. 23, © Patrick Cadet)
Detail of the rose window, from the *Projet de restauration de Notre-Dame de Paris* (Notre Dame restoration project), by E.-E. Viollet-le-Duc and J.-B. Lassus, 1843, plate 32 (p. 30, © Patrick Cadet)
Project for the spire, by E.-E. Viollet-le-Duc (p. 37, © Philippe Berthé)
Project for restoration of the façade of Notre Dame from the *Projet de restauration de Notre-Dame de Paris*, by E.-E. Viollet-le-Duc and J.-B. 1843 (p. 39, © Patrick Cadet)
Gargoyles in the chapels in the choir, by E.-E. Viollet-le-Duc (p. 90, © Patrick Cadet)
Portal of the Virgin, photograph by Louis-Auguste and Auguste-Rosalie Bisson, from *Projet de restauration de Notre-Dame de Paris*, by E.-E. Viollet-le-Duc and J.-B. 1843 (p. 125, © Patrick Cadet)

Media Library, Médiathèque Équinoxe de Châteauroux (Media Library)
"Saint Denis prêchant à Paris" (Saint Denis preaching in Paris), *c.* 1414, illuminated manuscript from the *Bréviaire à l'usage de Paris* (Book of Hours for the use of Paris) by the Master of Bedford and the Master of Boucicaut, ms. 0002, fol. 367v (p. 121, © Philippe Fuzeau)
"Procession de la croix d'Anseau à Notre-Dame" (Procession of the Cross from Anseau to Notre Dame), *c.* 1414, illuminated manuscript from the *Bréviaire à l'usage de Paris*, by the Master of Bedford and the Master of Boucicaut, ms. 0002, fol. 265 (p. 224, © Philippe Fuzeau)

The Metropolitan Museum of New York
Jean Fouquet, "La descente du Saint-Esprit" (The Descent of the Holy Spirit), illuminated manuscript from the *Heures of Étienne Chevalier* (Hours of Étienne Chevalier), Robert Lehmann Collection, 1975, inv. 1975.1.2490 (p. 83, © 1984 The Metropolitan Museum of Art)

Réunion des musées nationaux (RMM)
South side of the cathedral of Notre Dame in Paris, c. 1857, photograph by Louis-Auguste and Auguste-Rosalie Bisson, (p. 20–21, © René-Gabriel Ojéda)
"Évêque célébrant la messe retirant l'hostie d'un ostensoir devant des moines, chanoines et prêtres" (Bishop celebrating the Mass taking the host from an ostensory in the presence of monks, canons and priests), *c.* 1490, illuminated manuscript from the *Livre de bonnes mœurs* (Book of Good Manners) by Jacques Legrand, Chantilly, musée Condé (p. 137, © René-Gabriel Ojéda)
Livre des statuts du Collège de Hobant (Book of Statutes of the College of Hobant), 1387, manuscript, Paris, musée de l'Histoire de France (p. 165, © Bulloz)

Rue des Archives
"Louis IX adorant les reliques" (Louis IX adoring the relics), *c.* 1330– 1340, illuminated manuscript from the *Vie et miracle de saint Louis de Guillaume de Saint-Pathus* (Life and Miracles of Saint Louis de Guillaume de Saint-Pathus), Paris, Bibliothèque nationale de France, Ms. fr. 5716, fol. 67 (p. 218)

Remerciements

Les auteurs et l'éditeur remercient :
Mgr André Vingt-Trois, archevêque de Paris, Madame Michelle Blanc, au service de communication de la cathédrale Notre-Dame, Madame Dominique Daura, chef du département des affaires domaniales au Centre des monuments nationaux, Madame Jacqueline Maillé, administratrice des tours de Notre-Dame et de la basilique cathédrale de Saint-Denis et Madame Véronique Le Hen, son assistante, Madame Dominique Herla-Douçot, architecte des bâtiments de France et conservateur de la cathédrale Notre-Dame, Madame Taburet-Delahaye, directrice du musée du Moyen Âge, qui ont permis l'accès aux lieux photographiés.

Madame Annick Chalvignac, à la bibliothèque municipale de Dijon, et Madame Dominique Potard, directrice de la Médiathèque Équinoxe de Châteauroux, pour le prêt gracieux de leurs documents photographiques.

Madame Dominique Séridji, directrice des éditions et de la diffusion au Centre des monuments nationaux, pour son accueil et ses conseils.

Joël Laiter tient tout particulièrement à remercier :
Nello Zoppé, du service professionnel Nikon, ainsi que Denis Vinson et Nicolas Bruant, pour le prêt de matériel photographique, Arnaud Billault, pour ses conseils avisés, Michelle Blanc, pour la gentillesse de sa collaboration, Quentin Coche, qui l'a si patiemment accompagné sur les toits de Notre-Dame, et Jean-Daniel Laiter pour son soutien logistique affectueux.

Acknowledgements

The authors and the editor wish to thank:
Monsignor André Vingt-Trois, Archbishop of Paris, Madame Michelle Blanc, of the Public Relations Department of the Cathedral of Notre Dame, Madame Dominique Daura, Head of the Department of Heritage Affairs at the Centre des monuments nationaux (Centre for National Monuments), Madame Jacqueline Maillé, Director of Tours at Notre Dame and the Cathedral Basilica of Saint Denis, together with Madame Véronique Le Hen, her assistant, Madame Dominique Herla-Douçot, architect for the Bâtiments de France (Buildings of France) and curator of the cathedral of Notre Dame, Madame Taburet-Delahaye, Director of the musée du Moyen Âge (Museum of the Middle Ages), who allowed access to the site for photography.

Madame Annick Chalvignac, at the bibliothèque municipale de Dijon (Dijon Municipal Library), and Madame Dominique Potard, Director of the Médiathèque Équinoxe de Châteauroux (Media Library), for kindly making their photographic documents available.

Madame Dominique Séridji, Publishing and Media Director at the Centre des monuments nationaux (Centre for National Monuments) for her warm welcome and advice.

Joël Laiter wishes to thank in particular:
Nello Zoppé, from Nikon's professional advisory service, as well as Denis Vinson and Nicolas Bruant, for the loan of photographic equipment, Arnaud Billault, for his excellent advice, Michelle Blanc, for all her kind help, Quentin Coche, who accompanied her so patiently on the roofs of Notre Dame, and Jean-Daniel Laiter for his kind help with logistics.

Création graphique : Marc Walter/Chine
Réalisation graphique : cbdesign
Suivi éditorial, relecture et compléments iconographiques : Emmanuelle Gaillard/Chine
Traduction anglaise : JMS Books llp
(Sheila Murphy, Paul Ellis, David Angel)
Fabrication : Amandine Sevestre
Numérisation et traitement des photographies : Joël Laiter
Photogravure : Planète Graphique pour les documents d'archives
Photogravure intérieure : Couleurs d'image
Photogravure couverture : CGI

Édité par E/P/A (58 rue Jean-Bleuzen 92178 Vanves cedex)
Achevé d'imprimé en France par Pollina Fastline - 2494
Dépôt légal mai 2019
ISBN : 978-2-37671-199-5
79/7386/6

Graphic design: Marc Walter/China
Design: cbdesign
Editorial follow up, proofreading and iconographic help: Emmanuelle Gaillard/China
Production manager : Amandine Sevestre
English translation: JMS Books llp
(Sheila Murphy, Paul Ellis, David Angel)
Digitalization and photo processing: Joël Laiter.
Photoengraving: Planète Graphique for the archive documents
Photoengraving for text : Couleurs d'image
Photoengraving for cover : CGI